宗/教/与/生/态/丛/书

主　　编　安乐哲　Mary Evelyn Tucker
执行主编　彭国翔

U1002486

儒学与生态

Mary Evelyn Tucker、John Berthrong 编
彭国翔 张容南 译

凤凰出版传媒集团
江蘇教育出版社
JIANGSU EDUCATION PUBLISHING HOUSE

图书在版编目(CIP)数据

儒学与生态 / 安乐哲等主编. —南京: 江苏教育出版社,
2008. 5
(世界宗教与生态丛书)
ISBN 978-7-5343-8619-0

Ⅰ.儒... Ⅱ.安... Ⅲ.儒学: 生态学—研究 Ⅳ.B222.05

中国版本图书馆 CIP 数据核字（2008）第 076131 号

书　　名　儒学与生态
主　　编　安乐哲　Mary Evelyn Tucker
执行主编　彭国翔
作　　者　彭国翔　张容南　译
责任编辑　任　晖
装帧设计　张金风
出版发行　凤凰出版传媒集团
　　　　　江苏教育出版社(南京市马家街 31 号 210009)
网　　址　http://www.1088.com.cn
集团网址　凤凰出版传媒网 http://www.ppm.cn
经　　销　江苏省新华发行集团有限公司
照　　排　南京前锦排版服务有限公司
印　　刷　常熟市华通印刷有限公司
厂　　址　常熟市虞山高新技术产业园阳光大道 28 号(邮编 215557)
电　　话　0512-52391383、52361778
开　　本　718×1000 毫米　1/16
印　　张　19.75
插　　页　1
字　　数　290 000
版　　次　2008 年 5 月第 1 版
　　　　　2008 年 5 月第 1 次印刷
书　　号　ISBN 978-7-5343-8619-0
定　　价　22.00 元
邮购电话　025-85400774, 8008289797
批发电话　025-83260767, 83260768, 83260760
盗版举报　025-83204538

前　言

彭国翔

如今，生态危机已经成为全世界各个国家和民族都要认真对待的重大问题。生态的恶化导致人类的毁灭，也不再是一个遥远的可能性，而已然成为悬在人类头上的利剑。所谓"解铃还需系铃人"，既然人类是生态危机的制造者，也只有人类才能真正解决生态的问题。生态的问题，决不仅仅是环境保护的问题，更涉及人的世界观和存在方式。因此，解决生态问题除了需要不断发展的科技条件之外，更需要价值与观念的资源。没有充分的价值与观念自觉，科技的发展对于生态只能是徒增其害而已。如果近代启蒙心态所导致的人类中心主义的世界观无法获得根本的扭转，人类的生存方式和相处之道不能由"客体的集合"(a collection of objects)转化为"主体的团聚"(a communion of subjects)，那么，生态危机的问题就势必无法获得根本性的解决。值得庆幸的是，如何从世界各大精神性的传统中汲取解决全球生态危机的价值与观念资源，业已引起了世界范围内有识之士的充分关注。1996—1998 年之间，在众多基金会和有关研究机构的大力支持之下，哈佛大学世界宗教研究中心连续召开了"世界宗教与生态"系列研讨会。众多有代表性的专家学者分别从世界上各种精神性的传统出发，包括佛教、基督教、犹太教、伊斯兰教、儒家、道教、印度教以及各种本土的民间宗教，对生态问题进行了深入具体的探讨和回应。最终的成果，由哈佛大学出版社出版为"世界宗教与生态丛书"。

相对于英文世界中对于世界精神性传统与生态问题之间关系的重视，中文世界尤其中国大陆的相关学者虽然也已进行了若干不乏深度的反思，但多辗转攀缘于西方的种种论说。以掘井及泉的功夫深入中国自身的文化传统，从而培养、发展解决生态问题的智慧，相对于生态问题的严重性而言，似仍远远不够。尽管儒释道所谓“三教”魏晋以降已成中国文化的主流，但较为系统地自觉从儒释道三教中汲取生态问题的因应之道，似乎还是西方学者着了先鞭。这里选择翻译的《儒学与生态》、《佛教与生态》以及《道教与生态》，正是上述“世界宗教与生态丛书”中的三种。希望这三本书能够充分引起中文世界尤其是中国大陆学者的关注，成为激发我们进一步思考中国传统文化与生态问题的助缘。正如生态危机是所有人都无从闪避的问题一样，随着中国生态的严重恶化，无论在理论还是实践上，中国人更应当广泛和深入地参与到化解生态危机的探索之中。这不仅应当是中国政府的责任、中国大众的关怀，更应当是中国知识人思考的首要课题之一。

同样是由于认为儒释道三教传统与生态的问题更应当引起中国人自己的重视，在得悉笔者有组织翻译《儒学与生态》、《佛教与生态》以及《道教与生态》的想法时，也曾参与“世界宗教与生态”系列研讨会并为《道教与生态》和《儒学与生态》撰稿的安乐哲教授和杜维明教授立刻给予了充分的支持。安乐哲教授在 2002—2003 年担任北京大学客座教授时以及笔者在 2003—2004 年在夏威夷大学担任客座教授时，还曾多次与笔者详细讨论了有关问题。由安乐哲和杜维明两位教授介绍，在整个“世界宗教与生态”系列研讨会和“世界宗教与生态丛书”中发挥了关键性作用并与白诗朗(John Berthrong)教授共同编辑了《儒学与生态》的玛丽·塔克尔(Mary Evelyn Tucker)教授，除了寄赠笔者原书之外，还帮助联系哈佛大学出版社，提供了免费的中文版权，充分体现了一位具有深厚精神性传统的学者对于全球生态问题的关怀。

西方学者能够不限于自身的精神传统而有《儒学与生态》、《佛教与生态》以及《道教与生态》的成果，我们也应当高瞻远瞩，不但可以从儒释道的角度来思考生态的问题，而且应当充分了解甚至进入世界上其他的精神传统。因此，除了这三本书的翻译之外，希望将来《基督教与生态》、《犹太教与生态》、《伊斯兰教与生态》、《印度教与生态》以及《本土的民间宗教与生态》也能进入中文世界，从而使世界各种伟大的精神传统能够和中国传统文化的儒释道三教一起，成为中国人进一步思考生态与人类生存问题的宝贵资源。

2005 年 4 月于清华园新斋

目　录

中国、韩国、日本的观念资源

哲学的反思

从理论到实践

附 录

译后记

导论:设定语境

塔克尔　白诗朗
(Mary Evelyn Tucker and John Berthrong)

儒家生态学

对于当前涌现的有关自然态度、人类角色以及环境伦理学的讨论,儒家可以提供重要的思想和精神资源。动态有机的世界观,对于"气"的活力论理解,对于生命广大连续性的尊敬,对于苦难的同情,对于为正义而可持续的社会建立基础的渴望,对于整体的道德教育的重视,以及对于植根于彼此关联的同心圆内的生命的欣赏,所有这些方面,只不过是与生态问题相关的儒家传统的丰富资源中的几个例子。接下来,将有关于宇宙论和伦理学的一些儒学核心观念的更为详细的讨论。

应当注意的是,我们正宽泛地使用"儒学"(Confucianism)这个术语来涵盖整个儒家传统。然而,在一个历史的框架内,Confucianism 一般指的是儒家传统的早期,亦即从汉代(前 206—220)、唐代(618—907)一直到公元 9 世纪的古典时期。而"新儒学"(Neo-Confucianism)则是儒家传统在公元 10、11 和 12 世纪的一个后来发展,并一直延续到 20 世纪。儒学传统 20 世纪在中国香港、台湾地区以及美国崛起的一种形式,则被称为"现代新儒学"(the New Confucianism)。

自然主义的宇宙论

作为儒家的一个重要组成部分，在其最宽泛的意义上，中国的自然主义表现为一种有机的整体论(organic holism)和一种动态的活力论(dynamic vitalism)。儒家的有机整体论指的是这样一个事实：宇宙被看做一个巨大的有机整体，而不是分离的机械部分。自然被看作是统一的、彼此联系的、相互渗透的，不断地将小宇宙(microcosm)和大宇宙(macrocosm)关联起来。在早期儒家传统——《易经》以及汉代的季节、方位、颜色，乃至德性等元素的相互感应——中，这种关联性已经表现出来了。

通过没有作为造物主的上帝(Creator God)这种看法，自然主义与整体主义的这种意义得以辨别。这种自然主义与整体主义认为，宇宙是一个自我生成的(self-generating)有机过程。[①] 历史上的儒家较少关注起源的理论问题或者是一个人格神的概念，而是更多地关注他们所认为的这个自我生成的、相互关联的宇宙的不断进行的现实。这种相互关联的性质被杜维明描述为"存有的连续性"(continuity of being)。[②] 这暗示着一个巨大的"存有之链"(a great chain of being)，它存在于一个连续的过程与转化中，连接着无机、有机和人类的生命形式。对于儒家来说，这种联系是一种实在，因为所有的生命都由"气"这种物质能量或宇宙的身心元素(psychophysical element)组成。气是使宇宙统一的元素，并为人类与自然界之间的一种深刻的相互性(reciprocity)创造了基础。

这就把我们带到了儒家宇宙论的第二个重要特征，亦即其内在于气的动态活力论的性质。正是作为生命实质的"气"构成了宇宙中不断变化和转化进程的基础。"生生"(生产与再生产)这个词被用于儒学和新儒学的文本中，用来说明不断进行的创造性(creativity)以及自然的更新。此外，它构成了一种细致复杂的意识，即变化是生命系统网络——矿物、植

---

① 牟复礼(Frederick F. Mote)：《中国的思想基础》(*Intellectual Foundations of China*, New York: Alfred A. Knopf, 1971)，第17—18页。

② 参见杜维明的文章，见本书《存有的连续性：中国人的自然观》("The Continuity of Being: Chinese Visions of Nature")，它最初发表于杜维明的《儒家思想：以创造性转化为自我认同》(*Confucian Thought: Selfhood as Creative Transformation*, Albany: State University of New York Press, 1985)。

物、动物和人——互动和保持连续性的基础。最后，它称赞转化是生命创造化过程的最清楚表达，由此，人类应当与其自身的各种行为和谐一致。从本质上而言，人类被推动着“在宇宙进程不息的生命力中塑造自身”①。对于一般意义上的儒家思想，这一取径至关重要，因为整体论、活力论的观念，以及与变化相和谐的观念为发展出一种完整的道德提供了形而上学的基础。在宋明新儒学中，对于理气关系的延展讨论，可以被视为在变化中表达连续性与秩序的努力的一部分。理是流动之中的模式，它为建立和谐提供了一种方式。

修身的伦理学

对于作为一个整体的儒家传统来说，修身的观念暗示着一种“创造性的转化”②，其中，人与天、地形成并立的三极（triad）。这个动态的三极建立在这个假设之下：我们与所有实在和行为的相互关联是修身最重要的目标。因此，通过深化与万物的这种创造性联系，人类就能完全地参与到宇宙的转化之中。在这样做的过程之中，他们就参与到一种“天人合一的”（anthropocosmic）世界观中，而不是一种人类中心主义的（anthropocentric）世界观之中。杜维明用“天人合一的”这个词来表示人类是置身于大宇宙之中的小宇宙。③ 这就要求人类与宇宙之间的一种关系性的共鸣感（relational resonance），而不是人类对自然的支配与操纵。

通过在这个天地人的三位一体中修养其德性，人类就进入了变化与转化的宇宙进程之中。就像宇宙显示了流动（flux）与多产（fecundity）的复杂模式，人类也在自身滋养了德性的种子并参与到处在这种不断转化的过程之中的人类秩序之中。通过对人类实践的德性与其在宇宙进程中的自然对应物之间彼此感通的特定理解，这一点在汉代儒家和宋代新儒

---

① 杜维明：《儒家思想：以创造性转化为自我认同》，第 39 页。杜教授注：“在《易经》中与此相关的内容请参见《易经引得》，哈佛燕京学社“汉学引得丛书”附录，第 10 期（台北重印：中国资料与研究援助服务中心，1966），1/1。”

② 参见杜维明在《儒家思想：以创造性转化为自我认同》中的论文。

③ 杜维明宽泛地使用“天人合一的”这个词。尤其参考他的《儒家思想：以创造性转化为自我认同》与《中庸：论儒家的宗教性》（*Centrality and Commonality: An Essay on Confucian Religiousness*, Albany: State University of New York Press, 1989）。

家那里尤其得到了阐释。例如，在其《仁说》中，朱熹（1130—1200）说道："盖天地之心，其德有四，曰元亨利贞。"它们与人类的四德所谓"仁义礼智"相对应。宇宙与人类的德性被视为宇宙转化的动态过程中的一部分。在汉代儒学的思想中，这些德性与季节、方位以及颜色相一致。

这种"天人合一的"看法，即通过修身与人类制度，人与天、地构成三位一体从而影响事物的成长与转化，源自古典儒家尤其是荀子（前310—前213），并在公元11世纪张载的《西铭》中获得了最为清晰的表述。天、地与人的这种关系被表述为一种父母与子女之间的关系，而这个隐喻的核心就是这样一种观念：人类是宇宙之子并且应该对其关怀和连续负责。

总之，在当今关注生态的情形下，儒学可能是重新思考我们的宇宙论和伦理学之间关系的一个丰富资源。它有机的整体论和动态的活力论使我们能够欣赏到万物之间的相互联系，更新我们对这个复杂的生命网络的内在价值的意识。所有事物共享的"气"，成为在人类与非人类世界之间建立互惠性的基础。在这同一个脉络里，修身的伦理学与儒家传统对德性的培养为人与自然界的和谐相处以及完成人在三位一体中的角色提供了一个广阔的框架。这只是提示了在儒家传统内部创建一个更具包容性的生态世界观和有效的环境伦理学的丰富可能性。对于重新思考人与地球之间的关系来说，本书的各篇论文指向了儒学中丰富的思想资源。但是，对于未来的探索而言，它还只是一个起点而已。

本书的概观

为了展示儒家对当代生态讨论过去、现在以及未来潜在的贡献，本书被系统地编辑成五个主要的部分。第一部分展示了两位主要的儒家学者对当今生态危机与儒家启蒙价值关系的分析。第二部分勾画了儒学在世界观、伦理学与哲学的再概念化等方面对当代有关生态的争论进行回应的语境。第三部分为批评与重建提供了概念资源的部分目录。这些材料来源于东亚文化母体中儒学漫长的历史。第四部分对儒学如何为正在发展的关于生态的全球对话增添其不同的声音提供了一系列的反思。第五部分论证了儒学如何应对一些非常特定的当代问题、批评以及个案研究。

本书从有关世界宗教与生态的整个丛书的一个序言开始。[①] 其中，丛书编辑提醒我们，儒学只是争取理解当代环境恶化的宗教传统中的一支。历史上，各种宗教一直接受着挑战，以应对危机和变化。然而，就其范围和破坏性而言，现代的生态危机都是独一无二的。正如杜维明所警示的那样，人类过去从来没有质疑自身是不是一个有生存能力的物种。进一步来说，对环境危机任何长期的解决，都必须建立在重新塑造包含了人与自然关系的人类价值基础之上，这一点现在是显而易见的。因此，作为对共享的人类价值的一种主要文明储存者，宗教必须找到个人的和集体的方式，去关注作为一种根本道德原则与态度的生态危机问题。

这本讨论儒学和生态学的集子，集中于儒学对当前争论的特定贡献。这五个部分在三种相互交叠的方式中关注生态危机。这三种方式就是历史的、对话的以及参与的。在本书中，大量的文章从历史的视角来切近儒学，并论述东亚儒学如何发展自然观、社会伦理和宇宙论，这些如今或许可以说明当代的各种问题。具有对话取径的那些章节，则把儒学的历史与其他的哲学和宗教传统联系起来。最为中肯的对话，是体现在启蒙运动中的儒学与现代性的对话。第三种方式展示了儒学过去以及现在是如何卷入具体的生态问题中的，那些问题的范围从经济与工业的发展到作为生态转化的主体的女性角色。

本书从杜维明对启蒙心态的批判开始。杜维明论证说，对于任何关于当前人类生态危机的分析来说，现代启蒙运动都是一种主导性的人类意识形态。在杜维明看来，事实上从未有过一种如此普遍深入的人类意识形态。启蒙运动创造了一个现代世界，这个世界慢慢意识到，正是它的科技把生态灾难这个魔鬼从现代性的瓶子里释放了出来。在西方开始的对自由、平等和博爱的追求，已导致太平洋两岸及其他地区无限制的工业化和不可持续的城市扩张。

狄百瑞(Wm. Theodore de Bary)对杜维明的回应抽离出杜维明的两个主要观点：根源性和本土化的需要。依狄百瑞之见，启蒙的主要问题之一，就是我们植根于宇宙的轻松感成了现代化的一个牺牲品。我们已经丧失了

---

① 该序言本书未译。——编注

与我们的世界以及人性的联系。狄百瑞提醒我们，许多现代西方思想家也痛惜社群和宇宙统一性的丧失。为了证明自己的观点，狄百瑞引用了成为生态活动家的美国农民诗人温德尔·贝里(Wendell Berry)的一段长文。贝里自己也通过阅读儒家传统而受到激发。最后，狄百瑞论证说，无论是贝里还是杜维明，都遵循了《大学》从“修身”到“平天下”的经典教导。在这样一种语境中，任何的“平天下”都要从重新学习保护我们当地的生物区、珍惜我们的家庭，以及找到一条道路以便与更大的宇宙和谐相处开始。

本书的第二部分由罗泰勒(Rodney Taylor)、艾文荷(P. J. Ivanhoe)和迈克尔·凯尔顿(Michael Kalton)撰写。这一部分内容将儒家对生态危机的回应置于一个更大的宗教与环境的讨论之中。通过回顾像杜维明和冈田武彦这样的儒家如何看待人性在宇宙中的位置，罗泰勒得出的结论是，儒学有各种资源成为一种现代的环境哲学。尽管儒学在传统上被认为主要是一种人文主义的关注，但诸如张载(1020—1077)这样的儒家，则总是把人类看做更大的宇宙的一部分。罗泰勒既肯定了儒学在历史上的贡献，也认为儒学可以成为西方哲学家和神学家的一个对话伙伴。艾文荷把讨论扩展了一步，他把早期儒家对自然的反思与环境哲学的各种当代理论联系起来。艾文荷向我们显示了把荀子的思想与现代哲学的分析结合起来是可能的。在此，我们又一次看到，尽管深深地致力于人类繁荣，但儒学又总是植根于原初的宇宙实在。艾文荷解释了荀子如何深深铭记与自然相协调以及人类如何必须学习在更大的生命网络中去扮演其角色。在天、地、人互动的儒家宇宙论中，这一点得到了描述。

从儒家传统的历史丰富性，凯尔顿转而追问：对于21世纪来说，儒家传统如何能够在观念上得以重构。凯尔顿将其思想建立在儒学史的基础之上，并且设想：为了对生态危机保持敏感，现代的儒家哲学将必须是什么样子。通过诉诸“理”、“气”和“修身”之类的理学观念以及将这些观念运用到当代的境遇之中，他向我们显示了这一点是如何做到的。为了将我们与自然界的关系进行建设性的观念重建，凯尔顿强调儒学对“理”、“气”进行反省的重要性。

下一个部分更为具体地处理来自中国、韩国和日本各种语境的各种观念资源。以杜维明的一篇经典文章开始，它考察的是儒家对存有连续性的关注。杜维明认为，正是这种中国儒家对存有相关性的关注，构成了未来儒家生态思考的基础。作为一种包容性的人文主义，杜维明对儒学“天人合一”观的主张，正是植根于宇宙的再生性韵律之中。

艾周思（Joseph Adler）回到了新儒学创始人之一的周敦颐（1017—1073）那里。艾周思关注的是一个重要的关于“应”（感应）的宇宙论隐喻，它是解开周敦颐有关自然与人性的观点的方法。艾周思向我们提供了对周敦颐的一些文本的细致解读，这些文本显示了这位富有原创性的思想家是如何论证儒家社会伦理应该被扩展到将自然界包含在内的。正如艾周思提醒我们的，新儒家以其对生命的敏感理解而著称，就像文中提到的，周敦颐为剪除他书房外的野草而感到忧虑。

桑子敏雄（Toshio Kuwako）把其注意力投向了朱熹的思想，朱熹是北宋与南宋新儒家哲学的集大成者。依桑子敏雄之见，较之其宋代的同侪，朱熹的天才之处在于，他能够采取更随意的反思，并把这些反思组织成一个连贯的哲学整体。朱熹的一个主要关注点是证明仁的德性不仅有关人性，而且也指向所有生命物与自然界之间的关联。

接下来的两篇文章，是卢容灿（Young Chan Ro）和塔克尔所著。通过对“气”这个关键概念的探究，两篇文章继续了对儒家生态资源的历史讨论。除了是泛东亚哲学词典的一个重要概念之外，“气”还作为一种反思自然与宇宙论的主要资源而起作用。卢容灿引导着我们对朝鲜最著名的新儒家之一李栗谷（Yi Yulgok，1536—1584）进行了一番考察。如卢容灿所解释的那样，李栗谷以其对“气”这个万物的宇宙联系的平衡性论说而著称。“气”作为所有生态系统的基础而运行，并且，它为人性与其他实体都留有一席之地。事实上，如果我们认真地考察李栗谷的论断，就会意识到，对自然这个生命网络的漠视，将我们置于了危险之中。塔克尔的文章考察了几位中国重要新儒家那里“气”这个广泛的主题。因此，她讨论了日本新儒家贝原益轩（Kaibara Ekken，1630—1714）在气理论的基础上发展出的生态哲学。与桑子敏雄和卢容灿一样，塔克尔认为，对气的反思不仅对于我们理解东亚新儒学的发展是重要的，而且也为我们提供了一条在全球语境下思考人性与自然的路径。

接下来的三篇文章是对当代生态关注的广泛哲学反思。成中英

(Chung-ying Cheng)试图把宇宙论、生态学与伦理学复杂地交织起来。他论证说，在儒家视野的中心，存在一种建立于《易经》的关系范式之上的包容性的人文主义。成中英相信，如果我们能复活这种关系和过程的价值论，那么，我们就有机会扭转自启蒙运动以来主导西方哲学的二元论和竞争论的思维模式。在一种非常相似的精神之中，白诗朗试图展示古典儒学的隐喻是如何被当代新儒家运用于回应生态危机的。建立在牟宗三——当代最重要的新儒家之一——著作的基础之上，白诗朗表明，关注意识(concern-consciousness)的根本特征是如何指导着传统进入对自然的一种强化了的理解之中的。通过对“态度”或者说“取向”概念的推进，南乐山(Robert Neville)总结了对于儒家生态反省而言颇为重要的哲学研究的三个方面。对于南乐山来说，态度与“礼”或“习”有关，也即，一个人是如何有效地和互惠地与更广阔的世界(包括人和自然)相关联的。显然，现代世界的一个紧迫关注是为人性找到一种平衡的方式或结构，就像《中庸》所建议的那样，从而允许自然的内在价值得以保存和加强，因为它与人类的繁荣息息相关。

最后一组的三篇文章的作者是沙绘圣子(Seiko Gotō)与秦家懿(Julia Ching)、李惠莉(Huey-li Li)以及罗维勒(Robert Weller)与包弼德(Peter Bol)，他们从理论走向了实践。如李惠莉所注意到的，不管儒家传统的丰富资源会如何有可能贡献于当今的关注，许多女性主义者对此仍然不能信服。女性主义者经常指责儒学在结构上是不可救药的父权制。李惠莉强调了理论与实践之间不可避免的冲突。她观察到，不论大量的道家文本与儒家文本如何关注自然与人性的统一，现代东亚仍然是高度工业化的，其污染也是与世界其他地方同样严重的。然而，李惠莉也论证到，如果我们对“天”这个概念予以恰当关注的话，我们也许能够找到一条途径，以建设性的方式来应对生态女性主义者对儒学的批评。

沙绘圣子与秦家懿提醒我们，不是所有的文化交流都是排他性地通过观念的媒介。他们向我们提供了对两个著名庭院的研究，即位于日本的小石川后乐园与德国的沃里兹公园。通过勾画出儒家对实景园林的影响，沙绘圣子与秦家懿强调了更为广大的文化与美学母体，在那个母体之中，儒学的传播超越了中国，达到了整个东亚甚至西方。

最后一篇是罗维勒和包弼德所著。通过提出在当今中国推进合理的生态态度以及政策如何可能这一问题，这篇文章直接面对当代的生态危机。他们指出，中国的宇宙论基于一种宇宙共鸣的理论，这种理论表明，对自然的最好理解是根据和谐的脉动来理解它。他们的文章的另一个特色是探讨了由对传统历书、风水或占卜的持续运用而获得支持的大众文化。作者指出，当现代的台湾人试图解决生态退化的问题时，他们常常诉诸家族关系与宇宙共鸣的话语。不管中国人在形成合理的生态政策时会涉及什么样的意识形态工具，无疑，一些潜在的动机与解释将继续有赖于传统的资源。①

因此，本书的各篇论文展示了一个活生生的儒家传统，这一传统正在试图复兴有用的资源，以便恰当地回应亚洲及其他地区不断加剧的环境毁灭。当然，并不只是儒家在单独承担这个任务。近年来，所有主要的宗教传统都已经更加意识到不受限制的发展及其所导致的污染提出的挑战。进一步而言，这些传统更为明确的是，虽然它们可能有资源来建构对自然更好的态度和政策，但是，它们过去并没有恰当地做到这一点。尽管进一步的研究和讨论至关重要，但是，本书却意味着在当今世界缓和丰富的概念资源与有效的环境实践之间的分离而迈出的最初一步。

① 对传统资源所扮演的生态角色的理解，诸如占卜和中医，E. N. Anderson 在他的《心的生态学》(*Ecologies of the Heart*, Oxford: Oxford University Press, 1996)中有所讨论。

批判的性质

超越启蒙心态

杜维明

作为人类历史上最具活力和转化力的意识形态，启蒙心态（the enlightenment mentality）是现代西方崛起的基础。实际上，构成现代特征的人们关注的所有主要领域，比如科学技术、工业资本主义、市场经济、民主政治、大众传播、研究型大学、民用与军事官僚体制以及各种专业组织等等，都受惠于启蒙心态或与其彼此相关。此外，我们所珍视为现代意识的定义的各种价值，包括自由、平等、人权、个人尊严、尊重隐私、民有、民享和民治的政府以及司法公正等等，也都在起源上（如果不是在结构上）与启蒙心态密不可分。18 世纪以来，我们一直在这些领域以及与之相伴而生的各种价值中不断发展。正是这些东西使我们的生活得以运转和富有意义。因而，我们对于以下这一点深信不疑：通过工具理性，我们能够解决世界上的主要问题；对于作为一个整体的人类社群来说，主要就经济而言的进步是可欲（desirable）和必要的。

我们对启蒙心态是如此适应，以至于我们假定其基本的意识形态推动力具有合理性。不论是资本主义还是社会主义，都服从于支撑现代思想模式的进取性的人类中心主义（anthropocentrism），这一点似乎是不证自明的。那种思想模式就是：人不仅是万物的尺度，还是经济繁荣、政治稳定、社会发展的唯一动力来源。在现代西方的学术界，虽然对于进步、理性和个人主义的启蒙信仰已经受到一些有识之士的挑战，但是，对于世界范围内的思想和精神领袖来说，它仍然是一种灵感的准则。很难相信，任何一个国际项目，包括生态科学中的，会不同意以下这些观点：人类的生存条件是可以改善的，以理性的方式解决世界问题是众望所归，个人尊严应该得到尊重。启蒙运动唤醒了人类,使人类发现了转化全球的潜力,实现了人类渴望成为万物尺度和万物主宰的愿望。它仍旧是现代政治文化中最具影响力的道德话语。几十年来,它一直是占统治地位的少数人和文化精英毋庸置疑的假定,在发展中国家如此,在高度工业化的国家也是如此。

对启蒙心态的公正理解,需要坦率地讨论现代西方的黑暗面。那"解放了的普罗米修斯"(unbound Prometheus)象征着急剧发展的技术。它是人类智慧在工业革命早期获得的巨大成就。尽管受到浪漫主义运动的反对,遭到人文科学前辈的批评,在浮士德精神(一种本能地去开发、认知、征服、压制的精神)的鼓舞下,启蒙心态一直是现代西方的主导性意识形态。如今在东亚,它正被拥戴为毋庸置疑的基本发展理论。

但是,对启蒙心态进行现实的评价,正逐步揭示出现代西方与"理性时代"(the Age of Reason)的形象有很多不协调的方面。在现代西方霸权话语的语境中,进步可以蕴涵不平等、理性、自私自利、个人贪欲。美国人的梦想是拥有汽车和房子,拿着可观的工资,享受独处的、言论的、宗教的和旅行的自由。这对于美国人日常生活所需的意识来说尚情有可原,可是从全球视野把这种梦想看做现代必需品,推销到外地,它的低劣品质实在令人叹息。确实,越来越多的人认识到,它不过是一个梦想,相当多的美国人也有同感。

生态危机和社群瓦解正在世界各地发生。对此深表关注的人,面临一个紧迫任务,即确保在现代西方占据领导地位的少数人和文化精英能够积极参与到一种精神性的共业(spiritual joint venture)之中,以便重新思考启蒙运动的遗产。诡异的是,我们既不能根据它对生命支持系统所产生的始料未及的负面后果来不加批判地接受其内在逻辑,同时,我们也无法拒绝它在当前和未来与我们知识界自我定义(intellectual self-definition)的联系。找到出路并不容易。我们面临的不是非此即彼的选择。脱离并独立于启蒙心态,建立一个彻底不同的新伦理或新价值观体系,既不现实也不真诚。这种想法要么是愤世嫉俗的,要么是吹毛求疵的。我们应该开发这样的精神资源,它可以帮助我们扩展启蒙运动的视野,深化其道德的敏感度。并且,如果必要的话,还要创造性地转化其与生俱来的种种限制,为的是充分实现其作为一种世界观的潜力，改善人类整体的生存状况。

对于这种精神性的共业来说，其成功的关键在于认识到启蒙运动中社群理念的明显缺失，更不必说全球社群的理念了。在法国大革命的三种核心德行之中，博爱是社群观念的功能对等物。但是，在现代西方经济、政治和社会思想中，博爱一直没有得到足够的关注。情愿忍受不平等，相信私利的拯救力量，极度认可具有侵略性的私我（aggressive egoism），已经极大地玷污了进步、理性和个人主义的理想。越来越多的具有关怀的知识分子深切地感到，我们需要为“地球村”的建构制定一个全球计划，在支离破碎的现实世界与理想的人类整体之间指出可能的联系。至少，这要求用一种新的金律（Golden Rule），即“己所不欲，勿施于人”①，来替换自私自利的原则（不管其定义多么广泛）。由于这种新的金律是以消极的方式来表述的，它还不得不需要以一种积极的方式来加以论证，即“己欲立而立人，己欲达而达人”②。基于反思性心灵的群体批判的自我意识，一种社群性的包容感是一种伦理—宗教的目标，同时也是一种哲学的理想。

为了确保包容性的社群观植根于塑造我们今天生活方式的文化复杂性的历史性之中，至少有三种精神资源的调动是必要的。第一种包括现代西方的各种伦理—宗教传统，突出的有希腊哲学、犹太教和基督教。对于启蒙心态的产生来说，这些传统至关重要。这一确凿的事实迫使它们重新考虑自己与现代西方崛起的关系，为重新评估典型的西方价值观创造一个新的公共领域。物质与精神、身与心、神圣与凡俗、人类与自然、造物主与创造物，这些排斥性的二分法必须被超越。最高的价值观，比如地球的神圣、存有的连续性、人类社群与自然之间互惠互利的互动、天人之间的相互感应，都要被容纳进来，并得到它们在哲学、宗教和神学中应有的显著地位。

希腊哲学强调理性，《圣经》中人的形象拥有对地球的“统治”权，新教的工作伦理为启蒙心态提供了必要的（如果不是充分的）资源。但是，现

① 《论语·颜渊第十二》。
② 《论语·雍也第六》。

代西方崛起的始料未及的负面后果是如此地破坏了隐含在希腊化时期公民观念中的社群感、犹太教盟约(covenant)的观念,以及基督教的团契(fellowship)观念,而对于这些伟大的传统来说,这些观念都具有道德上的强制力,并且与启蒙心态保持了高度复杂的关系和张力,为的是表达它们对植根于启蒙运动中显著的人类中心主义的批判。作为对将人视为一种具有权利的、利益驱动的、理性的经济动物的这样一种观念的批判,社群伦理明确显示了亚里士多德的、保罗的、亚伯拉罕的或者是共和主义的伦理与当前北美道德自我反思之间的相关性。通过强调社会交往中的"沟通理性"的重要,哈贝马斯(Jürgen Habermas)试图拓展理性话语的范围。这代表了一种发展新的观念工具以便丰富启蒙传统的重大的思想努力。①

第二种精神资源来自非西方的、轴心时代的文明,包括印度教、耆那教、东南亚佛教、东亚的儒学和道家,以及伊斯兰教。就历史而言,由于对文艺复兴的贡献,伊斯兰教应该被看做是现代西方一个不可或缺的思想遗产。而当前的做法,尤其是北美和西欧大众媒体的做法,是把伊斯兰教看做彻底的异类,这是对历史的误解,也是对文化的麻木不仁。事实上,这种做法已经严重毁坏了现代西方的自身利益,也严重损害了现代西方对自我的理解。在世界观、礼仪、制度、教育风格和人际关系模式等方面,伊斯兰教和这些非西方的伦理—宗教传统蕴藏着精致而丰富并切实可行的资源。它们有助于发展不同的生活方式,或者作为启蒙心态体现的北美和西欧的继续,或者作为另外不同的选择。在儒家文化的影响下,工业东亚已经发展出一种较少敌对、较少个人主义和较少自私自利的现代文明。二战以来,市场经济与政府领导、民主政体与贤人政治、个人积极性与集体取向的共存,使这些地区在经济上、政治上成为全球最有活力的地方。儒家伦理对东亚崛起的显著贡献表明,印度教、耆那教、佛教、伊斯兰教模式的现代性极有可能出现。

儒学亚洲(包括日本、朝鲜、韩国、中国大陆及香港和台湾地区、新加坡和越南)的西化,也许已经永远改变了其精神面貌。但是,其本土资源,

---

① 参见哈贝马斯:《什么是普遍的实用性?》,见其《沟通与社会进化》(*Communication and the Evolution of Society*, trans. Thomas McCarthy, Boston: Beacon Press, 1979),第1—68页。

包括大乘佛教、道教、神道、萨满教以及其他民间宗教仍然具有旧貌换新颜以及在一种新的综合中重新为人所知的弹性。当然，为现代西方的帝国主义和殖民统治所羞辱和挫败的超过百年的历史已经终止了。工业东亚的兴起象征着伴随着复仇的启蒙遗产的工具理性。诚然，日本、韩国、新加坡和中国台湾及香港地区的心态是以重商主义和国际竞争为特征的。而自从 1979 年改革开放以来，中华人民共和国则尤其显著地选择了同样的发展策略。毫无疑问，这些国家和地区发展更为人性化和持续性的社群，其可能性不应夸大，但也不应低估。

第三种精神资源包括一些原初传统：美国土著人的、夏威夷人的、毛利人的以及大量的部落本土宗教。这些传统显示出人类生活自从新石器时代以来就是不断持续的。对于实践生活来说，其含义是深远的。这些传统的关于人类繁荣的风格不是心灵的虚构，而是我们现时代的一种经验的实在。

对根源性的深刻体验，是原初传统的一个特点。每一种本土宗教传统，都植根于一个具体的地方，代表着一种认识方法、一种思维模式、一种生活方式、一种态度和一种世界观。鉴于启蒙心态造成的始料未及的灾难性后果，有诸多明显的关于现代心理定势能从本土宗教传统中学到东西的教训。本土民族意识到自己扎根在一个具体的地方，自然而然地对自己所处的环境有着精细的了解。确实，他们的居住地与自然的界限很模糊。这种生存模式喻示着，实现人类世界与自然整体的息息相通和互惠互利，是必要和可欲的。因此，我们可以从中学到的，就是一种新的认识方法、一种新的思想模式、一种新的生活方式、一种新的态度、一种新的世界观。从土著人的角度来批判启蒙心态及其现代心灵的衍生物，是发人深省的。

本土生活方式的另一个同样显著的特点是，人们在日常人际交往中讲究礼仪。密切的亲属关系，丰富的人际交流，对周边自然环境和文化环境的精细理解，与祖先的心灵沟通，都以种族、性别、语言、地域和信仰为基础，显示着社群的存在。原初联系是他们存在和活动的组成部分。休斯顿·史密斯(Huston Smith)将他们的特点归纳为：在动机上，他们展示的是参与而非控制；在认识论上，他们展示的是同情性的理解而非经验性的理解；在世界观上，他们展示的是崇尚超越而非主宰自然；在人类经验方面，他们展示的是满足感而非疏离感。当我们开始质问那些我们最为信仰的思考方式是否正确或合理时，本土观点可以给我们带来灵感。

当然，我并非建议大家对"原初意识"产生任何浪漫的爱慕或怀旧的感伤。我想说明的是，作为启蒙心态的受益者和受害者，我们用所有这三种可获得的精神资源，丰富、转化、重建我们的公共遗产，以之表达我们对它的忠诚，从而树立起一种真正促进全球团结的意识。我们正着手从启蒙运动本身的核心中开发第四种精神资源。这样说可能并不过分。我们进行有训练的反思，共同行动而非单纯斗争。这是向宗教领袖和伦理导师所构想的"创造地带"迈进的第一步。女权主义者对传统的批评，对环境的关心，对宗教多元论的宣传，都明显地表现出这种新的团体自觉的批判意识。启蒙心态信仰理性、自由、平等、人权和正义。在不破坏也不放弃这些的情况下，超越启蒙心态，需要把现代性作为一个象征，把现代化作为一个过程，进行全面的重新考察。

现代性中的传统是个有意思的问题。它是我们重新考察现代性或现代化的基础。把传统和现代性看做是两种不能并立的生活形式，对它们作二元论的思考，将不得不让位于一种更细致的研究。这种研究探讨的是现代性与传统之间的绵延不断的相互作用。在这里，"现代性"是作为"合理化"（根据韦伯的[Weberian]定义）的认识结果，"传统"则是作为"心灵的习惯"（从亚历克西斯·德·托克维尔[Alexis de Tocqueville]处借来的一个表达）。现代性中的传统并非只是被动地放置到现代意识中的历史沉淀物。就功能而言，传统对现代性并非只是起着抑制作用。恰恰相反，它们既是束缚力，又是加强力，能在任何特定的社会勾画出现代性的特有轮廓。因此，当我们讨论现代化的进程时，把传统弃置为无用的残余范畴，这在思想上是幼稚的，在方法上是错误的。确实，现代化是一个极为不同的文化现象，而不是一个同质的、全面西化的过程。为了懂得这一点，我们有必要研究现代性中的传统。

当塔尔科特·帕森斯（Talcott Parsons）肯定市场经济、民主政治和个人主义是现代性中不可分离的三个成分时，他可能是对的。战后的时代看来已经开创了一个新世界，其中，市场化、民主化和个人主义是新的地球村的显著特征。苏联东欧社会主义的崩溃给人这样的印象：是市场经济而非计划经济，是民主政府而非专制政府，是个人主义的生活方式而非集体主义的生活方式，代表着将来的潮流。“历史的终结”指的是这样一个人类发展阶段，在其中仅仅只有先进的发达社会起着支配作用。不管我们是否相信“历史的终结”，我们都必须清醒地意识到，全球化的力量通过大量的网络，真真切切地把地球捆绑成了一个对话社群。其结果是：不论相隔多远，都不会阻碍电子交流；在地域上接近，并不必然有真正的接触；我们可能和数千里以外的同伴经常对话，却常常与我们的邻居、同事和亲戚形同路人。

地球村不是真正的家，可是却真实地存在着。它的到来，无论如何不适合人类的繁荣。与儒家传统的“太和”理想相反，地球村展示的是巨大的差距、严格的区分、森严的界限、可怕的混乱和彻底的歧视。世界被挤进一个互相联系的、生态的、金融的、商业的、贸易的、电子的系统。它从来没有在财富上、影响上、力量上产生如此大的差距。人们想象的甚至期待的地球村的到来，远远不能成为人们欢庆的理由。

在世界历史上，富人与穷人、统治者与边缘人、讲话者与沉默者、入流者与圈外人、消息灵通者与消息闭塞者、联系广泛者与孤独寂寞者，他们之间的对比从来没有现在这样显著。从世界系统中获益的那些富有的、占统治地位的、有发言权的、入流的、消息灵通的、联系广泛的人，组成了无数跨国网络组织。在迈向统治宝座的过程中，他们把距离、伦理界限、文化多样性、宗教排外主义、国家主权都变得微不足道。另一方面，同一条街的居民在获取信息、思想、实体资源（比如钱）、非物质性商品（比如特权）的渠道上，有极大的差距。同一电子区的人认同的政治意识形态、社会风俗习惯、世界观可能存在尖锐的矛盾。他们也可能以不可比较的方式感受着人类存在的基本分类。个人、家庭、社会和国家之间存在的有与无的尖锐对比，从确凿的实证数据很容易就可看出。而且，大众媒体鼓吹炫耀性消费，极大地加剧了相对贫穷感。甚至在经济最发达的国家，比如北美、斯堪的那维亚国家和其他西欧国家，以及日本等亚洲经济强国，也弥漫着不满、焦虑和失望。

如果我们把注意力专门投向那些二战结束以来让世界改头换面的强

流(科学、技术、交通、贸易、金融、娱乐、旅行、游览、移民、疾病),我们很容易受到误导,以致错误地相信,世界变化如此巨大,新生的全球力量在毫不顾及我们继承的历史实际和文化实际的情况下,改造着人类的生存条件。人们在20世纪末对本世纪最有意义的反思之一是,认识到全球化并不意味着同质化,现代化在国内外既在强化也在弱化经济的、政治的、社会的、文化的和宗教的矛盾。原初联系(种族、语言、性别、地域、阶级和信仰)具有巨大的力量。它在内形成防御性的文化认同,在外形成激进的宗教排外政策。它的出现使那些注重实际的全球思想家开发新的思想资源以理解这个时代的精神。国际主义者(包括一些最老练的世界局势分析家)通常把原初联系看做是宗教团体支持的、全球化必然进程的阻力,判定它们不会有持久发展的动力。这是幼稚而愚蠢的。我们在波斯尼亚、非洲国家、斯里兰卡和印度见到的不仅仅是反对全球一体化的"分裂"(fragmentization)。我们很清楚,美国的种族主义,加拿大的"语言问题",三种主要的一神论宗教中的原教旨主义,都潜伏着爆炸性的力量。我们必须学会理解,寻根是一个全球现象。

如今,我们在全球正面临着两种相互抵触的力量,甚至是两种相互矛盾的力量:国际化(全球化)和本土化(社群化)。联合国是基于国际化的精神而成立的。它现在必须处理与根有关的问题(以上所说的原初联系都属于根的问题)。科学、技术、大众传媒、贸易、旅游、金融、移民和疾病的全球化,正以前所未有的速度进入一个前所未有的阶段。尽管如此,本土或部落感情的广度和深度,不论是隐性的还是显性的,都不可能被启蒙运动的工具理性、个人自由、斤斤计较、物质进步和权利意识的价值观轻易改变。人们如果能在伦理上意识到,任何形式的修身、谈判、正义、同情、礼仪、责任意识、个人尊严、内在价值感都要合乎情理,那么,他们就能更好地理解人际关系的弹性力量和爆炸力量。

从儒家的视角来看,人不仅仅是理性的存在、政治的动物、工具使用者或语言的运用者。他们看来已经有意识地放弃了归约主义者的模式。他们用五个互相联系的观点给人下了定义:

1. 人类是感性的存在。他们不仅能在两个人和更多人之间形成内在的共鸣,也能与其他动物、植物、树木、山川、河流,直至自然整体,形成内在的共鸣。

2. 人类是社会的存在。作为孤独的个体,人类与地球王国的其他成员相比是软弱的。但是,如果他们组织起社会,他们就拥有了内在的力量,不仅能够生存下来,还能繁荣昌盛。人类相互作用的各种网络结构展示的人际关系,对人类的生存和繁荣昌盛是必要的。我们的社会性界定着我们是谁。

3. 人类是政治的存在。这是在这样一种意义上来说的:就等级、地位和权力而言,人的生物本性和社会命运使得人际关系得以有所区分。儒家虽然坚持这种人为的界限是流动的,但是,他们承认"差别"对实现社会的有机而非机械的团结具有重要意义。于是,在一个讲究仁义的社会里,社会的有机团结,既是公平原则的中心目标,也是分配性正义(distributive justice)的实践的首要目的。

4. 人类也是历史的存在。人类分享着集体的记忆、文化的记忆、文化传统、礼仪实践以及"心灵的积习"(habits of the heart)。

5. 人类还是形而上的存在。他们具有最高的渴望,这种渴望不能够用人类中心主义的观念来简单界定,而是以不断为天命所鼓舞并不断对天命有所回应的终极关怀为其特征。

儒家之道是一种为学之道。在儒家的精神里,学习如何做人就是把自己投入一个永不停止的、没有尽头的、创造性的自我转化过程。这既是一种公共性的行为,同时也是对于天的对话性的回应。这涉及四个不可分离的方面——自我、社群、自然和天道。为学的目的始终被理解为"为己之学",但是,自我绝非一个孤立绝缘的个体(孤岛),毋宁说,自我是各种关系的中心。作为各种关系的中心,自我是一个动态的开放系统,而不是一个封闭的静态结构。因此,自我与社群之间的感应,人类与自然之间的和谐,以及人类与天道之间不断的沟通,是人类活动的定义性特征和最高的价值。

儒家把此时此地的、具体的、活生生的人作为出发点,去发展他们的哲学的人学(philosophical anthropology)。他们认识到人的生存条件是有其根源的。我们所说的内在于儒家思想中的原初联系(种族、性别、语言、地域、阶级和基本的精神取向)的深层意义,在于它们充分展示了文化的多元性(这不能与任何形式的恶性相对主义混淆)。儒家经常把自己的“道”理解为身心之学,或者是性命之学。他们有这样一种认识,即每个人命中注定是嵌于某一特定条件下的独一无二的人。但是,每个人同时具有自我教育、自我发展和自我实现的内在可能。也就是说,命中注定嵌于某地,是我们生存条件中难免的结构性限制,尽管如此,我们仍被赋予无尽的可能,在学习做人的过程中转化自己。因此,我们拥有内在的自由。这自由蕴藏在我们作为天人关系的中心的责任中,它创造了我们的价值。仅此一点就值得并需要尊重。

在《古代中国的思想世界》一书的结尾部分,本杰明·史华慈(Benjamin Schwartz)讨论了“五经”的“精神”。他针对新儒家的中心问题指出:

> 最后,有关根的问题,要学孔子和孟子。他们已在人心里找到了根。只有人心才有能力“诚意”,“诚意”之后再扩展这种超越的能力,实现人类存在于社会结构中的道。从这个观点来看,“四书”的基本教义就在于此。在一个更深的层次上,“四书”还为这样一种信念提供了本体论的依据,相信个体面对道家和佛家神秘主义的不断挑战,具有超越的伦理能力。①

在封建晚期的中国、现代以前的越南、李朝时期的朝鲜和德川时期的日本,新儒家以心学为本体论的依据,帮助儒家知识分子在家之上国之下创造了一种文化空间。他们不离家园,却能积极参加集体活动,投身于地方的、地区的或国家的政治。这就是为什么他们并不只是调整自己以适应世界的原因。马克斯·韦伯(Max Weber)对儒家生活取向的整体评价漏掉了这一点。维持他们社会活力的精神资源,来源于他们管好自己的事情。这些事情包括修身、劝善、传道、知天命、仿效圣人、树立文化规范、改

---

① 参见本杰明·史华慈:《古代中国的思想世界》(*The World of Thought in Ancient China*, Cambridge, Mass.: Belknap Press of Harvard University Press, 1985),第406页。

造作为道德社群的世界。

当我们看到一个新的世界秩序代替了由超级大国强加的排他的二分法(资本主义和社会主义)时,我们容易得出肤浅的概括——"历史的终结"[①],"文明的冲突"[②]或"太平洋世纪"。但是,从长远角度来看,更加困难但也是更有希望、更有意义的工作是,研究如何学习做人的问题:我们是不是与其他万物分离的个体?我们每个人是不是把自己当做万物关系的一个中心而活着?道德自知对个人成长必要吗?社会成员之间缺乏基本的责任感和义务感,这种社会能够繁荣持久吗?我们这个多元的社会是否应该精心培养共有的价值观,从而为人类的相互理解达成共识?当我们明确意识到我们所在地球的脆弱以及逐渐警觉到我们作为"危险物种"的命运时,我们应当询问什么样的批判性的精神问题?[③]

儒学的复兴有利于东亚的知识分子形成团体认同的自觉意识,这是非常必要的。我们正处于全球历史的起点,而不是在目睹历史的终结。并且,从比较文化的视野来看,这个新起点必须被看做是文明对话的起点而非文明冲突的起点。我们认识到,在种族、语言、地域和宗教中存在着文明冲突的危险,这使得文明对话显得尤为紧迫。我们必须重视从伦理的、精神的尺度探讨人类的繁荣,寻找另一种可持续发展的模式。

超越由工具理性和个人利益造就的心理定式,在这点上,我们做得太晚了。随着传统社会的渐渐消失,我们目睹着一个通讯、网络、谈判、互相作用、彼此影响、共同合作的时代的到来。随着中国人、日本人、朝鲜人、越南人移居到世界上的其他地方,他们中的知识分子是否能在自我修养、家庭和谐、社会团结、仁义管理和全球和平这些儒家精神的鼓励下,清楚有效地表达责任伦理,将对全球事务具有深远的意义。

以个人尊严为基础,考虑到一系列的同心圆,即自我、家庭、群体、社会、国家、世界和宇宙,我们就能真正地洞察儒家对人类繁荣的理解。我

---

① 福山(Francis Fukuyama)的这一表述可能会误导人们以为冷战结束必然导致全球思维方式的同质化。通过从东亚的思想资源中汲取灵感,福山最近强调"信任",这一点表明,就共享的价值而言,西方几乎无法垄断话语权。

② 参见亨廷顿(Samuel P. Huntington):《文明的冲突?》,载《外交事务》卷72,第3期,1993年夏季,第22—49页。

③ 对于我在哈佛大学开设的核心课程"道德推理"部分来说,这些都是至关重要的问题。

们从探寻真正的个性开始。这种个性是一种开放的、创造性转化的个性。它的实现有赖于我们克服自私性和自我主义的能力。我们珍惜家庭和谐，为此我们必须超越裙带关系。我们拥护社会团结，但是要超越狭隘思想以实现团结的真正价值。我们如果克服了种族中心主义和文化沙文主义，就能在社会一体化中充实自己。我们忠于国家统一，但也应该超越激进的国家主义，这样才是真正的爱国主义。人类繁荣鼓舞着我们，但我们必须努力摆脱人类中心主义的局限，因为人性最终的意义是天人合一的而非人类中心的。在马来亚大学组织的伊斯兰教与儒学对话的国际研讨会上(1995 年 3 月)，马来西亚副总理安瓦尔·易卜拉欣(Anwar Ibrahim)从休斯顿·史密斯的《世界宗教》中引了一段论述。这段论述很好地抓住了儒家的自我超越精神：

> 当一个人把关注中心从自己转向家庭，他就超越了自私性；从家庭转向社群，他就超越了裙带关系；从社群转向国家，他就超越了狭隘主义；再转向所有人类，他就超越了大国沙文主义。①

我们甚至能够接着说，如果转向天人合一，他就超越了世俗人文主义。世俗人文主义是启蒙心态带有的一种明显的人类中心主义特征。确实，在天人和谐的精神中，我们发现自我与社群之间有感应，人类与自然之间有和谐，天人之间有相关性。

通过系统阐释新儒学中的心学蕴涵的天人合一的视界(anthropocosmic vision)，王阳明简洁明了地批驳了人类中心主义。他在《大学问》中开篇即说：

> 大人者，以天地万物为一体者也。其视天下犹一家，中国犹一人焉……大人之能以天地万物为一体也，非意之也，其心之仁本若是。其与天地万物而为一也，岂惟大人，虽小人之心，亦莫不然。彼顾自

① 参见史密斯：《世界宗教》(*The World's Religions*, San Francisco: Harper San Francisco, 1991)，第 182、193、195 页(注释 28 和 29)。

小之耳。是故见孺子之入井,而必有怵惕恻隐之心焉,是其仁之与孺子而为一体也。孺子犹同类者也,见鸟兽之哀鸣觳觫,而必有不忍之心焉,是其仁之与鸟兽而为一体也。鸟兽犹有知觉者也,见草木之摧折,而必有悯恤之心焉,是其仁之与草木而为一体也。草木犹有生意者也,见瓦石之毁坏,而必有顾惜之心焉,是其仁之与瓦石而为一体也。是其一体之仁也,虽小人之心,亦必有之,是乃根于天命之性,而自然灵昭不昧者也。是故谓之明德。①

对于儒家而言,充分实现自己,还不足以成为有责任的执家者、有效率的社会工作者和有良心的政治公仆。一个人在社会的政治舞台上无论多么成功,如果不顾天,他的人性就无法充分展示。儒家的最高理想是"天人合一",它不仅赋予人性以人类学的意义,而且赋予人性以宇宙论的意义。在《中庸》中,人性最真实的表明就是"与天地参"②。

然而,既然"天何言哉","非道弘人"——这意味着,天虽然无所不在,无所不知,但它不是无所不能的——那么,我们对天命的理解,就要求我们充分赏识内在于我们心里的正义和原则。我们超越自我主义、裙带关系、狭隘思想、种族中心主义、大国沙文主义的能力,必须被用来超越人类中心主义。为了让我们配得上做天的伙伴,我们必须与那无言的天保持不断的联系。天的观照让我们内心的正义和原则熠熠闪光。不能超越自身的束缚,我们有望得到的充其量只是排外的、世俗的人文主义。这种人文主义宣称人是万物的尺度。与此相反,儒家的人文主义以天人合一观为依据,所谓"以天地万物为一体也",它是具有包容性的。分析到最后,自我实现就是最基本的转化,这个转化过程把家庭、群体、国家、世界和宇宙都包容进我们的感受性之中。

儒家天人合一的世界观具有不言而喻的生态学意义。但是,这些意义需要更仔细的阐明。一方面,儒家天人合一的思想具有丰富的哲学资源。另一方面,它还有无尽的伦理资源,可供发展更全面的环境伦理学。

---

① 陈荣捷:《中国哲学资料书》(*A Source Book in Chinese Philosophy*, trans. Wing-tsit Chan, Princeton: Princeton University Press, 1963),第659—660页。

② 《中庸》第22章。

从古代开始,儒家就关注与自然保持和谐,接受自然的适当限度和范围。这种关注表现在他们用大量的方式培养自己的美德。这些美德被认为既是个人的又是宇宙的。他们的关注还包括用生物的形象来描绘修身的过程。在人与宇宙之间实现深层次多样的对应,是儒学的一个主要目标。这是一个具有重要精神意义的观念,对救治当前的生态危机也有实际价值。

“全球化思考，本土化行动”及其间的竞争性阵地

狄百瑞

（Wm. Theodore de Bary）

在以“作为生活实在的全球社群：探索社会发展的精神资源”为题的文章中，杜维明以下面的一段开场白论述了我们当前的社会与生态问题。他说：“自从法国大革命以来的两个世纪，尤其自二战以来的最近四十年，我们对自然以及我们这个全球社群的所作所为，被证明是一个自我毁灭的过程，它让我们充满了危机感。”①我也有同样的危机感。由于我同意他对问题的基本描述，所以我不准备仔细分析和讨论他的基本观点。

以启蒙和法国大革命为基线，根据“自由、平等、人权、个人尊严、尊重隐私、民有、民享和民治的政府”等各种价值，杜维明进而描述了启蒙心态的特征。杜维明认为，所有这些价值观即便不是启蒙心态的结构性要素，也至少在起源上与启蒙心态密不可分。同样与启蒙心态在起源上相关而受到杜维明质疑的，则是诸如工具理性、对进步的信心、理性以及个人主义之类的价值。

然而，从起源上来讲，我注意到，所有这些价值也同样植根于其他一些前启蒙的传统，比如犹太教—基督教的传统、希腊罗马的古典文明、地中海世界的商品经济与文化，以及中世纪基督教国家的宗教法规。

正如杜维明所列举的，这些价值确实被启蒙赋予了特定的现代阐释。但是，如果我们要谈论其根源，正如杜维明继续要做的那样，那么，我们就

---

① 杜维明：《作为生活实在的全球社群：探索社会发展的精神资源》（“Global Community as Lived Reality: Exploring Spiritual Resources for Social Development”, *Social Policy and Social Progress*, New York: Secretariat of the United Nations, 1[1995]:40），此文的一部分收录于杜维明的论文集《超越启蒙心态》。

必须考虑到这些价值的历史演变,这使我们面对回溯与重新发现其根源这样一个实实在在的困难。

以进步观念为例,作为一种无限制的过程,进步正是启蒙的产物,这一点是毋庸置疑的。但是,为未来而生存、积累性和导致某些承诺的成就的历史这样一种观念,也根植于盟约的(covenantal)和弥赛亚的(messianic)观念之中,后者则是犹太教—基督教传统的核心与基础。它们可以一直上溯到《出埃及记》(*Exodus*)中被承诺却又无法发现之地的观念,也可以发现于希腊罗马史诗《奥德赛》和《伊利亚特》之中,这两部史诗反映了地中海人民的海上冒险,带有其移民英雄价值的理想化,为尤利西斯(Ulysses)和埃涅阿斯(Aeneas)二人史诗般的征程所人格化。希腊在地中海和黑海各地的殖民,罗马统治遍及文明世界的扩张以及带着其文明(尤其是罗马法律和工程技术)远达于野蛮的欧洲,正是探索和扩张这种长期的历史运动产生了欧洲。进一步而言,这种探索和扩张甚而促成了启蒙运动的野心勃勃与乐观主义,也促成了17世纪、18世纪和19世纪欧洲扩张主义的迸发。诚然,西方帝国主义正是从罗马统治而得其名的。

无论是好是坏,在所有这些发展过程中,存在着深刻的歧义,这些歧义最终可能甚至是不可测度的神秘性。但是,有一点是清楚的,这些运动最终在亚洲产生了对过去、现在和未来的新的认识,也在20世纪看到了启蒙心态许多特征的主导性。对此,杜维明在其文章的下面章节中进行了描述:

> 对启蒙心态的公正理解,需要坦率地讨论现代西方的黑暗面。那“解放了的普罗米修斯”(unbound Prometheus)象征着急剧发展的技术。它是人类智慧在工业革命早期获得的巨大成就。尽管受到浪漫主义运动的反对,遭到人文科学前辈的批评,在浮士德精神(一种本能地去开发、认知、征服、压制的精神)的鼓舞下,启蒙心态一直是现代西方的主导性意识形态。如今在东亚,它正被拥戴为毋庸置疑的基本发展理论。①

① 杜维明:《超越启蒙心态》,第41页。

我同意这一切,也同意杜维明进而对这个所谓理性时代所产生的一切令人不快的、令人烦恼的、不合时宜的后果的描述,也同意确实在世界范围内产生的各种变化带来的意想不到的后果。但是,倘若我们要像杜维明所号召的那样去做,回到我们的根,那么,我不知道该怎样避免回溯过程中那将挑战我们信念与智力的历史模糊性。

为了进而讨论"需要探索那些可以帮助我们拓宽启蒙运动领域的精神资源",杜维明引用了"启蒙运动缺失社群的思想,更不用说全球社群的思想"①。我不知道基于怎样的标准,我们才能决定这些概念是否属于启蒙运动,但是,在18世纪末19世纪初,大量的社群运动伴随着启蒙运动而兴起。这可以在美国东海岸移民们创建乌托邦社群的努力中明显地看到(宾西法尼亚州的门诺派、教友派以及混合派、Ephrata社群、北卡罗莱纳州的塞伦社群)。所有这些,其早期形式都预想要一个"没有国家的,只有自我约束和相互合作的社群"。共产主义早期对中国和日本的吸引当然也是这种类型,就像刘师培和李大钊在其20世纪初十年间的著作中所写的那样。而且,当杜维明哀伤于"法国大革命的口号中缺失对'友爱'思想的关注"时,他忽略了所谓"同志"关系在社会主义运动中扮演的角色。在历时一个世纪席卷半个世界之后,人们终于认定它不过是个空洞的委婉语。与党或者所谓无产阶级相联系的同志关系在当某个人被指为右派或人民敌人的时候毫无意义。这种情况下,人情愿只有一个朋友,管他是同志还是兄弟。这是一个可以说明最终成为大革命理想的友爱精神及与之共生的西方个人主义和工具理性是什么的例子。从所有当时的信息来看,世界革命在工业技术革命中所做的,现在接受的,并不是去补救什么。

但是,我将讨论我认为的杜维明的主要观点:扎根与本土化的要求。回到我们推动力的源头,这种思想已经伴随我们很久,尤其是回到18世纪末19世纪初的浪漫主义或者更近的成为口号的"全球化思考,本土化行动"。这不是新的东西,但是,我想提出一个不同的途径来解决杜维明所倡导的人际关系与公共责任方面的伦理问题。我把它作为切实可行的

① 杜维明:《超越启蒙心态》,第42页。

一个建议、一个指导，既由于它提供的典范，也由于从过去的失败中所学到的教训。

让我从伟大的新儒家朱熹开始，他试图恢复被短视的政治机会主义和功利主义所破坏的中国文化，尤其是道德的基础。也许令人惊奇，朱熹认为这是容易通过“适应”与“权宜”而成为功利主义的佛教观念教唆而形成。朱熹的出发点很接近杜维明在文章总结中所表达的如下说法：

> 对于这种合作事业(即处理[居于一端的]“本土主义、民族主义、部落主义”和[居于另一端的]“全球主义、世界大同主义和国际化主义”的努力)，儒家一个可能的贡献，是其对于作为一种共有事业的人的自我转化的信念。儒家坚持认为，生命的终极意义只能在日常生活中得以实现，也就要求把修身和齐家作为自我实现的根本。①

朱熹的出发点和杜维明相同，当然那也是孔子和孟子的出发点。但是，比孔孟晚了一千五百年的朱熹所不同的是，他将历史，尤其是孔子和孟子所不必面对的强大的中央集权王朝的历史经验考虑在内。就像他所看到的，仅仅在家庭生活中修身是不够的(虽然他自己在这方面投入极大的注意力)。而且，把自我和家庭构建于世界中——事实上是宇宙中——的哲学观也是不够的(虽然他在这方面所做的也很深入)。他认为最需要的是一个以自我和家庭为一边，国家为另一边的有组织的基础框架结构。

朱熹研究讨论并且清晰地写出了框架中连接家庭和国家所需要的至少五个关键社群组织和过程。第一，是社群内有助于相互激励陶冶的合作组织方式，或叫乡约。第二，是存储和分配种子及粮食谷物的慈善性粮仓。第三，是发展技术以及共享改进的农业方法。第四，是建立当地学校(社群学校，或叫社学)，使得公共教育能够被所有人获得，而不仅仅限于那些富裕的家庭或者有能力维持私学的世家。第五，是受教育者讨论学问和公共问题的学院。朱熹认为这些方法都是服务于公共利益(公)的，并且，他认为，所有修身(心的自省)的方法都基于个人必须以在追求自我利益中是否

① 杜维明:《超越启蒙心态》，第 50 页。

逾越了公正对待他人及是否以公众利益为代价来检查自己的意图。

朱熹这种社群结构的主张在东亚广为人知，不仅仅在中国，也在朝鲜和日本。由于朱熹作为哲学家和学者的巨大声望，大多数后来的学者都认可这些举措，中国世代的统治者都批准它们。不过，为了简短起见，本文对此就不详述了。至于后来令人失望的结果的主要原因，应该是上层官僚政府和下层私人利益集团之间不断的斗争使这种基础框架结构被损坏、侵蚀和分裂了。

很多同样的情况正在中国发生，也越来越多地在美国发生。大公司、大兼并集团、大购物中心、跨国组织，不管它们的支配意识形态是左是右，都淹没并且窒息了所有保留本土经济与本土文化的努力。

在杜维明文章的结论部分，他欢迎如今世界上非政府组织的兴起潮流。我很赞同非政府组织的工作，很多时候，我都主张我们争取人权斗争中最主要的力量，一定是非政府组织和联合国组织的长期不懈的努力，而不是美国的对外政策和外交谈判。但是，在这种情势下，对于非政府组织将会为我们所做的事情，杜维明拥有惊人的信心，对此，我还是不免畏缩。杜维明说：

> 在里约热内卢、埃及、哥本哈根和北京，非政府组织的推动力令人瞩目地展现传达出一个响亮和清晰的信号，就是作为全球现象的前所未有的参与型民主已经成为强大的潮流，任何想要阻止它的组织的、意识形态的或者战略性的努力都会被战胜。①

对于这种努力的成功之确信，朱熹远不如杜维明那样乐观。他可能也同意前文引用的杜维明的那种信心，即“对于作为一种共同事业的人类自我转化的信念”。但是，由于他所具有的丰富的历史知识和对人性弱点和不稳定性的觉察，朱熹的信心同时也会受到削弱。所谓“人心惟危”，朱熹很清楚地看到，在自我利益与公众利益之间，正当的自我关爱和自私之间，人心不易保持平衡。

① 杜维明：《超越启蒙心态》，第50页。

我想起曾经与已故的洪叶的一次长谈，内容是有关人心的不稳定性和人类的可犯错性(fallibility)。洪叶教授是一位受过古典教育的学者，对朱熹在《中庸》序言中的观点非常熟悉。我们讨论了儒家和基督教关于人性和原罪的问题。洪叶认为，双方的观点差异非常之大——作为孟子后学及其性善论信仰者的儒家学者，在本质上都是乐观的；然而按照简化的基督教观点，对于人性，基督徒则是悲观的，并且预设了人是有罪的先见。洪叶回想了朱熹所谓“人心惟危”与“道心”的关系，以及朱熹对于人类可犯错性的敏感，那种敏感不仅与“道心”表达的人的道德意识(构成人性中的善)是制衡的，更是彼此有机合为一体的。洪叶是其早期教育由传统的“四书”所塑造的最后一代中国人之一，他仍然保有这种意识。但是，从那以后，除了唐君毅等少数例外，都不再易于以那种用语来进行自我表达了。作为教授《中庸》的一种陪衬，朱熹对于“人心惟危”的重视，强调人们需要一种宗教性的敬畏和训喻，二者与中庸所倡导的自省和谨慎一道发生作用，以免人逾越天理。

正如杜维明所表达的，这种有关人性的古典的、平衡性的认识，即一方面人性具有自我转化的潜力，同时人性又具有易犯错性以及有限性，使我想起了美国的儒者/基督徒(Confucian/Christian)和田园诗人温德尔·贝里(Wendell Berry)。在其强有力的、预言式的著作《令人不安的美国》中，贝里将关注的目光投向了伴随着环境破坏的经济、社会和文化问题，这些问题不仅是美国的，同时也是世界范围内的。该书提出了这样的观点，即人类为了无止境的经济发展和无限制进化的新奇想法而毫不吝惜地掠夺自然资源。

朱熹的宇宙是一个有秩序的宇宙，是一个有序的生命历程。在那样一个历程之中，道心为人类的创造性活动提供方向，为的是维持一个更大的生命历程。与此相类似，在其对有关人类的现代观点的批评中，贝里诉诸更传统的基督教有关人类的观点。前者认为人类已经从任何限制中解脱出来，后者则认为人类是天使与动物之间的精致的平衡。现代人类不满意这种界限，他们侵占了神的主权并宣称对万物的统治。贝里这样写道：

但是，我们有关这种主权的经验意味着，如果排外地，完全依照更低的等级，而不顾比它更高的等级来定义这种主权，那将是非常危险的。就是说，只有当其地位得到均衡界定时，这种主权观念才是可靠的。因此，人的地位被认为是处在动物之上和天使之下，介于自然和神界之间的。这样，通过理解与接受人类在世界中的等级次序，人们就能够看到他们的权力是有界限的，也是通过责任得以保障的。进而，他们就会看到逾越这种界限的结果只能是罪恶，一个人除非罪恶地自负或者堕落，否则不会脱离开人的地位。

所谓现代世界的发展，就其次序而言，既是宇宙秩序旧有意义遭到破坏的原因，也是其结果。最典型的现代行为，或者说不当行为，可能是由对人性的重新定义造成的。这使其声称人性在万物中的次序地位，既不是对自身的主权，也不是神性或兽性的，而是绝对的统治，主宰自己和整个宇宙。

这种对整个存在链条的侵占，实际上把自身理解为既是受造物也是造物者，人性为自身设定了一个可以在环境中得到预测的确切目标：建造人间天堂。这个设计中的天堂不是传说中那样：一个可以为探险家或航海家所发现的遗失的花园。这个新的天堂是要通过人类的智力与工业以及机器来创造和建设的。机器是使我们摆脱在创造秩序中的位置，像神那样制造天堂的野心的代理者，它不仅仅是工具，更是一个隐喻，因而也更强有力。曾经统治人类的隐喻是田园式的，农业的。它使出生、生长、死亡、消失的自然循环周期变得清晰，也在人的保护下得以维持。但是现在人性的统治隐喻是机器。把自身置于主宰创造的位置，我们把创造自身以及我们关于创造的观念都机器化了。我们开始把所有的创造看做仅仅是些原材料，它们可以通过机器转化为一个建造的天堂。

然而，人类目前控制一切之不可能，正如其以往一样。……在现代城市，空前的组织化与空前的混乱同时存在。有人可能要说它们有共生关系，相互滋养共同繁荣。在政府、教育、工业、医疗及农业等领域——任何专家及其管理所存在的领域，这样的例子一点都不难找到。

原因可能是这样，专家与完全控制有种共生关系，谁都不能脱离对方而存在。专家只控制一种可能性，在忽略了所有其他可能性的情况下，他实现了自身关于完全控制的构想。通过排除所有"没有作用的"或者说不需要的可能性，他建造了一个僵化的界限，其中，绝对控制即使不可能，至少也是可以想象的。

但是，专家们从未想到的是，这样的界限本身就是非常有破坏性的。第一，在他的头脑中，既然已经将控制的可能性局限于他所想象和期望的限定之内，他也就成了所有其他可能性的敌人。第二，因为选择只在一个高度简化的范围内进行控制，他的控制是有限的，丢弃了其余所有复杂的、有些神秘的相互依赖与相互合作的样式，而人类文化是以这种方式在自然界中与其各种根源联系在一起的。①

贝里不是汉学家，他的儒学思想来源于艾兹拉·庞德(Ezra Pound)的翻译，而庞德又是通过 Ernest Fenellosa，一位日本与中国艺术的美国研究者获取的。为了进行自己的研究，Fenellosa 不得不需要有关东方哲学与宗教的丰富知识。在研究过程中，他们遇到了儒家的"四书"，对于 19 世纪所有的日本人来说，"四书"是教育的入门书，也是 14 世纪到 19 世纪所有东亚受教育人士的基本教材。而 Fenellosa、庞德，甚至贝里没有意识到的是，这个儒家经典范围的确定，尤其是对《大学》和《中庸》的重视，正是由朱熹造就的。

不过，有一点令我颇有感触，那就是，为什么贝里和杜维明解决现代危机的手段都以《大学》为基础。他们使用了不同的用语，杜维明提到自我转化(self-transformation)，而贝里则谈到"自我训练"(self-discipline)和"性格形成"(character formation)。② 并且，他们都进而讨论了家庭、社群、国家和更大的世界。

然而，在某些方面，贝里对问题的讨论更加切实。作为一个农夫，他首先讨论最基本的农业问题、工业对农业的毁灭及其对人和人类社群的

① 温德尔·贝里：《令人不安的美国》(*The Unsettling of America*, San Francisco: Sierra Club, 1996)，第 55—56、70—71 页。

② 《令人不安的美国》，第 16、26 页。

影响,等等。他确实深入到了问题的根本。他的著作《令人不安的美国》讨论的是关于毁灭可持续发展的农业所导致的各种定居型社群以及美国文化的消失的问题。但是,如果联系中国来考虑这一问题(不是贝里或杜维明所做的那样),你就会看到,儒家思想的重要性甚至超出贝里的著作所表达的。就传统而言,中国文化与儒家文化是关于各种定居社群的,那些社群生活在土地上、滋养自己及其所居住的土地。正是在这种自然、有机的过程中,儒家的自我修养获得了其所有的相似之处及隐喻,这也自然强烈地吸引了作为农夫的贝里。在儒家的文献中,人们可以发现许多与贝里批评专业化的非常类似之处。

如果不进行长篇的、细致的说明,我无法公正全面地说明贝里对美国现状讨论的广度和深度。但是,我想知道的是,现今是否有哪位中国的儒家学者也像贝里一样,切实深入地参与到这样的问题之中。现在,中国已经像西方那样,对农业进行工业化,对自然进行榨取。对于西方来说,也许只有像贝里这样的美国儒者作为儒家的先知为中国代言,这才算公平吧。

在一篇更早的文章中,贝里谈到了儒家的美德"信"。根据庞德提供的汉字,其象形意义是一个人与他的言论并肩而立。这正是先知的所为,与自己的言论站在一起——我把贝里的先知式的话推荐给任何一位准备学习儒学和生态的人。那些话来自这样一个人:他脚踏实地,清楚地知道他在说什么。与贝里后来的著作《家园经济》(*Home Economics*)①相似,《令人不安的美国》建立了一个儒家的观点,家园和家庭是中心,若不首先重建家园——不仅仅是自我与家庭——作为我们一切努力的基础,我们不能指望为环境做任何事情。

如果我们不得不生存在一个更大的世界之中,因为生态问题只能在全球的范围内才能够得以解决,那么,乡土与国家(民族的或国际的)之间的基础框架结构仍然是至关重要的。没有了家园,就失去了基础结构,更不用说上层建筑了。这就是贝里要给我们的信息,也是来自儒家和中国历史的经验。

---

① San Francisco: North Point Press, 1987.

回应的语境

民胞物与:儒家生态学的源与流

罗泰勒

(Rodney L. Taylor)

1875年,美国自然主义者、保护运动之父约翰·缪尔(John Muir)在《陆路月刊》(*Overland Monthly*)中首次发表了《野生羊毛》("Wild Wool")一文。后来,这篇短文又收录于他的集子《陡峭的小径》中。在那篇文章中,缪尔发展出了一种新的观点来看待世界以及人在世界中的地位。如今,这种观点会被认为是一种生态和环境主义的观点。他说道:

> 看来,没有哪种教条像现代文明那样制造了如此不可克服的障碍来阻挠我们正确地理解文化对于保存自然的关系,即认为世界是专为人类的使用而被创造出来的。每个动物、植物和晶体都会从最一般意义上对这种理解产生质疑。然而,千百年来,这种观念一直被作为某种新的和珍贵的东西加以教导。在其所引起的蒙蔽中,人类这种狂想从来没有受到过挑战。
>
> 但是,我从来没有发现丝毫这样的证据,即任何一种动物被创造出来是为了别的动物,就和被创造出来是为了它自身一样重要。自然也并没有表现出任何自我隔离的迹象。在每一种动物被创造的过程中,其他每一种动物的存在已经得到了承认。诚然,每一个创造中的原子都可以说是彼此相知并且相互结合在一起的。①

---

① 约翰·缪尔:《陡峭的小径》(*Steep Trails: California, Utah, Nevada, Washington, Oregon, The Grand Canyon*, Boston and New York: Houghton Mifflin, 1918),第18—19页。

美国有一批作家认为，地球上的生命是一个复杂而相互关联的整体，没有哪一个物种具有主宰和剥削其他物种的特权。就很多方面而言，缪尔就是首次引起我们对这方面关注的这批作家中的一位。这里引用到的《野生羊毛》一文，对美国先验主义者关于荒野的观点进行了很重要的陈述。① 在今天，此种观点很接近于深度生态学的理论立场。

这篇文章的论点在于，野生羊毛出自于非家养的羊身上，这种羊毛的质量比家养羊的羊毛要好。在缪尔看来，这表明，较之那些为了满足人类需求和目的生活在人类控制之下的动物，一种自我意愿没有受到干扰的动物要更好。这篇文章强化了同样一种观点，即自然世界是为了自身价值而产生的，它不是为满足人类的特殊目的而被创造出来的。缪尔主张的是：人类必须从根本上改变看待自身及其在万物中的地位的态度。这要求我们转变那种将自然看做人类自身世界的延伸的观点。

地心说认为地球是宇宙的中心，后来人们发现太阳才是太阳系的中心，因此，地心说被这一发现所取代。但即使是日心说占主导的世界中，当人类反思他们在万物序列中的位置，尤其是他们与其他生物的相互联系时，人类中心主义仍然起着主宰作用。缪尔认为，正是这种人类中心主义才是必须被打倒的。他认为，必须提出一种新的世界观，即在尊重每个生物生命的新伦理观下认识到所有生物的尊严。

19 世纪末 20 世纪初，只有小部分与缪尔志趣相投的人和他持同样立场。然而，这种观点并没有消失。在缪尔的号召下，其他一些人也开始追随他。《沙乡年鉴》便是对早期自然资源保护运动的一个经典阐释。在此书中，利奥波德(Aldo Leopold)写道：

> 自然资源保护运动已经走投无路了，因为它不为我们对于“大地”的亚伯拉罕式的理解所容。我们滥用大地，因为我们把它看做是属于我们的物品。当我们视大地为我们所归属的社群时，我们开始满怀着爱和敬意去利用它……大地是一个社群，这是生态

① 见 Michael P. Cohen：《无径之路：约翰·缪尔与美国荒野》(*The Pathless Way: John Muir and American Wilderness*, Madison: University of Wisconsin Press, 1984)，第 178 页。其中讨论了《野生羊毛》一文之重要性及其与美国先验主义的关系。

学的基本观念，但是，大地受到爱护和尊重，则是伦理学的一种延伸。①

和缪尔一样，利奥波德注重这样一种需要，即将人类理解为世界生态系统的一部分，而不是拥有特权可以凌驾于动物和大地本身之上并与之相分离的独特种类。利奥波德提出的作为共享社群而非商品的大地这样一种观念，是一种环境伦理学的发展基础，是一种他称之为显示着人类对大地之爱和敬重的态度。他批驳人类利用、误用和滥用环境的背景。在他看来，这种态度和源于犹太—基督教传统的人类主宰大地的原则直接相关。

利奥波德提出，环境伦理学中的任何一种转变都无法避免地与一个人的哲学和宗教学观点相联系。并且，对于宗教和哲学未能在一般意义上对环境问题进行讨论，利奥波德也深表痛惜。他说：

> 没有思想的重点、忠诚、热爱和信念的内在转变，伦理学中的重大变化就不可能实现。保护运动尚未触及行为基础的证据在于这个事实：哲学和宗教对其尚无所知。我们试图让自然资源保护简单化，却使它变得琐碎、微不足道。②

与他之前的缪尔一样，利奥波德面对着一种人类中心主义的世界观，这种世界观无视有机生命整体并实践一种主宰伦理观，即只寻求剥削其他生命并出于人类利益为这种剥削提供合理性论证。对此，他表示出一种挫败感。正如缪尔和利奥波德所正确推断的那样，这种人类中心主义深植于宗教和哲学的观念（也许更有可能是无意识的），其所以很难被改变和转化，是因为这种观念背后存在着一种权威，它要求权利应该由一个更高的源头来赋予某一个物种。

利奥波德是在19世纪40年代晚期写作《沙乡年鉴》的，当时，很少有

---

① 利奥波德：《沙乡年鉴》（*A Sand County Almanac and Sketches Here and There*, London: Oxford University Press, ca. 1949, 1974），第8卷。

② 同上书，第209—210页。

关于环境主义观点的阐述。在利奥波德的时代，除了少数观点之外，对于如今构成我们迫在眉睫问题的生态危机，所知所解者还很少。今天，随着我们环境意识的提高，利奥波德所认为的哲学和宗教都不曾知晓自然资源保护的存在，这一点已经不再成立了。环境哲学已经发展为哲学领域内的一门学科。而生态学则发展成为自然科学和社会科学中跨学科研究的方法。此外，宗教也开始慎重对待它忽视环境问题所带来的挑战。这在很大程度上标志着宗教传统的历史性发展。

如今，生态危机得到了宗教学的回应，而环境问题在神学论说中也获得了一席之地。依然存在的一个事实便是：在环境及人在环境中的地位这一问题上，某些具体的传统会先倾向于某种特定的态度。有些传统看起来比其他传统更关心地球上的各种生命形式之间复杂的内在相关性问题，但即使在那些将人类看成独特物种因而区别和分离于有机世界的传统中，仍然可以听到要求重新思考这些建立了人类物种独特性的神学问题的少数声音。

只有转变个人深层次的宗教和哲学关注，才有望改变个人联系和作用于有机世界的方式。这一转变如今不仅体现为环境哲学地位的不断上升，而且体现为宗教对逼近人类的生态危机所作出的严肃回应。值得高兴的是，环境问题在当代已经受到相当的重视。但问题是，这种重视依存于人类对自然的持续使用、误用和滥用这一历史背景。因此，唯一的问题是，面对环境问题这种看似无法克服的困难，我们此时此刻的重视是否已经太晚或太微不足道了。不过，我们所感兴趣和关心的是，我们解决环境问题的希望不仅取决于自身，而且取决于地球这个整体。

亚洲的宗教传统与环境

环境问题与宗教学术研究是相联系的，环境哲学对此表示兴趣已经有很多年了。我将把讨论的重心专门放在东方宗教和哲学对待环境争论的态度，以及这种传统对更好地理解环境意识发展史所作的贡献问题上。最近，J. 贝尔德·克里考特(J. Baird Callicott)和安乐哲(Roger T. Ames)出版了《亚洲思想传统中的自然：环境哲学论文集》一书。对理解东方宗教和哲学传统，该书具有重要意义。下面，我将随着克里考特和安乐哲所设定的议程开始我的讨论。他们说道：

> 构成"环境危机"的复杂问题（按照它们引起公众注意的年代顺序来排列）包括环境污染、自然的审美退化、人类的人口过剩、资源枯竭、生态破坏，以及当今出现的最紧迫和最危急的问题：大量物种的急剧灭绝。这些问题很大程度上起源于西方，尽管这是全球范围的问题……它们都是对自然本质的一种根本曲解的表征，同时也体现了人类将自然划出道德关怀或道德考虑范围的倾向。①

在回应缪尔和利奥波德的观点时，克里考特和安乐哲提供了一种当代和比较哲学的视角，他们明确指出，人们应该有意识地将自然划入道德言说的范围，不论这种言说是哲学性的还是宗教性的。对于克里考特和安乐哲来说，目的就是要将东方的哲学和宗教引入环境问题的讨论，以拓展已有的观点。当然，在当今社会关于环境问题的讨论，试图仅仅运用西方哲学和宗教观点来呈现一种美国人的视角，已经变得越来越困难了。我们生活在一个人口迅速膨胀的社会，社会的任何一种整体表现，都要求我们去获取有关世界观的不易理解和难以切近的信息源泉。在环境问题上仅仅为了展现美国的或西方的观点，便需要我们关注一切涉及这些主题的资源。当谈到西方人对世界的理解时，只陈述犹太教—基督教观点，甚或亚伯拉罕式的观点，已经远远不够了。

在对待环境的问题上，有些人与克里考特和安乐哲持有不同态度。而某种程度上，他们两人也已将自己从事的工作看做是对那些人的矫正。大部分环境文学都极力批评西方哲学和宗教是当今环境危机产生的原因之一，且已致力于寻求不同的范式作为环境观点的理论支撑。我们不能仅仅以吸收各种环境观点来丰富环境学的讨论，而必须尽可能地对众多观点进行阐释。与其说克里考特和安乐哲意在采纳各种东方的范式，毋宁说是想

---

① 克里考特、安乐哲：《亚洲思想传统中的自然：环境哲学论文集》（*Nature in Asian Traditions of Thought: Essays in Environmental Philosophy*, Albany: State University of New York Press, 1989），第3页。

得益于将另一种视角引入环境问题的讨论。关于这一点，他们说道：

> 然而，努力通过另一种思想框架来看待世界对自身会起到很好的启发作用。因此，通过展现某种前提和设想东方能帮助西方理解和尊重自然的一个很明显的方面便是，它关涉自然本质及与自然相联系的我们人类，同时也包含我们试图获得的这方面知识，这些东西植根于或渗透于西方的世界观中，以至于它们不可能通过其他方式得以显现。①

在环境问题上，很多当代学者和作家感到了与东方范式的共鸣。对此，克里考特和安乐哲认为，在某种程度上，这是在20世纪，尤其是随着科学范式发生了重要转型，在东方传统看似具有表述新的范式的能力之情况下，出现的对西方世界观转变的一种回应。他们指出：

> 新兴的西方世界观是非二元论的、不可化约的、整体的、系统的、全面的和关系性的，而不是孤立的；是有机的而不是机械的……简而言之，自然的概念和自然的价值是最近出现在西方思想历史辩证过程中的问题，而东方思想模式正对应于这些问题，因而起到了补充和丰富的作用。②

迄今为止，尽管涉及的复杂程度以及各自所取得的成效各不相同，但是，大多数对东方哲学和宗教范式以及它们与环境的关系进行论述的著作，都已经涉及了印度教、佛教和道教。考察世界思想史，有助于广泛理解人类对自然的看法以及两者之间的关系。然而令人遗憾的是，这种考察一直只限于个别传统，并且研究本身还偶尔带有辩护的性质。但仍有一种很少被研究的传统，那就是儒学。在过去几千年中，儒学是中国、韩国和日本的主导传统。但是，在努力重新思考人与地球的关系并努力发

---

① 《亚洲思想传统中的自然：环境哲学论文集》，第16页。
② 同上书，第17页。

展理解地球及其有机系统之间互动的新模式的过程中，只有极少量著作愿意研究儒学。在这个意义上，儒学可以说是一种尚未得到开发的资源。

"存有的连续性"和儒家生态学

在最近发表的一些论文之前，已经有几位儒学家在研究儒家生态学，包括杜维明、玛丽·塔克尔和冈田武彦（Okada Takehiko）。这三位学者都关注后期儒家传统，即所谓的宋明新儒学，而不是早期古典儒学。尽管古典儒家传统为万物的彼此关联确立了一种伦理基础，但是，它几乎将所有的重点放在个人与自己以及个人与他人的关系上。[①] 正是在新儒学的文献材料中，我们才发现了关于个人与宇宙关系的阐述。在《存有的连续性：中国人的自然观》[②]一文中，杜维明选择自我与宇宙之内在联系为主题，谈到了建立一种儒家生态学的可能。杜维明将儒家意义上的宇宙看做一个有机过程、一种自发自生的生命力。这种生命力拥有连续性、整体性和动态性。[③]

根据杜维明的观点，儒家的要义在于人类在多大程度上参与了而不是脱离了生命过程。杜维明认为，中国思想以和为本，融会万物，并将人类内在关联于宇宙其他事物。人是宇宙道德的最高体现，正是人类被赋予的道德责任形成了儒家在天人关系上的独特见解。对于杜维明而言，这种道德本性就是他所说的"道德生态学"[④]的根本特征。就儒家而言，这种道德生态学表明了人类在宇宙中占有不可或缺的位置。在这个基础上，天人之间相互作用。人类被看做是宇宙本身最充分的道德反思的体现，或者至少指明了何种道德反思是具可能性的，尽管这些反思并不一定

① 关于从对动物的立场来看古典儒家对待自然的态度的论述，见罗泰勒：《儒家视野中的动物与人》（"Of Animals and Men: The Confucian Perspective"），收录于汤姆·里根（Tom Regan）编写的《动物祭祀：对动物应用于科学的宗教学观点》（*Animal Sacrifices: Religious Perspectives on the Use of Animals in Science*, Philadelphia: Temple University Press, 1986），第237—264页。

② 杜维明：《存有的连续性：中国人的自然观》，见其《儒家思想：以创造性转化为自我认同》，第35—50页。此文再版于新卷本中，页码标记与原版相同。

③ 《存有的连续性：中国人的自然观》，第38页。

④ 同上书，第43页。

表现在人类的日常行为中。正如杜维明所说:“我们与自然血肉相连,声息相通,这是事实。但作为人类,我们绝不能辜负这一点。”①如果个体道德修养的潜质得到实现,那么道德生态学便会成为一个现实。

玛丽·塔克尔对新儒学可能具有的生态学面向表示了关注。塔克尔既强调自然宇宙论,同时也强调修身伦理学,或者说是精神修养伦理学,二者都建立在儒家宇宙观的基础之上。在一篇题为“中国新儒学与敬畏自然的现实意义”②的文章中,塔克尔论述到新儒家宇宙观的特征是有机整体论和动态生机说。她认为,宇宙是统一的、内在联系的和相互贯穿的。③

并且,塔克尔将修身或者说是精神修养看做是儒家传统所具有的生态学特征的一个组成部分。她认为,修身注重个体道德品质的发展,而个体道德品质的发展则将个人与天、地或宇宙相关联,即儒家术语当中的“天人合一”。因此,儒家便将修身当做实现“天人合一”的方式。塔克尔使用杜维明的术语,将此过程看做从人类中心主义走向天人和谐世界观的过程。④

在《人在古典儒家思想中的价值》⑤一文中,杜维明是这样表述从人类中心主义向天人和谐宇宙观的这一转变过程的:

> 儒家人文主义根本上不同于人类中心主义,因为它宣称天人合一而不是人意强加于自然。实际上,人类中心主义认为人生在世是为了追逐知识,而随着知识的膨胀,人类对地球的统治也不断扩张,这与儒家的思想完全不同,因为儒家认为,追求知识是修身的一个有机组成部分。⑥

---

① 《存有的连续性:中国人的自然观》,第47页。

② 玛丽·塔克尔:《中国新儒学与敬畏自然的现实意义》(“The Relevance of Chinese Neo-Confucianism for the Reverence of Nature”, *Environmental History Review* 15, no. 2, summer 1991),第55—67页。

③ 同上书,第62页。

④ 《中国新儒学与敬畏自然的现实意义》,第65页。

⑤ 杜维明:《人在古典儒家思想中的价值》(“The Value of the Human in Classical Confucian Thought”),见其《儒家思想:以创造性转化为自我认同》,第67—80页。

⑥ 同上书,第75页。

修身与儒家传统更广泛的生态学特征是直接相关的。杜维明的以下评论给出了最清晰的表述：

> 因此，对自然的人类转化意味着：人类要怀着谦虚的心情试着利用自然以维持基本生存，同时也要带着一体化之心，努力学着与自然环境和谐相处。应该摒弃剥削自然的想法，因为它与儒家对道德自我发展的关注互不相容。①

塔克尔和杜维明都为新儒学提供了一种形上学的支撑，它能直接谈及生态学关注的问题。天人合一原则是这样一种论断，其支流可直接促进人们对儒家传统生态学特征的理解。他们都认为，在我们努力认识儒家传统的生态学基础的过程中，修身这种活动并不脱离这种考虑。在不再从人类中心主义角度而是从天人和谐宇宙观的角度来定义人类的基础上，作为人之特征的"仁"的发展，不仅将人和人联系起来，而且将人与其他生物联系了起来。

冈田武彦和儒家生态学

当代一个主要的儒学家冈田武彦也研究了儒家对待自然的态度。在我对冈田武彦的几次专访中，就谈到了环境问题。这些专访的内容收录在我的著作《儒家的沉思方式：冈田武彦及静坐传统》②一书中。目前，我正与玛丽·塔克尔合作，试图将我们与冈田武彦更深入的谈话汇编起来。冈田武彦对环境问题的回应，很大程度上基于他对儒家传统整体的广泛理解，而不是奠定在传统以前业已表述过的某种环境观点或见解之上。

与其他历史传统相同，在研究儒家传统时，你会发现，儒家传统具有为环境思考提供资源的潜力。但是，其中却没有任何论述或观点对我们所定义的环境意识作了清晰的表述。就儒家传统的历史而言，生态学和

---

① 杜维明：《人在古典儒家思想中的价值》("The Value of the Human in Classical Confucian Thought")，见其《儒家思想：以创造性转化为自我认同》，第 75 页。

② 罗泰勒：《儒家的沉思方式：冈田武彦及静坐传统》(*The Confucian Way of Contemplation: Okada Takehiko and the Tradition of Quiet-Sitting*, Columbia: University of South Carolina Press, 1988)。

环境哲学作为专业性的论说领域和形式,在很大程度上是落后于现实的。因此,我们只能假定历史传统对继续进行的环境问题的讨论将产生何种影响。

当然,其他的历史传统已经成为“现代的”了,它们的神学讨论如今也照例会论及环境问题。对于儒家传统来说,当我们着手制定儒家面向21世纪的行动计划时,一小部分人正在阐明它的未来。在当代处境里,儒家传统缺乏其历史语境。在其历史发展的现阶段,这种传统缺乏制度的保障。如果要制定儒学面向21世纪的行动计划,那么,我们就必须寄希望于像冈田武彦那样的人。他们支持用当代儒家观点来表达一种儒家形式的环境哲学。

冈田武彦认为,世界生态危机是一个迫在眉睫的问题。他将儒家传统看做是应对这种危机的一种潜在资源。在他看来,目前出现的问题的深层根源,就在我们所创造的技术社会中。技术社会是科学世界观的发展及其应用于技术发展的结果。冈田武彦认为,现在极为紧迫的一件事,便是在科学社会中产生一种新的思考模式,即把人类与自然世界置于同一社群之中。

冈田武彦描述了科学的发展以及应用科学的发展将对地球上的生命造成的潜在威胁。以此为出发点,他展开了其生态学讨论。依照他的观点,科学社会必须深切地尊重生命。他发现,尊重生命的态度是科学必不可少的组成部分,并且是儒家环境观的根基。他这样说道:

> 我对科学发展的方式有所关注,这种发展已经达到能威胁人类本身生存的程度了……如果我们想要使科学完全符合人类社群的需求,那么,我们就必须让每个人(不管是科学家还是非科学家)都认识到人类生命的重要性。谈到人类生命的重要性,我们必须认识到自己的生命和其他生命是同等重要的。我们生活于同一个世界,相互尊重生命是一个必要前提。依我之见,儒家思想为这种观点提供了一个合适的基础。其“天人合一”观就是这种观点的核心。简而言之,一个人只有与他人共在才能生存下来。而想与他人共处就必须遵循社会规则。儒家伦理的基础是要具有恻隐之心。如果我们将这

个观念拓展开来，便可以将整个自然囊括在内。[1]

可以看到，冈田武彦关注的焦点是人的生命。在明确阐释了人的生命是儒家世界观的中心之后，接下来，冈田武彦将人的生命置于所有生命的背景之下。这就是“与万物一体”的思想。我曾问他是否认为我们对所有形式的生命都具有道德义务。他的回答不仅论述了动物的地位，而且表述了儒家生态学的清晰含义。以下是我们的对话：

罗泰勒：我很想知道，儒家究竟是在何种程度上对人类生命及所有生命的重要性进行思考的。简言之，我们是不是对所有形式的生命而不仅仅对人的生命具有道德责任呢？

冈田武彦：是的，我想我们具有这种责任。而且这种理想应该扩展到所有的生命形式，包括动物和植物。儒家万物一体的思想可以延伸到生命本身的社群……所有人都有不忍人之心，这种恻隐之心应该应用于所有生命。

罗泰勒：儒家观点认为，人类都有道德自省和道德自觉的可能。与动物相比，人类的一个显著标志便是具有道德自觉和道德决断的能力。基于人类是具有道德决断能力的个体这一事实，人是否负有保护和管理其他生命形式的道德责任呢？

冈田武彦：因为儒家万物一体的理想应该被扩展到其他生命形式，所以我们确实负有对其他生命的道德责任。所有人都有不忍人之心，这种观念也应该运用到动物身上。[2]

杜维明、玛丽·塔克尔和冈田武彦都关注并强调儒家生态学建构中的相似因素。这种生态学包含一种宇宙论，用杜维明的话来说，这种宇宙论承认“存有的连续性”。正是在一个具有统一结构的宇宙之中，才能形成“一体”。冈田武彦认为，这一点在宋代两位著名的新儒家程颢（1032—

① 《儒家的沉思方式：冈田武彦及静坐传统》，第199页，修订版。
② 同上书，第201页，修订版。

1085)和程颐(1033—1107)那儿得到了很好的表述。程颢说“仁者以天地万物为一体”[①],而程颐则说“仁者浑然与物同体”[②]。用塔克尔的术语来说,这种宇宙观是整体性的、能动性的,并且是富有生机的。宇宙被纳入了道德关怀的范围,人类在伦理意识上被赋予优先性。因而,人类不仅潜在地负有学习和修身的责任,而且也负有管理所有生物的责任。人与天地万物是一体的,正如宋代哲学家张载(1020—1073)在《西铭》中所写到的:

> 乾称父,坤称母,予兹藐焉,乃混然中处。故天地之塞,吾其体,天地之帅,吾其性。民,吾同胞,物,吾与也。[③]

“人皆有不忍人之心”[④]这一则伦理箴言,不仅是当代儒学家冈田武彦的中心思想,也是早期儒学大师孟子的核心思想。这种道德立场对儒家产生了深远的影响,包括以何种方式思考个人、他人以及富有生命的有机世界统一体。儒学,尤其是新儒学,对于生态思维(ecological thinking)来说,正是一种资源。这种生态思维,杜维明称为道德生态学(moral ecology)。

儒家生态学:一种方法论探究

我们有充足的理由证明,儒学可以充当环境哲学的一种资源。但是,在我们从史料中抽出这些材料来解决对20世纪晚期造成影响的问题之前,我们有必要谨慎思考历史语境和当代危机之间的关系。将新儒学作为环境哲学的一种潜在资源,会引发某些方法论的思考。必须注意到,思想史并不仅仅是历史,也就是说,在历史背景中产生的思想与当代问题之间是有关联的。

---

① 狄百瑞、陈荣捷、伯顿·沃森(Burton Watson)合编:《中国传统资料书》(*Sources of Chinese Tradition*, New York: Columbia University Press, 1960),第559页。

② 同上书,第530页。

③ 《中国传统资料书》,第524页。

④ 《孟子·公孙丑上》。

霍尔姆斯·罗尔斯顿(Holmes Rolston)是研究环境伦理的重要人物,在运用历史思想应对当代问题上,他十分谨慎。在《东方能帮助西方尊重自然吗?》①一文中,他提醒我们注意东方思想主要的宗教意图和源于西方哲学、科学和宗教传统的生态危机之间存在的差异性。这种观点当然是正确的。但他所关心的是:这两种不同元素能否放在一起以进行某种有意义的对话。他说:“我们必须展开更加专门的研究,以弄清楚东方人在科学产生之前的信仰能否帮助西方尊重科学兴起之后的自然。”②

除了担心能否跨越历史宗教的界限和当代科学的界限,从而在这两者间建构富有意义的对话之外,罗尔斯顿还担心“思想”不能导致行动。他提出的问题是:来源于另外一种文化背景的历史宗教思想是否能够用来应对当代西方的问题,并能在解决当下环境问题中产生积极的效果。罗尔斯顿认为,仅仅描述一种可能与科学世界观相关联的宗教世界观是不够的。为了使这种“尊重自然”的能力生效,必须制定一种行为规范。历史资源必须说明源自其思想的行为具有何种规范,而这种行为将对人类所处的当前形势产生直接的影响。

迄今为止,我们所概述的工作主要集中在儒家生态学的“思想”上,也就是作为世界观之基础的形上学。就所有意图和目的而言,这些都主要是历史思想,它们在过去发挥着不同的作用。这些思想是从传统中发展而来,而产生这些思想的传统如今已处于一种不同的历史环境中了。这显然并不意味着传统的终结,并且,大部分人都认为人们对传统的兴趣已经重新燃起。但问题是,儒家传统能否在当下以一种足够保证实现儒家行为的方式,按照它自己的思想来行动呢?这是因为,儒学已经不再具有能够充当文化领袖的广泛的背景基础了。尽管儒学还是一种有用的史料、一种资源,但在很大程度上,它已不能引起文化背景的注意了。这就是冈田武彦在谈到儒学的未来时提到有必要超越儒学之名的原因。在他看来,只要保留儒学尊重生命的学说,那么,即使在这样一个后儒学世界

---

① 霍尔姆斯·罗尔斯顿:《东方能帮助西方尊重自然吗?》(“Can the East Help the West to Value Nature?” *Philosophy East and West* 37, no. 2, April 1987),第 172—190 页。

② 《东方能帮助西方尊重自然吗?》,*Philosophy East and West* 37, no. 2,第 174 页。

里，儒家的计划也能够得到推进。①

有人也许会争辩说，不论是儒学还是新儒学，其自身都隐藏着尊重自然的行为，因为相比起描述一个不完整和谐的宇宙而言，一个完整和谐的宇宙将带来一个更好的生态。克里考特和安乐哲致力于解决这个问题。人类生态要么受到人类如何看待自身与世界关系的影响，要么在人与世界的关系中会存在明显的矛盾。② 克里考特和安乐哲支持前一种观点。他们表示，尽管在人类和世界之间存在某种矛盾，但事实已经证明，在人之所想和人之所行之间，是存在某种相关性的。

然而，罗尔斯顿进而论证说，如果不包含任何行为规范，作为生态学的基础，对世界的特定的哲学建构，每一种都未必优于另一种。一个人可以对世界、对人在世界中的地位具有高尚的思想观念，但是，如果他丝毫不按照这种思想观念来行动，那么，这种思想本身就是没有价值的。

罗尔斯顿的观点中最吸引我的是关于相互性的问题，即一种特定的世界观是不是不仅会改变人看待自然的方式，更重要的是，它会改变人类对自然的行为方式。他使用的例子证明了他的担心。这是一个尊重动物的问题。以因果报应和再生信念为基础的世界观认为，所有的生命形式都是终生相互联系、相互依赖，并且在生命形式进化的上升过程中得以会聚一堂。接受这样一种世界观对尊重动物能产生影响吗？

换言之，相比起信奉自然主义进化观而言，因果报应和再生的信念是不是更加倾向于接受动物生命的价值？在自然主义模式中，是不是有什么东西从一开始就否认生命的价值或某些特殊物种的价值？正如罗尔斯顿提出的疑问，难道我们不能因为生命形式之间如此的差异而尊重它们，而必须通过强调它们的相互依赖性才能实现对生命形式多样化的尊重吗？反过来说，可能尊重生命的多样性与尊重生命的统一性一样，也能促进对生态世界的尊重。

按照罗尔斯顿所说，我们不仅要明白一种哲学世界观的描述，以及一

① 罗泰勒：《儒家的沉思方式：冈田武彦及静坐传统》，第 212 页。
② 克里考特、安乐哲：《亚洲思想传统中的自然：环境哲学论文集》，第 285 页。

种特定的世界观将有助于生态学的发展，而且必须在尊重生态的描述和实际行为之间建立一种联系。如果此种联系不能立即表现为尊重生态这一行为，那么，某种特定世界观是否可能成为生态学的哲学范式，便是很成问题的。或者换句话说，描述世界观的能力只有当它体现出有规范行动的能力时，才是好的。

在论述到作为中国哲学一种结构的两极互补性及其与认识自然的关系时，罗尔斯顿提到这样一个问题：对中国哲学和科学之间这种互补性的描述，是如何转变成尊重自然的人类行为规范的？① 他的言下之意在于：在他为东方宗教论述和当代科学所设立的模式中，也许会存在某些看似相似的思想，但是，却并不存在任何从思想到实际行动的转变。也就是说，在实践层面上，我们可以讨论这些“伟大的思想”以及它们为大众服务的潜质，但是，它们仅仅只是思想，再无更多。因为它们只是思想，而且因为这些思想与西方背景之间的相关性至少还是成问题的，所以，在罗尔斯顿看来，东方思想无法帮助西方尊重自然。然而，克里考特和安乐哲认为，东方思想不是解决问题的万灵药，但其价值就在于，它是自我反思的扩音板。不过，罗尔斯顿对这种可能性似乎并不感兴趣。②

尊重自然不仅仅要确立一些有关实在本性和自然本性的论点，它更是一种行为。罗尔斯顿和我都认同这种观点。但是，在批评那种试图将东方历史宗教思想与当代科学论说关联起来的过程中，罗尔斯顿的错误就在于，他给自己认为的那一套“东方思想”设立了限制。他所描述的东方思想不仅仅是思想。在此意义上，它们不是纯粹的哲学。这些思想主要（即使不是完全的）是具有宗教意向，并且它们没有脱离实践。描述和规范是同源的。

在罗尔斯顿看来，东方思想能够得到理论性的描述，是因为西方哲学一直以来都把主要的注意力放在思想上，而不是放在行为本身上。由于他囿于一种西方模式，因此，他怀疑从描述到规范的转变。他没有认识到，在

① 罗尔斯顿：《东方能帮助西方尊重自然吗？》，*Philosophy East and West* 37，no. 2，第177页。

② 克里考特、安乐哲：《亚洲思想传统中的自然：环境哲学论文集》，第16页。

他所列举的那些例子中，描述和规范之间存在一种连续性。宗教不仅是思想，而且也是实践或行动。它不仅思考着，同时也走向一种终极目的。[①]哲学有可能只是单纯的思想因而只是描述，但宗教不仅是描述，而且也是规范。通过阐明传统的宗教性质，我们论述的不仅是描述，而且也是规范。一种宗教传统能够描述生态学世界观，同时它也将对尊重自然的行为进行描述。那么，儒学拥有什么？在这篇文章中，我并不想讨论儒学在宗教方面的能力[②]，但是，论证儒学如何表述尊重自然的行为规范，那将是很有意义的。

儒家对环境行为的规范

基于视宇宙为一体的描述，基于在儒家传统内部可能的生态关怀的根源处可以发现的一种统一的形上学结构，儒学能否自称它已经明确表达了对行为的各种规范呢？对于我们这些研究儒学传统的人而言，答案是显而易见的。在我们讲授和研究儒学的过程中，我们发现了一系列涉及生态问题的实例和通俗的文字参照。独特的是，我们将这些参照看做是受到环境影响的例证，或者将其看做促进环境思考的潜在资源。

张载的《西铭》[③]众所周知，但是，我们之中究竟有多少人发现此文与环境思想和环境行为的潜在关联呢？《西铭》不是对万物彼此相关性的简单描述，它更要呼吁人们以承认这种彼此相关性的方式去行为。儒家在描述宇宙的本质时，认为气是普遍存在的，万物的本质是共同的，通过这一界定，要求我们以对待兄妹的方式来对待他人，将万物看做我们的同伴，

① 关于儒学对宗教的定义的大致论述见罗泰勒：《儒学的宗教向度》(*The Religious Dimensions of Confucianism*, Albany: State University of New York Press, 1990)。儒家对宗教的定义参考的是弗雷德里克·斯特伦(Frederick Streng)和约阿希姆·沃什(Joachim Wach)的著作，见弗雷德里克·斯特伦：《理解宗教生活》(*Understanding Religious Life*, 3rd ed., Belmont, Calif.: Wadsworth, 1985)；以及约阿希姆·沃什：《宗教学比较研究》(*The Comparative Study of Religion*, New York: Columbia University Press, 1961)。

② 过去二十五年中，关于这个问题我在很多文章中都曾经论述到。我新近的理解见罗泰勒：《儒家传统的宗教性质》("The Religious Character of the Confucian Tradition", *Philosophy East and West* 48, no. 1, January 1998)，第 80—107 页，以及罗泰勒：《中国儒学百科全书》(*The Illustrated Encyclopedia of Chinese Confucianism*, New York: Rosen Publishing Group)，即出。

③ 狄百瑞、陈荣捷、伯顿·沃森合编：《中国传统资料书》，第 524 页。

要求我们在认识事物本质的基础上来行事。作为这种要求的或许是最为人所熟知的表达，用张载《西铭》中的话来说，我们也许可以得出结论："物，吾与也"，这既是儒家的伦理行为规范，也是儒家生态学的根本定义。

从文献中，我们还可以找到其他众所周知的例子。比如周敦颐（1017—1073）不除窗前草，因为他认为人和草具有共同的本质。[①] 正是由于认识到草的感情与人的感情是相同的，他才阻止自已除去窗前草。通过进一步的扩展，便可以得出树木的感情和动物的感情也是相同的观点。从世界本质上是一个统一体这一宗教性的认识出发，我们得出明确的行为规范，这种规范要求我们有一种关心和尊重，不只是对他人，也是对所有的生命。

在其著名的《大学问》中，王阳明（1472—1529）也谈到了相同形式的道德行为，它同样来自于宇宙万物一体的思想。王阳明说：

> 是故见孺子之入井，而必有怵惕恻隐之心焉，是其仁之与孺子而为一体也。孺子犹同类者也，见鸟兽之哀鸣觳觫，而必有不忍之心焉，是其仁之与鸟兽而为一体也。鸟兽犹有知觉者也，见草木之摧折，而必有悯恤之心焉，是其仁之与草木而为一体也。[②]

在这段文字中，王阳明所表达的是他对于所有生命具体而微的感情。他提出一些方式，在这些方式中，通过对万物痛苦的怜悯之情，人类可以在与万物的关联中行为。在下面这段文字中，这种感情和"万物一体"的哲学观念之间的联系，得到了更明确的表述：

> 君臣也，夫妇也，朋友也，以至于山川草木鬼神鸟兽草木也，莫不实有以亲之，以达吾一体之仁，然后吾之明德始无不明，而真能以天地万物为一体矣。[③]

---

① 陈荣捷译：《近思录详注集评》(New York: Columbia University Press, 1967)，第 302—303 页。

② 陈荣捷译：《王阳明的〈传习录〉及其他作品》(New York: Columbia University Press, 1963)，第 272 页。

③ 同上书，第 273 页。

在日本德川幕府时期，贝原益轩也以其大量的言论而闻名，他的论著从描述道德自觉到规范道德自觉，最后在所有生命形式中找到了亲属关系。贝原益轩将自己的哲学基础设立在通过气的普遍性而获得的宇宙之统一性上，这种宇宙一体的思想来源于张载。正如塔克尔所论证的，贝原益轩宇宙一体的思想保留了天地为父母的观念。既然人类是天地的子女，我们与天地就享有相同的本性。这个本性就是“仁”本身。

贝原益轩认为，人类在造物等级中占有独特地位，因此，他们具有某种特殊的责任。关于这一独特地位，他论述道：

> 圣人在《史记》中教导人们，天地为万物之父母，人乃宇宙之灵。这意味着天地作为万物之源，它是伟大的父母。人天生禀受最纯的天地之气，他们胜过其他生物，其心灵闪耀着明亮的光辉……天地生养万物，但天地对人深切的关怀不同于它生养鸟兽、草木的方式。因此，万物之中唯有人才是宇宙之子。所以人视天地为父母并接受它们伟大的仁爱。正因如此，永远为天地服务就是“人道”。①

基于万物一体的观念和人为天地之子的特殊地位，贝原益轩强调对天地的感恩意识是修身的核心成分。感恩的表现之一，就是对所有生命的体察。他说：

> 为仁之本首先要爱父母、兄弟和姐妹……其次，我们必须爱亲戚、侍从、朋友以及所有其他人。再次，我们必须爱护并且不能肆意杀戮鸟兽虫鱼。最后，我们必须爱护并且不能任意摧折草木。这就是同情众生的秩序……鸟兽草木都是自然的创造物，如果我们任意伤害它们，便是对自然缺乏孝心。②

---

① 玛丽·塔克尔：《日本新儒学的道德修养和精神修养：贝原益轩（1630—1714）的生活和思想》（*Moral and Spiritual Cultivation in Japanese Neo-Confucianism: The Life and Thought of Kaibara Ekken, 1630—1714*, Albany: State University of New York Press, 1989），第136页。

② 同上书，第186页。

贝原益轩的这段话开启了儒家生态学的行动纲领。其观点类似于我们在前面所见到的，它们都很明确地将注意力放在万物的共同本质上。万物都是我们的同伴，它们形成了宇宙一体。然而，人类又在万物秩序中享有特殊地位。因为这个特殊地位，人类负有特殊的责任和义务。这种义务要求我们将修身的重心放在对“仁”的践履上，而“仁”的扩充要面向不断拓宽的整个生物圈。

从儒家传统的开端起，始终占据传统优先地位的就是人际关系的问题。贯穿整个传统的五伦的道德关系不曾涉及动物、植物或自然，这并不是偶然的。在这个方面，儒学与世界上其他主要的宗教传统并没有多大区别。这些传统都首先关心人类，它们毕竟还是人的宗教。既然如此，那么，问题就变成了宗教究竟是如何在宇宙中安置人类的，并如何来表述人类与万物之间的内在相关性。只有通过这些问题的回答，衡量一种传统容纳生态学基础的能力之根据才会浮现。

儒学是以人为中心的传统，它关心人被赋予的特殊地位。但是，儒学能关注人类与宇宙的内在关联。从这种角度来说，它更具有天人和谐宇宙观的特征，而不是人类中心主义的特征。学习、修身以及人际关系构成了儒学的根基。但是，当人性得以实现时，“仁”作为人性之核心则成为了宇宙自身的中心。因此，成仁就是要超越人类自身，而这也是儒家生态学的根源所在。值得重视的一点是，儒学并不要求我们在人性尚未完满实现之前便超越人性，而是说随着人性的扩充它会包容所有生命。最终，儒家传统中的“仁”就是生态学，因为用张载的话来说，“仁”就是“民胞物与”。[①]

---

① 狄百瑞、陈荣捷、伯顿·沢森合编：《中国传统资料书》，第524页。

早期儒学与环境伦理学

艾文荷
(P. J. Ivanhoe)

导　言

本文的目的,是探讨儒家传统能够成为当代环境伦理学一种资源的某些方式。在文章第一部分,我从简述环境伦理理论的四种一般类型开始;它们代表了当代一系列具有影响的和重要的哲学观点。在第二部分,我提出对于"一"(oneness)与"人类中心主义"(anthropocentrism)这两个概念的分析。对于环境伦理学的许多当代说明来说——包括目前的研究在内,这两个概念都至关重要。我打算明确这些术语明显不同的含义,在后文我对几位儒学思想家的分析中,将利用这些术语。在第三部分,从早期儒学的三位思想家孔子、孟子和荀子那里,我将提供一些环境学说的例证,并且,我还会指出,他们思想的某些方式能够与前面所描述的四种理论和两个概念关联起来。我将论证,尽管孔、孟都没有给我们提供一种充分的环境伦理,但是,他们的学说确实包括或提示了建立此类理论的宝贵思想资源。我还将进一步论证,荀子的著作确实为我们提供了一个清晰的、充分发展了的环境伦理。并且,对于当代的哲学工作来说,这种伦理弥足珍贵。我还将继续探讨荀子环境观中存在的某些问题,并提出加强和改进其观点的方法。最后,在结论部分,我将对本文提出论证的主要线索加以评论。

环境理论的四种类型

第一类当代环境理论代表了源自“盖娅”假说的各种不同观点。“盖娅”是古希腊大地女神的名字，她是“提坦”(Titans，太阳神)的母亲。最初的“盖娅”假说于20世纪60年代后期由英国大气化学家James E. Lovelock提出。[1][2] Lovelock最初的想法与其观察有关，这个观察是：像全球平均温度和海洋盐碱度之类的现象并非固定不变，而是围绕一个波浪起伏的点在移动。也就是说，地球上的空气、水、表层土壤和各种生物(生物区)的混合互动，将这些现象的变化调节在一定范围之内。这类似于那种我们在其他生物体看到并被许多人看做是一切生物体主要特征之一的自我调节。根据这一观点，生物区所有各类成员是一个更大的综合系统的一部分，这个更大的综合系统的运作更像一个活生生的生物有机体，而不像是任何机械系统。

Lovelock时不时徘徊于一个更温和的主张与一个强烈的主张之间。更温和的主张认为，对于思考全球系统来说，“盖娅”假说是一种有用的模式；而更强烈的主张则认为，地球自身就是一个活生生的生物有机体。不过，后者是Lovelock的基本立场。因为他接受了这样一个事实：地球上的生命不断进化，“盖娅”这一生物有机体也在不断变化。原则上说，没有任何物种或任何“盖娅”的特点与“盖娅”的健康是可分的。在其保持对于生命来说各种理想条件的不断努力中，“盖娅”偶尔会破坏或舍弃其自身的某些部分。事实上，为了保持生命状态不致退化到危险境地，人类也许正处于被“盖娅”清除掉的过程中。有或没有我们，“盖娅”都将继续下去。为了保持生命状态而作出更大努力，这种对任何已存物种的价值的漠不关心，正是Lovelock观点的突出特征。也正是这一点，将他同我下文所要

---

① 感谢Shari Ruei-Hua Epstein和Bryan W. Van Norden对本文早期手稿所作的非常有益的评论与建议。我还要感谢1996年5月30日至6月1日哈佛大学“儒学与生态”参会者们所作的评论。特别是，我要感谢塔克尔与白诗朗邀请我参加这场启发智力、陶冶情操的对话。

② 见James E. Lovelock：《盖娅：看待地球上生命的一种新视角》(*Gaia: A New Look at Life on Earth*, Oxford: Oxford University Press, 1979)，以及《盖娅的时代：我们活着的地球的传记》(*The Ages of Gaia: A Biography of Our Living Earth*, reprint, New York: W. W. Norton, 1995)。

讨论的深度生态学家们区别开来。

受 Lovelock 的启发，后来的作家们接受并发展了“盖娅”假说各种更强的版本。他们论证说，我们都是一个大的宇宙有机体的部分，这个大的宇宙有机体是有意识并且有目的地来行为的（这个观点可从对 Lovelock 著作严格的解读中获得）。有些人进而把“盖娅”等同于上帝。另一些人则辩称：作为物种之一，我们既然起源于生物区并有着与它之间交替获取食物的长期历史，那么，在一种虽不精确但更强的意义上来说，我们就可以说生物区是“一”（one）。[①] 较之我们与地球生物区为“一”的概念，这种可疑的“一”更为强势，它说的是我的胳臂与我身体的其他部分的“一体”，因为它主张我们既是地球的一部分，也与地球共享重要的要素。

我们第二类理论范畴下的另一种立场就是深度生态学（deep ecology）[②]，在其主张人类与自然界其他物种的“一体性”的强弱程度上，深度生态学与上述观点有明显的区别。但是，总体来说，他们不太主张像那些“盖娅”假说的支持者们所主张的那样强烈的“一体性”。深度生态学家们确实把各生态系统看成很像单个的身体，但它们都是自然内部的次级实体，实体间的相互影响产生了自然界更大的动力。

深度生态学家们——至少我想举出的那些深度生态学家们——提出的最重要和突出的伦理主张是：每一个生物有机体和生态系统具有同等的价值，因此，它们都应该按其本来面目得到保护和保存。由于其他各种生物有机体和生态系统正在被严重地破坏，并且在许多时候，由现今人类行为造成的破坏是不可恢复的，它们的栖息之地被过度的人口持续侵占，因而深度生态学家们的结论是：我们必须大幅度改变我们的行为方式并

① 一些人将此观念与多重生命的信仰相混同。如 Joanna Macy 在其文章《盖娅沉思录》中说：“设想你下一次的死。你的尸骨将回归循环。放弃它。爱那些肉虫，你行将化身于它们。用生命之泉刷洗你的永在。”转引自 Lawrence E. Joseph：《盖娅：一个理念的生成》（*Gaia: The Growth of an Idea*, New York: St. Martin's Press, 1990），页 243。有关“盖娅”作为女神的讨论，见该书第 66—73 页，第 223—247 页。

② 这种观点的经典阐述见 Arne Naess 的文章《浅层与深层，长期生态运动：一个总结》，载 *Inquiry* 16(1973)，第 95—100 页。同时见《生态学、共同体与生活方式：一个生态哲学大纲》（*Ecology, Community and Lifestyle: Outline of an Ecosophy*, translated and revised by David Rothenberg, Cambridge: Cambridge University Press, 1989）。

减少人口数量。在深度生态学家看来，这个星球上的人类已经到了严重失衡且大批繁衍祸害横行的地步。[①]

第三种理论是“大地伦理”(land ethic)，尽管其推动者们看到了每一物种的深刻价值，并欣赏每一物种在给定的生态系统内对其他物种所作的复杂贡献，但是，在各物种或生态系统之间，他们并不主张一种原则性的平等。因此，他们避免了我刚刚提到的那些深度生态观点内在的明显的难题。像利奥波德[②]那样的人献身于保护自然；他们痛惜任何物种的消失，坚持认为自然界各个方面要有复杂的相互依存。但是，他们的指导原则却是自然界内不同组成部分之间的“平衡”或者说“和谐”。此外，他们承认，人类的作用举足轻重，他们既是自然的使用者也是自然的守护者，其目的既是为了吸纳食物，也是为了追求快乐和个人的发展。多数深度生态学家将对自然的这种利用看做是严酷剥削的例证，同时把“利用自然”的概念和我们是大自然的“守护者”的观念视为严重的家长作风，是人类中心论相对于生物中心思维的例证。

第四类和最后一类环境理论是社会生态学(social ecology)，这种理论根据社会造成的范畴如性别、种族和阶层所产生的扭曲变形的影响，来解释我们在生态学上的短视。他们认为此类影响能导致对自然的扭曲的信念和见解。例如，生态女权主义者论证[③]，生态恶化的深层原因在于社会造成的父权社会的本性。父权制坚持并强化了一系列的信念、态度和把所有“他者”客体化的行为，剥削它以获取个人满足。父权社会看待自然的方式与父权社会内男人看待女人的方式一样：看做被用来满足自私自利目的的东西。其结果是，如同男人们被鼓励强奸和虐待女人一样，父权社会内的男人们被鼓励“强奸”和虐待自然。与其他形式的社会生态学一样，生态女权主义者认为，其结果是不但女人们和自然被压迫和虐待，男人们也从他们自身及其所生活的世界中被深刻地异化了。这类理论的另

① 因此，就像任何其他已经达到如此失衡地步的生物一样，人类的数量和行为也必须受到严格控制。

② 利奥波德：《沙乡年鉴》。

③ 见《生态女权主义：女人、动物与自然》(*Ecofeminism: Women, Animals, Nature*, ed. Greta Gaard, Philadelphia: Temple University Press, 1993)。

一个例证是，有一种错误信念关涉种族的优越性及其所声称的自然特权，有一种看法关涉"高等"生命形式及其利用"低等"生命形式的"自然权利"，[①]这两者间的相似性令人不安。这类理论第三条重要的推理思路认为，资本家对于财产的看法启发了我们对于生物和其他非人世界的概念和态度，使我们把它们视为我们的财产，我们可以按照我们认为合适的方式任意地使用或处置它们。[②] 无论这类理论的特殊形式如何，社会生态学家们认为，我们关于自然的已经扭曲的看法，不但导致了对生物和其他东西的肆意盘剥，而且也使得那些强势的部分衰弱异化。他们必须生活在那样的世界观之内：徒劳地试图否认有关他们自己及其与世界其余部分关系的重要而显著的真理。

尽管差别的程度不一，所有这四种基本理论在以下这一点上都一致同意：我们目前对于自然的看法太过人类中心化，尤其是在认为唯有人类的利益值得考虑这一意义上。[③] 社会生态学家的观点可以被理解为，由于我们从狭隘的父权制、种族优越和阶层偏见这些视角来决定什么是合法的利益，因此，对于自然的理解，我们不免更加褊狭。所有这四种理论还认同这样一种看法：我们能够获得对自然的清晰而准确的理解；大多数认为这个目标要求扫除认识论上的障碍，由此得到对世界真实特性的理解和感动，虽然我们目前还没能看到和充分欣赏这些真实特性。

"一"与人类中心主义

显然，成为"一"的途径不止一条。首先，有那样一种意义，其中，我能

① 见 Robert D. Bullard：《遭遇环境种族主义》(*Confronting Environmental Racism: Voices from the Grassroots*, Boston: South End Press, 1993)。

② 见 Murray Bookchin：《自由的生态学：等级制的出现与解体》(*The Ecology of Freedom: The Emergence and Dissolution of Hierarchy*, Palo Alto, Calif.: Cheshire Books, 1982)。Bookchin 反对一切形式的层级，认为分层阻碍了人们对自然的正当欣赏，但他的核心攻击目标乃是资本主义。

③ 见下文有关人类中心主义的讨论。从人类的视角看待事物，与那种只认为人类的利益有价值的看法，这两者的区别见 Bernard Williams 富于见解的讨论《对环境的关心是否一定要以人类为中心?》，载《反思自然：环境哲学读物》(*Reflecting on Nature: Readings in Environmental Philosophy*, ed. Lori Gruen and Dale Jamieson, New York: Oxford University Press, 1994)，第 46—52 页。

够与某一既定的组织或团体成为"一"。在那样一种方式中,我可以是"同一团队的一员"或"一帮里的一个"。例如,我是密歇根大学全体教员中的一员,在这个意义上,我与该大学是"一"。但是,在我成为其一员之前,该大学已然存在,并且,在我死后很久,该大学一定会继续存在很长一段时间。同样,人类可以被认为与自然为"一",但在人类进化到今日情形之前自然就已存在,并很可能在人类灭绝之后它将继续存在。

即便是这样一种微弱意义上的"一",也蕴涵着我对密歇根大学及其福利的关心,因为我跟它紧密相关。比起俄亥俄州立大学(甚至哈佛大学),我更关心的是密歇根大学的福利。我也希望其他的那些大学好,但我最强烈和直接关心的是我作为其中一员的那个大学。也许,这就是我们应该如何思考我们以及我们与自然的关系的方式。

此外,我们还可以看到另一种意义稍微更强的"一",即一个生物或事物是一个既定生态系统的部分。例如,鳄鱼是尼罗河生态系统的一部分。由于鳄鱼与该系统的其余部分以直接或间接的方式发生极为复杂的相互作用和影响,无论是直接还是间接的,因此,这种意义上"一"的感受比第一种更强烈。如果没有哲学或亚洲研究的教授,密歇根大学将照旧运行不误(尽管它将是一个较少吸引力的地方)。但是,如果没有了鳄鱼,尼罗河能否依然奔腾不息就不得而知了。如此重要而强大的肉食掠夺者的消失,肯定要造成剧烈而大幅度的震荡。

"一"的第三种意义,也许是人们谈论"有机的"生态观点时的含义(尽管这是另一个使用得相当宽泛随意的术语)。譬如,一个人或许可以论证说,我的胳臂与我身体的其余部分是"一",与这种方式一样,我们与地球生物区也共同组成一个单独的生物有机体。如果你砍掉我的胳臂,你就直接严重地影响到我身体的其余部分。若是没有及时和专门的救治,此举就可能致我于死地。砍掉我的胳臂,就像从尼罗河中剔除鳄鱼这一物种一样。并且,我们常常用这样的说法来比喻一项损失:父母也许会把一个孩子的死说成"有如断我胳臂"。从尼罗河中剔除鳄鱼必然会对生态系统造成严重的后果,但它却不像从我身上砍掉胳臂那样的直接和剧烈。前者肯定会改变生态系统并产生可以想象得到的破坏,但其后果却不太直接,多数情形下也不太剧烈,因为其间的联系虽然密切广泛,但却不像胳臂与身体的关系那样紧密。虽然相似，但“一体”(观)或“生物有机体观”却要比“一个生态系统观”更为强烈一些。

“一”的第四种意义的最好例子，就是前述“盖娅”假说中更为强烈的说法。这包括说我们既是自然的一部分，同时也与生物区共享重要的要素。“盖娅”假说的某些鼓吹者们声称，他们不仅像是一个星球范围内系统的部分(一种大规模的生态观)，这个系统不仅像是一个独立的躯体(“一体”观)，而且在某种深层的意义上，他们与这个星球的其余部分像是在时空中共同伸展的，他们与这个世界交织难分并能汇流一体不分彼此。①

最后，在最强烈意义上，两样东西成为“一”，就是彼此等同，就像Bruce Wayne和蝙蝠侠(Batman)是同一个人。不少人断言，在这种极端强烈的逻辑意义上，我们与自然可以说是“一”。华严宗的佛教徒和许多宋明新儒家持类似观点：前者相信在最深刻的意义上我们都是具有佛性的，后者主张一切事物都具有共同的本性——“原初之性”或“礼”。这些信徒们所说的东西，在意义上比“盖娅”假说中最强烈的版本似乎更强。我们不但与世界其余部分不可分离地交织在一起，共享着有意义的要素，而且，我们与万事万物根本具有同样的本性。②

我要讨论的第二个概念是“人类中心主义”。我再次发现，在某些方面使用这个词帮助很大，但最后因过于模糊以至于没有多大价值。人们在文献中发现，在各种“人类中心的”的不同意义中，唯一不变的特征就是：它是坏的。换言之，“人类中心的”是一个用来责难的词。我愿意说明

① 例如，见第63页注释中Joanna Macy被引的言论。

② 佛教徒和新儒家都借用我们的存在与世界“一体”(即“一个躯体”)的概念来为他们各自不同的伦理观点辩护(如“同情”)。在诸如《坛经》(*Platform Sūtra*)中，这个意象用来说明这样的情况，其中两件东西仅仅在逻辑(而非实际上)上可分。这暗示着一种非常强烈的一体性。他们形而上学的立场主张在自我与世界之间有一种深刻的等同。有关这个观念的讨论，见Francis H. Cook, *Hua-Yen Buddhism: The Jewel Net of Indra* (University Park: Pennsylvania State University Press, 1977)；拙著《儒家传统中的伦理学：孟子与王阳明的思想》(*Ethics in the Confucian Tradition: The Thought of Mencius and Wang Yang-ming*, Atlanta, Ga.: Scholar's Press, 1990)，第15—25页。一些深度生态学家也支持接近这种强烈一体性的观点。例如，激进的环保分子John Seed声称：“这种视角的改变来自代表地球母亲的行动。‘我在保护雨林’发展成‘我是雨林的一部分，我在保护自己。我是近来陷入沉思的雨林的那个部分’。”这话被Bill Devall摘录引用于其文《深度生态学与激进环保主义》中，载Lori Gruen and Dale Jamieson编：*Reflecting on Nature: Readings in Environmental Philosophy* (New York: Oxford University Press, 1994)，第120页。

人类中心主义的三种类型：认识论的、形而上学的以及伦理的。我将论证，第一类尽管相当有趣，但并不必然完全是坏的。这种类型的人类中心主义并不带有多少伦理的意义，我们应当注意到这一事实。

最简单形式的认识论人类中心主义是说，我们从人类的视角看待事物；我们使用某些人类进化的概念，并依靠人类的知觉功能来感知和理解世界。我们无法像蝙蝠那样利用回声定位功能在夜间探路。我们没有这种能力和此类经验，至少我们无法获知蝙蝠的主观感受。正如托马斯·内格尔（Thomas Nagel）所指出的那样①，我们根本不知道成为一只蝙蝠会是什么样（设想有像做一只蝙蝠所经历的那样的事情）。但这种限制就其自身来说无所谓好坏。首先，尽管我们无法完全感知像一只蝙蝠那样的一个生物的主观经验，但我们实际能分享的东西比人们最初设想我们能分享的要多得多，我们还能把我们的理解扩展以超越这一点。我们能分享到比人们设想（我们能分享）的更多的东西，因为我们生活于同一个世界，接触到大量的同样的信息。② 蝙蝠也许利用回声定位功能确定小虫A在小虫B之上，以某种速度飞向正确目标。但如果不是太暗，我能够看清所有这一切，由此拥有同样的信息（至少在这些方面）。而且，如果我知道如何阅读充分敏感的雷达屏幕，我甚至能通过介于蝙蝠获知与视觉获知这些小虫之间的方式获得这种信息。

有些人似乎认为，由于我无法像其他生物一样经历事物，我就必然完全不知它们的需要是什么。就某些主观状态来说，这个说法是对的，至少这些主观状态会使了解事物变得很困难。但是，在大多数情形下，这个结论并不成立。我无须像我的狗一样去追踪一种气味，以获知它在做什么。我自己的嗅觉非常好，能够避开臭虫。或者，我能凭借鼻嗅走到厨房，或者回想起从前情人的芬芳。这种介于我自己和我的狗之间经验的相似性，再加上狗所展示的其他行为，使得我能够凭借理性的自信来推断，我

① 见《成为一只蝙蝠会是什么样?》，载托马斯·内格尔：《致命的问题》（*Mortal Questions*, Cambridge: Cambridge University Press, 1979），第165—180页。

② 我这里想到一些东西像是 Fred Dretske 在他两书中描述的基本思想：《知识与信息流》（*Knowledge and the Flow of Information*, Cambridge, Mass.: MIT Press, 1981），以及《心灵的自然化》（*Naturalizing the Mind*, Cambridge, Mass.: MIT Press, 1995）。下述的例子来自我与 Dretske 讨论内格尔观点时的谈话。

的狗喜欢追踪一种气味(也许这就是庄子的意思。庄子说他能知道鱼之乐,虽然他并非鱼[①])。

常常会有这样一种情形,较之我对我的人类同伴的需要的理解,我对其他生物(甚至植物)的需要有着更可靠的理解。我知道我的植物需要好的土壤、水和阳光,也知道纸草植物比芦笋蕨类植物需要更多的阳光。我不但知道它们的需要不同,而且费心照料它们并尽力满足它们。就它们的需求以及我能为它们所做的而言,我认为,比起那些我熟悉、关心并竭力告知我其需求的大多数人来说,我跟它们(植物)的合作更为成功。认识论意义上的人类中心主义是一个障碍,但是,它并不阻碍我对其他生物和事物的理解和关心。就其自身而言,既不好,也不坏。

我要讨论人类中心主义的第二种意义涉及形而上学的观点。有些人一直主张,出于很多理由,人类是自然界天然的"主人"。此种观点的一个说法是,我们生于自然又高于自然,我们是独立的、高级的和自成一格的种类。这种观点的直接含义就是:自然本身就是以任何我们乐意的方式为我们所利用的。

形而上学人类中心主义如此强烈的传统版本缺乏科学的可信度。许多人指责说,此类观点正是我们对于环境的错误的概念和行为的主要源头。但重要的是要注意,这种批评对于某些唯物主义的自然观同样适用。例如,那些采取粗暴和短视的工具主义手段对待自然的观点。下文我们将看到,也有一些形而上学人类中心主义不太强烈的版本,似乎要合理得多,也不那么令人反感。

第三种亦即最后一种形式的人类中心主义,与伦理学尤其与伦理学中被称为价值论——讨论何种事物具有价值——的部分有关。就那些对环境伦理学感兴趣的人而言,这种形式的人类中心主义最重要。一种观点要成为在强烈的意义上我所称的伦理学人类中心主义,它首先应该成为一种伦理的观点,即决定何种事物具有价值。例如,在这个意义上,快乐主义伦理学的各种形式就属于人类中心主义,如果他们只认为人的利

① 这个故事见《庄子全集》(*The Complete Works of Chuang Tzu*, trans. Burton Watson, New York: Columbia University Press, 1968),第188—189页。

益有价值的话。但是，一个人可以既是伦理上的快乐主义者，又为其他生物的利益赋予同等的价值（像许多提倡动物具有同等道德地位的人那样）。这也许使得他对于植物和无机物来说仍然属于伦理学人类中心主义，不过，这至少是一种不太强烈的人类中心主义形式。如果认为只有人的利益才有价值，这种观点就是强烈意义上的伦理学人类中心主义。例如，前述那种传统的形而上学人类中心主义一直被用来证明绝对的伦理学人类中心主义是正当的。根据这种观点，只有人类的需要和欲望具有价值，其余的自然界仅仅是为了我们而存在。下文我们将看到，另外一些人也持有这种观点，但其看法不太强烈，其中一些看法更为有趣。

早期儒家关于环境的学说

我们发现，在《论语》和《孟子》中，有些重要的主题和思想不仅影响到后期儒家对环境的看法，而且对于当代努力发展充分的环境伦理来说也是有价值的。也许，从文献中能找到的早期儒家自然观的最显著特征就是他们所谓的“人与自然的类比”（human-nature analogues）①。所谓“人与自然的类比”，我意在表示那种将自然现象视为象征道德完美的人或特别的人类卓越的倾向。例如，在《论语》第二篇第一章，理想的君主是一位以其道德魅力来治理天下的仁君，他被比喻为北极星。在天空顶上，北极星居于神圣之位，所有恒星以庄严有序的方式绕之旋转，表示敬意。所谓“为政以德，譬如北辰，居其所而众星共之”。而在《论语》第六篇第二十三章，我们得知，智者活跃、灵敏并且兴趣广泛，被认为与水有一种自然的感应并且可以从水中得到乐趣；仁者安静、稳定并且不可动摇，被认为与山有一种自然的感应并可以从山中得到乐趣。所谓“知者乐水，仁者乐山；知者动，仁者静；知者乐，仁者寿”。在《论语》第九篇第十七章，我们同样得知，孔子特别喜欢观看奔腾不息的流水，所谓“子在川上曰：‘逝者如斯夫！不舍昼夜’”。也许，孔子把流水视为无处不在的道的象征，或坚定的永不中断的渴求道

---

① 见拙作《中国传统思想中的人与自然》，见《世界哲学家指南》（*A Companion to World Philosophies*, ed. Eliot Deutsch and Ron Bontekoe, Cambridge, Mass.: Blackwell, 1997），第155—164页。

的努力。在这些以及其他例证中,我们看到,孔子有一种信仰:自然向我们示范并提供了重要伦理价值的范型。同时,这些例证表明,孔子也把自然视做审美愉悦与“形而上的慰藉”的源泉——我在别的文章中使用过这样的措辞。[①] 对于孔子和其他儒家人物来说,人类对自然非常亲切熟悉;在自然的许多特性中,他们找到了伦理的启示、愉悦和安慰。尽管我不能肯定我完全理解杜维明对米尔撒·伊利亚德(Mircea Eliade)的术语“人类宇宙论的”(anthropocosmic)的使用,但是,我这里所描述的这些特征,似乎与我认定的这个术语的基本意义相吻合。[②]

在《孟子》中,我们可以更多地看到同样的特性。在一段最令人难忘和感动的文字中,那座被砍光的牛山成为孟子最重要而且最具启示性的说明。跟其他事情一样,那座秃山的形象表明,我们不能仅仅因为遇到一些人没有显露道德趋向,就推断说人性中没有道德趋向。就像牛山被彻底剥掉其曾经拥有的葱郁植被一样,人性也很可以被碾碎和抹杀。这个故事也说明,我们的道德萌芽与山林的植被一样顽强:尽管两者都遭受持续的严酷,但它们继续孕育着新生——新的根和芽。[③]

《孟子》还包含了一个不平凡的关于文明起源的故事。它与《创世记》中的创世神话和其他故事有相似之处,更有明显的不同。《孟子》第三篇第四节告诉我们有这么一个时期:“洪水横流……草木畅茂……五谷不登;禽兽逼人……”[④]三位圣人(尧、舜、禹)涌现出来并努力实现了一个和谐的世界秩序:用火驱散了禽兽,治理了洪水,使土地得以耕种。与《创世记》中的故事不同,在儒家这个关于创世的神话中,世界不是“无中生有”(ex nihilo)的,人类也没有被赋予对世界的“支配权”(无论人们如何阐释这一点)。相反,

---

① 见拙作《自然、敬畏与庄严》,载 *Midwest Studies in Philosophy*, vol. 21, *Philosophy of Religion*, ed. Peter A. French, Theodore E. Uehling, Jr., and Howard K. Wettstein, Notre Dame, Ind.: University of Notre Dame Press, 1997,第98—117页。

② 杜把握这个术语的最全面描述,见其《中庸:论儒家的宗教性》,第102—107页。

③ 注释传统中反映出一个基本的含糊,就是牛山是否被破坏得如此严重且时间如此之久以至于它无法再生的问题。类似地,这也将决定人们是否被严重损坏和扭曲以至于没有道德再生的希望了。对这些解释的深入探讨,见 Bryan W. Van Norden:《信广来(Kwong-loi Shun)论〈孟子〉中的道德理性》,载 *Journal of Chinese Philosophy* 18(1991),第358—359页。

④ 《孟子》第三篇第四节译文,见《孟子》(*Mencius*, trans. D. C. Lau, London: Penguin Books, 1970),第102页。

人类把自己看做跟其他事物一样，在一个危险无序的世界里飘摇，直到一系列的圣人英雄们——而非上帝——所做的文明工作给这种混乱带来了秩序。这个故事值得关注的特点在于——我后面还要谈及这一点——孟子强烈地暗示：世界本身只有等到圣人来临之时才会变得有序。①

早期儒家这些关于人类及其与自然其他部分之间关系的学说，提供了很多有趣的见解和启示。其中有一个前面已经提到的观点，即人类生活在人类宇宙里，它展示了伦理的美德，在提供生活物质的同时，也提供了审美的愉悦和形而上的慰藉。另一个有关的思想涉及圣人们如何给原始混乱的世界带来秩序。这绝非是给原始无序的自然强加上某种人性设计的结构这样简单的事。就像孟子在后文所说的那样，大禹的伟大之处不仅在于他能驯服洪水，而且在于他控制洪水的方式："禹之行水也，行其所无事也。"②在实现"道"的过程中，圣人们并非施加了一种他们自己 计的特别的秩序，也不是经文所显示或先知所传达的秩序，他们发 少，他们就发现了多少。他们意识到并努力实现与他们在自然中 们也能发现)的模式和过程的和谐。

在《荀子》一书中，早期儒家思想的这些基本特征得到发展并获得最完整的表述形式。在另一篇文章中③，我曾经论证到，在《荀子》这一文本中，我们确实发现了一种清晰且非常有趣的环境伦理观，我将它称为荀子的"快乐的对称"(happy symmetry)。荀子认为，远古圣人们所描述的生命形式，向人们展示了规范、发展自身欲望和需求并与自然模式和过程相协调的方法。这就是他的学说的含义：经过教化的人"与天地参"。这比审慎的要求更多。荀子不仅仅是要求保护能满足我们需要的物品资源(尽管"道"也使这个目标得以完成)。他更强调的是，"道"使得我们在宇宙的普遍计划中各就其分，各承其运。

荀子把其他动物、植物和无机物看做是"道"的部分而赋予它们某种

---

① 在这一点上，孟子同意荀子的说法，荀子清楚明白地说过，宇宙万物要想各得其"分"，须待圣人来临。详见下文讨论。

② 见《孟子·离娄章句下》第二十六章；《孟子》(*Mencius*, trans. D. C. Lau)，第133页。

③ 见艾文荷：《快乐的和谐：荀子的伦理思想》，载 *Journal of the American Academy of Religion* 59, no. 2(summer1991)，第309—322页。

价值。因此，他并不持有强烈意义的伦理学人类中心主义。但是，当他谈论其他生物或东西的福利时，总是根据它们与人类的相关程度来描述其价值。可见，他的观点属于较弱意义上的人类中心主义，他的观点清楚地表明了这一点。他认为，在圣人出现以前，世界万物都有某种内在的缺陷。荀子说："宇中万物，生人之属，待圣人然后分也。"[1]我们看到，在这个问题上，荀子的看法与孟子相同。孟子强烈地暗示，只有获得圣人们的智慧和努力，世界才能获得秩序与平衡。因此，孟子与荀子都持有我所谓微弱意义上的伦理学人类中心主义。

对于荀子的形而上学人类中心主义来说，其更多合理而较少破坏性的形式导致了他的伦理学人类中心主义。他不相信无中生有的创造，也不认为人类是按照某种超世的上帝的形象创造出来的。但是，他的确强调，人类具有知识能力，使得他们能够组成社会，并以独特而强有力的方式来识别社会的角色、规范和义务。这些方式使得人类不但区别而且超越于其他生物之上。正如他所说，人不但有气，有生，有智，而且有"义"——"适当的角色与规范"，而这使得人"最为天下贵也"。[2] 这也使得人能够征服和利用其他生物，比如说牛和马，它们在体力上更强，更快，超过了人类。

较之我们在《创世记》中所看到的，荀子提供了一种更弱的、更合理的形而上学人类中心主义的形式，因为他仅仅陈述世界事物是如何的这样的事实。由于具有自觉组织成为社会的独特能力，人类就能够征服其他体力上更为强大的动物。而且，他的形而上学人类中心主义形式自大的成分甚少，因而破坏性可能更小。这种形式赋予人类在世界上更高的地位，但它同时也具有以下三个方面：其一，承认其他生物和事物具有内在价值以及我们与它们之间具有相互依存的关系；其二，对人类能够合法处理自然的范围加以限制；其三，赋予人类特权的同时也提倡一种更深刻的人类义务。在这些方面——尽管不是全部——荀子的观点与前述的大地

① 见《荀子：基本著作》（*Hsün Tzu: Basic Writings*, trans. Burton Watson, New York: Columbia University Press, 1963)，第103页。同时参见该书第44页："故天地生君子，君子理天地。"有关这个观念的讨论，见艾文荷的文章《快乐的和谐：荀子的伦理思想》，第316页尤其重要。

② 同上书，第45页。但值得注意的是他把"义"译成"义务感"。我这里根据 Eric Hutton 尚未刊印的文章《论〈荀子〉"义"的意义》，把"义"译成"适当的角色与规范"。

伦理有相似之处。

对于理解荀子有关世界必待圣人而后获得秩序与和谐的论断来说，还有一种更加亲善的方式。我们可以理解为他是说：假如人类未经教化，并且心怀强烈的、未加规范和限制的需求和欲望，那么，要是没有圣人的智慧和努力，世界就不可能变得有序与和谐。这就要注重人类自身混乱和破坏的倾向（荀子当然注重这一点），而不是自然界其他部分内在的混乱。这种理解至少符合荀子的大部分言论。而且，无论如何，这种理解展现了一种由荀子思想启发而来的有趣见解。

一些人可能强烈反对这种思想——我把它归于荀子——即：假如没有人，世界将毫无价值。但是，我至少同意这种说法的一个版本。与一些人坚持的观点相反，很难理解，假如完全脱离了人的视角，世界还能有任何伦理的或美学的价值。① 当然，离开了人类，其他活着的生物（虽然我怀疑无生命的事物）仍然会有利益。但是，如果没有我们人类置身其中，来对各种选择进行思考和判断，那么，很难说究竟在什么意义上能有伦理的或美学的价值。不过，我的基本看法是，这种观点并不包含这样的信仰：自然界中只有由人类安排好秩序的那部分对我们有价值。跟其他人所强调的一样，我相信，有知识有思想的人们很自然地会给他们从未接触、从未改变的自然界赋予价值（这至少是我们为什么给自然界赋予价值的部分原因）。人们如果不能欣赏到自然界的这个方面，也就丢失了它的部分价值；他们就像色盲人一样，欣赏不到辉煌落日的奇异之美。在荀子的著作中，我们找不到对荒野价值的欣赏。②

欣赏荒野，是我前面介绍的第三种理论即大地伦理的主要内容。许

① 这个观点绝非没有争议。例如，G. E. Moore 在回应 Henry Sidgwick 时就强调说，我们宁愿选择造就一个“特别美”的世界，来取代另一个特别丑的世界，即便从来没有人曾经或“能够生活于其中一个世界，能够看见并欣赏前一世界的美或憎恶后一世界的丑”。我现在认同，人类可以选择这样做，就像我们现在可以决定某一块土地作为原始树林而不去动它。但是，我不认同 Moore 的是，这样建立起来的心智总能独立于价值。能够使得这两个世界之一“美”也就是有“价值”，而另一个世界“丑”的任何事情，都依赖于人类独特的需求、欲望和能力。Moore 的观点见《伦理学原理》（*Principia Ethica*，Cambridge：Cambridge University Press，1903），第 83—84 页。我这里所提倡的观点，见 David Wiggins 的文章《真理、发明与生活的意义》，或者 John McDowell 的文章《价值与第二等品质》，两文均重刊于 Geoffrey Sayre-McCord：*Essays on Moral Realism*，Ithaca，N. Y.：Cornell University Press，1988。

② 我用“荒野”一词，意指未被接触、至少未被人类技术干预改变过的自然界。

多不同的论证不断深化，证明我们为什么应该保存——准确地说保护[1]——荒野。更令人信服的论证是，将对审慎、美感的愉悦与诸如惊奇和谦卑等知性美德的培养结合起来。我的印象是，所有这些本应成为荀子很容易支持的理由。类似的论证同样见于道家早期的著作，见于像《道德经》“未伐之木”(unhewn wood)那样的特别形象，见于道家对社会和社会化各种广为人知的批评，见于他们对自发和什么是“本来如此”的推崇。因此，道家传统提供了另一种更自然的资源，人们可以用它来改进和强化荀子的立场。

乍看起来，在其对“道”的精美动人的颂歌中，荀子的确表达了好像是在自然面前的惊奇与敬畏之感。[2] 但是，细细考究，我们发现，他经历这些情感，并不是在面临原始自然展示出广大、力量和美丽的时候，而是在他沉思“道”的至广至精和威力无穷的时候。[3] 荀子惊叹“道”的完美和谐——“道”如何造就万物、利用万物并按照普遍的和谐将万物安置在一起。这幅图像虽然惊奇动人，但是，我们在此看到的是已被驯服和控制的自然，而非自然原始不羁的状态。如果比较孔子对奔腾不息的河流的庄严崇敬(前文已述)和庄子对吕梁悬瀑的汹涌洪流的情不自禁的喜悦和入迷，我们就可以感觉到这种区别的存在。[4] 在《庄子》一书中的那个段落里，那位大丈夫——蹈游于洪流中，而不是征服它——“与齐俱入，与汩偕出”，被崇拜为道家理想的完美化身。

结　论

我们在此探讨有关人类与自然界其他部分之间关系的儒家思想，也偶尔提及道家的一些观点，它们本身就很有趣，富有指导意义，给人启迪。

---

① 这两者的区别见霍姆斯·罗尔斯顿的文章第三部分“荒野观念的再确认”，载 *The Environmental Professional* 13，no. 4(March 1992)，第 370—377 页。

② 见《荀子：基本著作》，第 44—45 页、94 页。有关荀子思想这个方面的讨论，见艾文荷文《快乐的和谐：荀子的伦理思想》。

③ 这是一个关键的区别，且与我所理解的荀子的总的观点完全吻合。荀子(以及他之前的孔子)把人类社会——而非自然——看做是价值的中心和最终源泉。

④ 该段文字见《庄子全集》，第 204—205 页。

我相信，其中一些看法极富价值，而不仅仅是让我们知晓一些人一直在相信的东西以及另一些人还在相信的东西。我认为，这其中的许多思想有助于我们更加明了事情的真相，并由此成为当代环境理论重要的思想资源。我很怀疑那种前文提到的强烈的"一"的要求，因为我很少看到它们对事情的真相作出合理的说明。从某些方面来说，这类思想仍然富有指导意义，令人很受启发——就像从月球为地球头一次拍摄的照片——但是，它们自身却无法成为当代哲学正当性的坚实基础。它们所依赖的形而上学主张很难为许多现代人所接受。

在本文中，我叙述了四种不同的环境伦理理论、"一"与"人类中心主义"这两个概念的不同含义，以及它们在当代有关环境伦理的论争中起到的重要作用。我还叙述和探讨了三位早期儒学思想家的环境思想，并着重分析和讨论了荀子的环境伦理。我希望，通过深化对儒家思想的分析，并在它与当今环境哲学相关领域之间搭起相互比较与沟通的桥梁，这些概念性的区分以及对孔、孟、荀三家思想的简述，有助于促进目前儒家环境伦理学重要而有趣的研究工作。

拓展新儒学传统:21世纪的问题与观念重构

迈克尔·凯尔顿
(Michael C. Kalton)

导　言

20世纪之前,包括朱熹、李退溪、李栗谷在内的儒家学者们,都将经典和整个传统作为他们面对生活和时代问题进行思考的一种资源。[①] 然而,自从现代性到来之后,对于那些参与世事的知识分子的新思维来说,那些经典越来越少构成一种资源,而更多地成为他们进行研究的对象和目标。那些经典现在只是东亚思想史、哲学或比较宗教方面专家们的保留地(preserve)。对于形成现代东亚社会独特和至关重要的文化来说,儒家传统的遗产也继续有着巨大和建设性的贡献。但是,这只是一种遗留的生命力,只是一种脱离了过去的财富。从最好的意义上来说,它是保守的,保留了过去的精华并用它传承及丰富当下。但是,这种遗产保存主义(preservationism)既没有挑战、刺激和吸引这个时代的精英,对那种五十年前无法想象的新的疑问和问题,也缺乏足够的回应。

进入21世纪,世界从未如此需要富有意义和用途的思想资源去思考、去预见我们行为的意义,去为我们的行动、政策和决定寻求指导。作为一名教授比较宗教与哲学的教师,我确信我所研究的所有传统中,只有

① 本文最初发表于1994年韩国研究学院举办的第八次韩国研究国际会议论文集,这里是修订版。

儒家这种思想资源延续了几个世纪而唯一适用于当今世界的形势。儒家应为人所知，并被用来进行反省与修身，它应当得到扩展——不是让这个世界充满“儒者”以及荣耀一种传统，而是因为它作为一种珍贵的思想资源能在我们急需帮助的地方帮助我们。

本文源自我过去六年来的一个完全跨学科的本科生教学经历。这一项目给我提供了遵从自己的兴趣和围绕重要问题开展课程的自由，而不必太顾忌传统学术分科的限制。由于我在比较宗教学上的专业背景，我对各种世界观非常感兴趣，世界观是人们为了让世界和他们自身的存在变得有意义而作出的最基本假设。作为一个美国人，我很自然地用当代美国作为我反思和教学的参照。并且，在过去几年里，我把课程的重点更多地放在应对现代西方世界观的基本设想所面临的变化与挑战上。

为了开展这类课程，许多新的种类的书籍放入了我的书架，在有关印度教、佛教、儒学这些书的旁边，有一部分是为我的神学和新物理学课程准备的关于量子物理学和宇宙学的书籍。再旁边就是我的环境伦理学课程用到的环境学、生物学、生态学方面的书。最后还有一些综合了社会、经济、政治思想的书籍，从中形成了我的名为“现代世界的目标”的课程。

对于一个过去二十多年的学术研究和作品都集中于新儒家传统的学者来说，教授如此分类的课程听上去有些奇怪。然而，我发现，在处理这些新材料时，正是我头脑中的儒家形态又一次给了我一种极其有用的视野。在当今世界，对于研究新儒家传统的人来说，所熟悉的思维模式已经具备了一种始料未及的流布：它们开启了一些通常假设中的隐含意义，指明了有关基本观念方面的困难的道路，并开辟了富有前景的新的路径。

在这个方面，我继续应用我的新儒家背景。同时，我已经敏锐地意识到，我不能直接使用那些新儒家们已经明确了的较深的思想形式的概念。在传统儒家的形式中，诸如理、气、人性、本性、道或五伦等中心概念，仍旧是我只能在关于儒学或东亚传统的课堂上讲授的东西。不知何故，对于思考和讲授当代问题来说，通晓这些概念给我提供了一种独特的资源。不过，这些概念本身并不容易进入当代的话语之中。它们的形态仍然是前现代的。

如果儒家思想资源再次被具有新意识的东亚思想家所采用，或者是被西方具有探索精神的头脑发现和利用，那么，它肯定将会被转化并与一种更新了的观念词汇表相映衬，那种词汇表与以往所不知的思想潮流相关。那就是在中国的汉代发生的情况。当时，孔子的洞见被整合进阴阳五行的宇宙论思想，为这个新统一的中华王朝提供了一种适合的大一统观。并且，到了宋代(960—1279)，已经习惯于几个世纪以来佛教的头脑们(指儒家学者)，又为“心”的修养发现了新的禁欲理论，并以作为他们精神追求的圣人境界的极致，取代了佛教的“悟”。“新儒家”的发展，得到了有关“理”、“气”形上学阐释的支持。对于一个此前并未感到需要系统形上学思维的传统来说，这种有关理气的形上学是一种新的思想框架。在每一个例子中，对于时代最优秀的头脑和心灵来说，更新了的传统都会成为他们进行思考和修养之所在。

但是，这并不意味着我接受和高度评价“我们也可以现代化”模式中的所有事情。这正是西方现代化的视野，是陈旧的启蒙遗产。它需要挑战、改变和重塑。但是，为了在这一任务中成为有用的思想资源，新儒家的思维方式就要切实接触当今的观念并且调适自己以便严肃的对话得以发生。尤其是，对于一种将其十分严肃的有关人生和社会的理解置于宇宙论和自然主义系统之中的传统来说，当代宇宙论的、生物学的、进化论的以及生态学的思维都有其严肃的诉求。显然，与古人相比，我们对自然界的实际进程拥有更多的信息：根据最好的当代信息拒绝重新严肃地思考新儒家的概念，就等于把它们送进思想史的博物馆。

就某种程度而言，我知道对于新儒家来说后现代世界是什么样子，因为我几乎无意识地运用了新儒家的思维模式来建构我自己的理解。但是，我尚不知道后现代世界的新儒家概念将会是什么样子。因此，这篇实验性的论文是一种尝试，首先，是要看看：如果传统的观念图式与当代的理解处于完全的互动之中，传统的观念图式将会变成什么样子。其次，是要看看由新儒家传统带来的思考会对当代的理解带来什么样的益处。本文提供了尝试和探索性的第一步，并认可及希望其他文章会以其他的和更好的方式来发展这个素材。

理和气

新儒家根据“太极”、“道”、“理”和“气”这些观念来谈论宇宙(所有的存在)。现代思想家说的则是时空、单一、基因密码和进化论。这些体系之间有很大的潜在共通之处。两个观念系统都假定一个无所不包但模式发生改变与转化的进程,其间就有对称的地方。但是,当代的种种观念则属于描述性科学的假定的价值中立世界。同样,它们假设了一个可操纵干涉和控制的开放场所,却很少提供对生命的规范性引导。而在另一方面,新儒家的观念则在最初恰恰就被理解为人类品行与修身的基础和指导,尽管为了达到这一目的,他们也不得不对所有存在的一般框架提供一个令人满意的说明。如果新儒家的观念能够抗拒变化并保留住儒家的特征,那么,一个更现代、更科学的理气哲学,可能仍将向我们展示自然界如何为人类勾画出生活场所和生活方式的过程。

气

依照新儒家的传统认识,气是宇宙的质料。因此,不可能以一种严肃的当代方式去思考它,同时,也不能忽视爱因斯坦的能量质量等式 $E=mc^2$。把气和现代能量的观念放在一起,会以各种不同的方式使现代观念受益。最直接的益处之一,可能是减轻对生命的物质主义简化的负担,这已成为大多数现代思想的特征。西方传统的主要问题是:能量的观点带有唯物的、机械的背景,而物质自身被认为是根本无意识和无生命的。因此,当科学家依据模式化的能量转化来研究生命的过程和意识的时候,许多人本能地感到这是一种唯物主义的化约并发现它是有威胁的。与此相对,儒家传统把气理解成不仅仅是有生机的自然的适应物质,而且还是身心的生命力。以气作为背景的能量思想使得生命出现于一个充满能量的宇宙中这一过程看起来很简单,并且,我们的思想和感觉根据神经网络和电磁现象来研究,这一点是可以想象的。简而言之,对于西方从希腊继承来的身心两分的观念失调所产生的诸多问题,气提供了一条解决的途径。

但是,不付出代价,你是无法轻易把大量的儒家智慧给予当代思想家的。为了让当代的思想家们接受，气这个概念必须经受他们实际的仔细检查。在这个列表上，与气一道曾经合理而现在过时的观念的特征，由气在“清”与“浊”或者说“精”与“粗”之间的变化程度来界定。当然，对于在新儒家的系统架构内的重新思考来说，摒弃这种观念的方面可以开出一个新的批判性的领域。原因在于：在解释生物的不同种类或层级方面，气的清浊发挥着重要的作用。更重要的是，它能解释人类道德和智力的缺陷。因此，气的相对清浊也解释了“心”的扭曲，并在修身理论中发挥了至关重要的作用。如果这些特征必须被舍弃，那么，这个概念就会被剥掉所有真正哲学性和精神性的意义，而这将是一个太大的代价。

在解释人类品行明显扭曲的时候，现代西方世俗思想与新儒家之前的思想有着一个有趣的共同局限：对于根本的人类问题，双方都没有过多超越相对偶然的社会的或心理学的解释。正是在气流通运行的过程中，通过描述问题的根源，对于理解人类的缺点和修身来说，新儒家作出了富有意义的贡献。为了在“我们犯什么错误”上有一个更深刻的视角，朱熹的现代门徒仍旧会仔细审察宇宙的能量转化过程。依据清浊的程度，传统解释也许能在复杂性程度观念——一个结合了物理的、生物的、社会的、经济的与政治系统的新的系统理论概念——上找到一种当代的类似物。对此，新儒家也许会觉得新奇，但却是熟悉的。能量在原子和分子里变得很复杂，在有机生命体系中更是如此。这些有机的单位在复杂的生态系统中依次联合和发展，最终人类社会作为最复杂者出现了。也许，在看到进化过程中不断增长的复杂性时，一名当代新儒家会希望发现能够解释建立在演化复杂性层面上的适当的自然响应与一致性被扭曲和切断的情况。在讨论人的问题的部分，我们将回到这个问题。

理

不管一个人看物理学、生物学、经济学还是政治学，所有种类的能量过程都被模式化了。在此，我们发现了一个场所，其中，新儒家的二元论—一元论的体系（dualistic-monism system）一般都为诸如“太极”、“道”或“理”这样的概念所铭记。它们是表达宇宙结构的、规范的模式方面不同的术语。事物不仅是存在着，而且必须以一定的方式存在和行动。在整体层面,有且只有一个模式,它包含了所有特殊的从属模式,这就是太极。就传统而言,贯穿和主导所有事物的这一模式就被指称为"道"。并且,在这一模式化的整体内部,一个人同样可以将每一个体事物视为有其自身的"道",就像一个单一机体内的有机分化一样。"理"成为新儒家最受欢迎的概念。事实上,它可以和道交换使用。但是,它本身更多地被用于有关道德法则①的话语。对于新儒家的关怀来说,道德法则是至关重要的。

在20世纪晚期思想中,一个重要的转变就是从机械化约主义转向一种新的整体主义取向。前者是一种用部分来解释整体的趋势。随着系统论的出现,这种转变被带到了舞台中央:计算机和网络、信息和数据系统、生态和经济只是其中一小部分领域。在那里,结构、模式或系统的思维方式占据主导。这些学科的术语正开始发展一个共享的核心,而对于任何受过新儒家哲学训练的人来说,相关思想背后的模式都是熟悉的。例如,混沌理论(chaos theory)和复杂性理论(complexity theory)发现并研究从未被怀疑过的系统组织自身的方式。因此,现在"自组织"概念与东亚的"自然"概念非常相似,其演变进程与一种深度的内在模式相一致,它取代了机械的观念去解释宇宙和生命自身的起源。同样地,现在,生物学和生命科学中传统的从部分到整体的因果思考也开始欣赏从整体到部分、从组织到细胞、从生态系统到参与者、从全球到子系统的角度来理解因果性的尝试。

这些严肃的整体性思想转变是一个新的出发点,它诉诸一种更深刻和一致的哲学诠释。而在这一类的反省当中,新儒家传统提供的则是一种无法匹配的经验的深度。当代思想指向关于宇宙、世界、物理系统、生物系统、生态系统和社会系统的一种理解,将这些系统理解为多层次和多样式的模式化的能量。不仅仅是模式和能量,不仅仅是多元和单一。朱熹体系中二元论的一元论②植根于对这类思想的动力、张力、问题领域的

① 这种观点认为,道德法则只不过是模式显现的一个层次,它不是与西方传统所指涉之自然相分离的一个独特领域。例如,使万物在春天焕发生机的模式——理也显现于人性中,它表现为人类情感给予生命的特征以及与我们的同胞的相互同情。

② 尽管运用了两个基本概念——理与气,这与强调它们的补充作用及其绝对的相互依赖和不可分性成比例,这个系统在更深的意义上仍是一元论的。依赖于个别思想家的阐释重点,不管这种处境的二元论潜力还是其更为一元论的潜力都可以得到强调。

理解中。事实上,在这个领域中的论证以及从模式/系统来解释因果关系时的困难,看上去有趣地与传统新儒家有关"理"和"气"的无休无止的论证类似。

在新儒家传统中,像"道"或"理"这一类的概念是核心的,因为它们为社会生活带来了规范性的内容。这是儒家关怀的核心。但是在另一方面,现代的探求已经发现这是一个不可能的任务。西方也许已经变得更具整体性,但是,它并不擅长从价值中立的各种系统中引出道德的意义,也不能理解如果系统不是价值中立的,价值又是如何到达那里的。显然,如果新儒家的"理"能够保留其规范性的内容,那么,它也许能够提供这里所迫切需要的东西。

通过将"理"等同于作为至善的天赋规范①,传统的新儒家在宇宙模式下建立了道德的内容。但是,在当代语境下,这缺少可能性,因为它正好代表了现代思想家所不愿假设的自然模式。传统思想自动而轻易地赋予了理这些内容。而在严肃的当代 Neo-Confucianism 中,"理"会通过规范性内容以新的、更费力的方法出现。热衷于继续做教化人类的真正的基础的工作,新儒家只是把理想的人类品质根植于宇宙和自然界之中。新的挑战是将人类视为完全属于宇宙和自然界的,然后精心研究对于人性来说这意味着什么。这种挑战最早是由达尔文进化论引发的,现在更紧迫一些,则是由生态伦理的深层需要所导致的。诚然,对于后传统的新儒家思想家来说,解决这种问题是最为根本的哲学工作。

为了适应这个工作,通过一种关于进化过程的理解,"理"或"道"的一种更新的概念会得以丰富。这一点并不困难,因为在"道"或"理"和达尔文的自然选择观念(进化过程的关键)之间,存在着一个重要的聚合之处。作为在进化过程中选择的根本标准,自然选择是一种有力的规范性的模式向度,它控制并塑造着生态系统。并且,在彼此关联的整体中的每一活动的动态中,这都是显而易见的。流行的自然选择和"适者生存"的等同,将其诠释为一种纯粹力量关系的无道德的互动过程,这几乎就是新儒家

① 在新儒家的术语中,"天"仅仅指向存在中的终极规范力量。到公元前4世纪,对这种力量的理解已经从人格化最高存在的观点发展到非人的内在规范,或者说"道"。

所希望的那种内容的对立面。然而,一种有关系统的深化了的理解,如今已经广泛地修正了先前的观点。在当代的理解中,适者生存不再是最强者和最卑鄙者在残酷竞争中的生存问题,而更多地是与系统中的其他事物成功适应的问题。适应的策略有很多,并且,"适应"是一种比权力或力量更为根本的标准。甚至在捕食者与被捕食者之间,共生现象也是本质的。而生命的获取最终就是生命的给予,或者是它的自生自灭。现已证明,最成功的寄生虫是有益于而非毁灭其宿主的。

因此,伴随着系统中每一个变化和复杂性的新元素出现的创造性适应策略,进化包含了无数种适应的方式。所有的生命都存在于与其他所有生命以及支持生命系统的物理系统的相互感应的关系网络之中。这种模式化的相互依靠不仅限于生命形式的系统进化,也在生态系统中架构了其日常存在。并且,也向上扩展到将被称为"文化"或"社会"的人类创造的生态系统。每一个层次的生命存在模式,包括了不同层次间模式化的相互依存关系,它有一种规范性的力量:只有依据这种模式,生命才能够得到支持。当然,这种规范的性质是实用性的。进化首先是一个强大的过程,这个过程描述了一个越来越复杂而彼此交织的可以产生和维持生命的系统。这可能就是作为进化模式的"理"的含义。

新儒家所谓"理一分殊",出现在程颐对张载《西铭》的解释之中。《西铭》这个文本把儒家伦理学放到了一个新的形上学的立足点上。当我们尝试把伦理放到宇宙或生命进化的立足点上时,相同的表达带来了同样的洞见。事实上,与每种创造物被赋予独立、与众不同的本质这种传统西方概念相较,"理"更适合于进化论的语境。生命进化的相互依赖的系统过程既保证了分化又使得每一物种正是根据其他物种来发展其特性:一个变化发展的模式包含了全部生物,而每一个物种又依据整体拥有自己的特殊模式。人类的伦理学最终必须在一个更加广阔的生态伦理中得以构架,它将这些模式化关系的整体网络考虑在内。

伦理学

西方道德哲学家很快就会注意到我提到过的规范性的理的实用基

础，并且会提出这样的问题：你怎么能从实践中的“什么管用或什么不管用”推导出道德的“应当”呢？西方哲学一般把道德视为建立在独一无二的人类品质基础上的一个完全独立的领域，如合理性和自由意志。与任何仅仅与实践考虑相关的条件性的“应当”不同，通过将道德“应当”描述为一个“绝对命令”，康德把这个传统带到一个格外尖锐的焦点上。但这就形成一个普遍的假设：道德的善恶是与其他种类的善恶相区分的一个领域。而在非神论世界观（nontheistic worldview）背景下起作用的儒家，却没有作出这样严格的区分，并以某种方式实现了从自然事实到道德责任的转变，毫不费力地从“是”到了“应当”。他们几乎没有停顿下来关注或解释这个对西方哲学头脑来说巨大的问题。人类道德的确是他们关注的中心，但是，他们没有注意去看四季变化中的鸟兽或其他层次的生物身上体现出的相同的道德特征。

在这些伦理或道德问题的方法中，许多不同之处可以追溯到最基本的框架。西方思想家普遍地把问题作为我们运用自由在善恶之间作选择的事情，而儒家则根据对一个给定情形的适当反应来思考问题。对于那些依据自由和选择来进行思考的人来说，限制适当行为的最明显的条件，大体上与他人和他们自由的运用有关。这就关闭了一种道德的循环，这种循环不仅专门由人来实践，而且也把道德责任视为只与他人相关的东西。儒家同样将其关注几乎全部投向了人际关系及适当回应和对待他人的领域，但是，在原则上适当回应的问题可以应用于任何情况。尽管两个传统在这个方面都是人类中心主义的，但是，儒家框架内却没有什么东西系统地限制其只适用于人类。这就是能够如此轻易地把“理”应用于自然宇宙进化过程的潜在原因：这个概念并不内在地以人类为中心，这样的向度一直就是它的一部分。

在当代世界，尤其当你展望未来的几十年时，这些框架和它们的不同之处会变得至关重要。在21世纪的门口，东方的、西方的、北方的、南方的，所有人都面临一个前所未有的具有挑战性的时代。工业社会的组织、习惯以及生活方式正在灭绝物种、腐蚀土壤、耗尽和污染水源，使空气不适于呼吸，曾经和煦的阳光现在变成我们不得不躲避的东西。没有见多识广的观察员思考我们正在做的事情还是可以忍受的，但是，大众也选择了不闻不问，而不是面对问题和他们所不理解的未来。这些有关恰当行为的伦理问题非常重要，甚至比一些人如何对待另一些人的问题更重要。当我们看到的“只是实用的”一面，因而不能同等地看待人类间的“道德”关注的时候，我们生命的前景和行为就会被严重扭曲。事实上，人类中心主义就是这个问题的核心。

在这样的环境中，有关恰当回应的相对简单的儒家问题，在伦理上比基于权利和义务或者是某种社会契约的诸如道德命令和责任的排他的人类观念要有力得多。理是行为模式的指导或规范，也是在系统中能够使生命适应并最大化的生活方式。这种理的研究将会为不同种类的文化或社会中的人类关系的行为提供灵活的洞见，同时，它也把人与星球的整个生命系统的适当关系问题提到了同等重要的程度——并允许一些新的答案。这里尤其重要的是，理不仅包括也超越了人类领域，它要求一种对整个地球来说最终的适应。这样一种观点被视为无望的理想主义常常被抛弃，但是，通过对理的仔细研究，我将论证，它是实用的现实主义，并且，它被认为是20世纪末唯一符合人类生活的尺度和比例的精神气质。

生命、意识与人类地位的出现

我所描述的系统伦理假设，在理的概念中，人类是整个模式化的自然界的一部分。但是，为了制定出伦理，对我们如何以及在何处适应整个模式的一个更精细的考虑，是一件非常重要的事。在前现代人类中心说的世界，仅仅假设人类的优越性，并通过一个精细的气，进而气在理之中的完全参与的形上学理论将其实体化，对于新儒家来说就足够了。它绝妙地解释了与其他生物有限的、专门化的反应相比，人类看上去如何灵活地、灵敏地与整个模式中的所有生物打交道。但是，这些能力在一个广泛的生命进化模式中出现的意义和含义，必须得到仔细的研究；简单地假设我们正在给进化的荣誉加冕，会带来有关我们真实情况的一个误导信息。

生命出现的问题充满着令人惊奇的歧义性。对生命/非生命理论的回顾澄清了这样一件事情：没有人能够在两点之间画一条精确的线，尽管我们广泛地接受这种直觉，即的确存在一些差异。如何对待这个问题，看来在很大程度上依赖于我们带到此地的观念资源：它没有“科学的”答案。

在这样一种背景下，无须知道以后的哲学发展，你也许会从西方寻找东亚“气”概念的对应物，在希腊语中是 pneuma，在拉丁语中是 spiritus，这点非常有意思。最初，pneuma 和 spiritus 都与风、空气、呼吸、生命的呼吸、生命力以及感觉的力量有关。从与溪水和水气有关的基本含义出发，气发展出了几乎完全相同的联合模式。但是，归结于“精神”的西方术语被当做与“物质”相反和相对的东西，而作为具体化和能量化要素的“气”，却成为了理的对应物。东西方的思想家直觉性地将气的角色等同于西方思想的“物质”的一面。事实上，许多在西方属于“精神”的东西，在东亚则是属于物质的层面。

所以，在西方传统思想中，物理材料（物质）需要生气，animus 或 soul 将变成有生命力的，并且相应地，从一个假设的无生命物质到生命出现这一进化问题，就早已是一个难题。人类精神灵魂的问题这一例子，是其中最难的一个。与之相较，生命仅仅以气的事实被期待，问题就变成了是否有无生命的东西存在。一个人可以更轻易地想到复杂性之间的区分，而不是种类之间的不同，以及为了实际目的，有点武断地说明作为切除线的组织行为的程度。

生命的出现和进化是一种朝向系统复杂性（理）的能量（气）推动。有机体和生态系统的复杂模式是突现的而不是事先存在的。这个过程开始于在一个相对简单层次的自组织系统，并作为适应性的策略在系统内部转化，从而导致连续的不断增加的复杂性层次。从某种意义上来说，理不断地给予自身生命，从已存在的模式导向更高的模式。

如上所述，“生命”与众不同的模式边界事实上不可能是完全固定的：以某种循环的方式，当我们看到事物“创生”的时候，我们就意识到了生命。这就是说，事物根据其他事物以一种积极的方式保持自身：氨基酸不需要单细胞动物，但是，单细胞动物需要氨基酸。因此，通过一种性质上新的相关层级，生命得以区分。

在某种意义上，这种新的相关形式是一物在另一物中的“显现”。远古的生命出现在一碗营养物中，如容易被半渗透性的膜吸收的氨基酸。但是，只要这种系统出现，通过它们特殊的结构，单细胞生物就能“期待”

某种营养物质，即使在生理上缺乏这些营养物质。在此意义上，它们也是存在的。我将假设这种存在而消失的性质内在于"需要"的出现，即使在这一点上这只是一个结构或模式的问题——在远为复杂的层次上，它也许被认为是我们所以为的意识种子。

换言之，当生物依据其他生物而生存的时候，意识的最基本形式就出现了。谋生策略使一个生物体能够适应出现并不断转化的生命共同体（适者生存），而当我们从植物转移到食草动物再到肉食动物时，它就变得更加复杂了。随着更复杂的保存和再生产策略的出现，结构意识，即对营养物质的选择性吸取，采取了新的和更主动的方式。随着各种各样感觉形式的发展，可控流动性的出现使得流动性变得富有意义，它成为迈向我们更熟悉的意识形式的决定性步骤。

在这个构架中，意识以它越来越进步的方式被认为是整个进程——从最基础的意义而言，也就是一种适应——中的一个特殊策略。随着意识范围的扩展，适应的灵活性和复杂性也增加了。灵活性和作为策略的感知生发能把生物与其严格依赖的直接环境区分开来，并带来一种在更大环境中的新型依赖。草的叶片在几寸的土壤中就可以生长，而鹰则飞翔千里，与更大范围内的生物互动。鹰的依赖更加广泛而灵活，但是，把这种自由描述为独立不依，却无疑是一种幻想。

作为一种特殊的进化策略，意识的含义可能最好被理解为随机应变的策略。如果把智慧理解为解决问题的能力，比如，个体至少可以大致分清两种基本形式：遗传性的智慧和经验性的智慧。一些有感觉的动态的生命形式，专门以遗传的而非经验的策略来处理问题。比如许多昆虫，在最低限度上是个体化的和灵活的，其生命短暂但却大量地繁衍后代。并不需要专门在意识和经验学习的道路上前进，这些物种已经成为高度复杂和分化的系统，拥有高超的能力去适应周遭环境的变异。在杀虫的化学大战和人类用以对付它的抗生素中，这种智能形式至少和人类打了个平手，也许还取得了胜利，而人类代表了另一条路线取得的最高成就，它经验性地建立于演化的智能线上。

把最强的力量放在经验和直接的灵活性上（与像昆虫那样的遗传相反）的生命形式，一般都活得更长而繁衍较少的后代。在这条发展线上，积累和使用经验能力的增长是一个重要的优势。因此，经验就变成学习。在此，我们发现了大脑变大的深层的重要性，这会加强记忆力来储存越来越多的经验，并提高我们灵活使用它的能力。我们人类代表着这个发展的最强的推动力，由于获得了记忆储存和经验处理的如此大的头脑，我们不得不很早就出生（按照任何普通的哺乳动物发展标准，人类大约提早成熟了六到八个月），因此，我们成长的头脑对于母亲来说不会成为一个死亡担保。因而，我们的大脑在我们出生之后仍然以胎儿的速度成长，最后长到出生时四倍的大小。由于我们较早的出生，我们也比其他生命依赖父母的时间更长，这个因素在社会性上起极大的作用。以前的儒家关注社会关系，尤其强调亲子关系的性质是人类的基本特征，在进化论的面具下，他们是正确的！

人类不仅发展积累个人经验的生物性能力，也发明了语言，这是一种使经验在几代之间而非一个生命单位中共享和积累的方式。书写是另一个主要的步骤，它允许人类世代之间信息传递和积累，构成一种新层次的复杂性和连续性。现代全球被电子化连接起来，电脑银行把整个信息过程和学习积累转换为另一种模式。这比以往任何手段都要有力和快速得多，以至于我们还没有开始理解它的潜力与含义。

这个过程发生于人类社会内部，并且在每一个阶段，人类关系都以重要的方式发生转变。仅仅站在人类社会的角度就有许多需要反省和理解的地方，但是，这种反省也应该扩展以包容更大的图景。使经验最大化的全过程开始于生命复杂进化的诸多策略中的一种，并且，在不同程度上，它被许多其他生物所共享。在这个方向上，我们正在向一个完全自然的向量推进。然而，这个过程以唯一的人类方式变得自我封闭和远离自然。经验成为深思熟虑的学习，而语言（包括写作和电脑）赋予这种学习以力量，推动这个世界向适应我们的需要和欲望转化，而不是我们对世界的适应。“自然”和“文化”已经成为不同的范畴。其他生物也是这样。我们只是代表了这种生命策略的极端发展。

与此同时，这个过程的自然性不会让我们盲目地冒险。进化策略是尝试、探索，以及可能不成功甚至被自身的成功所暗中破坏的适应性接触。在以人类为中心的世界里，我们物种的相对持久性能够被简单地认定。在一个进化的世界，持续的存在是一种成就，没有哪种生物能够想当然地获得。通过掌握丰富的理，人类就会处于一个相对于其他生命与所有事物更广泛的响应关系之中，当早期儒家观察到这一点的时候，他们所考虑的是进化模式的一个真实的结果。然而，对于人类来说，优于其他物种的人类中心主义的习惯减弱了目前紧急的考虑。与以往不同，现在人们意识到，我们为之荣耀的能力也可以把我们置于危险之中。这也需要阐释与理解。

人类的问题

上述的进化过程如何达到现在这种危急的形势，这个问题最初是复杂的。我们概括了理作为一个自组织的、突出的、有分支并交织在一起的系统模式的宇宙进化过程。既然在这种快速发展的模式中，每个事物都依据其他事物而发生，远离直接系统（小行星联合体）之外的主要干预，那么，事情看上去就会顺利地发展。以“道”和以前完美的“理”的概念为例，一个人可以想象纯粹完美的和谐，从而努力解释经常尤其是现在作为人类经验特征的出错感。特别是自然世界的其余部分多少自然地保持了一种特定的平衡；那么，一种类似的平衡，又如何无法被自然模式中人类的部分所证明呢？

通过把人类从自然系统中移出和给予人类唯一的力量（自由意志），一些传统已经解决了这一问题。与此相伴的是唯一相配的问题（道德善恶，罪恶）。然而，时常就如我们现在所遇到的那样，当人类和整个地球系统的关系成了问题，从而成为人们严重关注的一个客体的时候，并且成为人们非常关注的客体的时候，正是儒家传统的特殊力量避免了任何此类结构性的分裂。但是，在人类和自然之间假设一种基本的连续性，使得描述什么出错了变得困难。如果人的本性是一种包罗万象并带有规范性的模式的一部分，那么，把人类描述成恶的就是非常尴尬的。另一方面，说人性是善的，就像孟子诉诸社会力量一样，只会留下对恶的偶然性的边缘解释。新儒家通过引进气之浑浊——一个比孟子更有力的解决方法——来获得一个系统的解释。但是，这也有局限。尤其是，气的相对浑浊使不同的物种分化并适应其在生命模式中的位置，但仅对人类而言，这种分化功能转化成了对恰当回应的一种扭曲。随着人类根据一个单一的、全包的(all-embracing)自然系统被架构起来，这种看上去独一无二的人类"道德问题"就越来越成为一个问题。

我还没有发现传统的新儒家对这个问题有太多的关注。一个人所能够找到的，至多只有人类具有修身能力这个事实。它的含义是：非人生物的回应范围，被它们身心之气的混乱所"阻挡"，因此，它们没有余地进一步完善其天赋。人类由于被赋予了至纯至精之气，则能够回应性地参与到完整的使所有事物模式化的理之中。由于赋有回应万物的能力，在我们崇高构成的运用中，也许有一个广阔的范围是我们力所不及的。从这一角度来看，"修身"既是一个相对较高的身心赋予的标志，也是一种急切的必要性。

在对人类处境的这种说明中，有关于人类存在位置的种种含义，这些含义反映了人类中心主义的假定。但是，在这种视野中，假设了存在社群(community of being)中的一种根本的连续性，这种连续性支持人类现象的自然性。此外，依据不同范围内的反应获取的意识处理引人注目的差异，并且，这比依据对独一无二的精神力量的占有来区分它的尝试要更为安全。在解释我们反应的不确定适应方面，浑浊的气也许不再有帮助。但是，通过当代对进化过程的理解，这个大体的框架能够把问题置于一个容易获得推进的道路上。

进化是一个发展复杂的各种适应性策略的过程，每一种策略都有自己的节奏。但是，每一种节奏又都受到物理世界的节奏以及与其他生命形式互相依赖的必要性这两个因素的制约。地球上的生命大约在三十五亿年前开始，但是，大约三十亿年前是单细胞蓝绿藻类的天下。随机的基因突变的进化的确是一个缓慢的过程。仅仅在大约五千五百万年以前，单核细胞开始出现后，通过有性繁殖，更快的基因合并与混合的策略才出现。这个过程不可思议的迅速和高产，使近五亿年产生了大约四十亿种物种，其中大约五十万种延续至今。迄今尚在的生命短暂的细菌可以利用它们的基因策略，在几个月或几年内改变我们的药物。同样，昆虫对于我们的杀虫剂也有反作用。同样的机制在化学大战中不能服务于我们，因为我们存活的时间太长而繁殖的数量很有限。因此,花费了三百多万年才完成了把原始人类从地球生物界中分离出来的相对缓慢的变化,现代人类的形式出现于十万年前。

我们较长的寿命和较低的生育不是个问题,然而,还有另一个适应性的策略:通过从经验中学习,我们能够适应化学战或其他的危险处境,而经验是所有适应性策略中最快和最灵活的。由于这一策略构成长寿和低生育的补充,因此,我们如此依赖这个策略,以至于我们容易认为我们所有的问题只是在从经验中充分地汲取和学习东西上有困难。我们感到我们学得太慢,但人类学习适应性策略要远远快于其他突变的自然过程:不像基因变化需要在新的一代才能体现。这个策略在活着的个体经验的瞬间框架中运作,因此,用其力量支持那些在直接需要或欲望的背景中类似地被构建起来的目标。但是,在更广阔的自然模式中,当对经验的灵活反应的即时性随着在人类事件(记忆、学习、语言、写作、电脑等)中取得力量而发展起来的时候,这种新的主导性节奏,就会对整个系统的移动与和谐产生一种新的压力。然而,那是不可能的。

有一个系统适应的严重问题。地球系统有生产和吸收的自然频率:与这个时钟相和谐的是干净或被污染的河水和地下水、可呼吸的和有毒的空气,以及给予生命的雨水和酸雨之间的差异。同样地,生命形式也有一种变基因的(varied genetic)、繁殖的和生物的节奏。它与地球系统的时钟相配合,或者因为不相配合而失去了生命。基于经验的适应是一个更快的时间框架,它使得有感觉的生物能够对瞬间的变化无常作出成功的反应,从而抓住一顿饭的机会或避免成为别人的美餐。通过把我们的反应从更慢的自然过程的基础中抽离出来的过程,我们已经把这种最迅速的框架专门化并加以详细阐释,并由此取得了对直接环境的前所未有的控制。我们已经成为地球上采取反应策略最快的生物,生产出的东西超过了地球可以吸收或保持的度。我们正在以比生命形式可以调适的更快的速度改变着整个生态系统和自然环境,并扭曲我们的能力来处理我们更紧张、更重要和更多经验覆盖的生命。其中,最主要的感觉就是,我们从未拥有足够的时间。

一个人可以看到,在不同系统的层面上,成功地使能量变化和流动的时间节奏获得和谐，这是一种结构性的问题。它既非内在的善，亦非内在的恶。但是，这一点并不能阻止它成为有问题的，也不能阻止它在我们认定为善恶的不同层次上产生许多现象。通过增加的记忆和语言的发展，经验被转化为一个积累学习的过程，并为人工技巧打开了一个新的空间：人为加工的文化世界发展到覆盖自然世界。人类活动不再直接被自然系统所塑造，尽管最终它必须与自然系统相协调。如果存在这样的协调，它必须有意识地通过人类知识、训练和修身（也就是人工技巧）来获得，或者通过自然灾难——它最终系统性地修正不适应——来实现。

修 身

修身是一种学习和反思的过程。与积极的生活和冥想的安静中的实践相伴，修身确实是新儒家努力的核心。同样，它也将是儒家传统在今后的几十年中新思想迸发的源泉。现代的主要诱惑是相信技术专家的知识是本质性的，也是适当行为的合理基础。对于正在出现的后现代世界来说，这一点仍将是个诱惑。但是，对于我们期望推进技术统治——它使得全球日益服从于快的时钟以及人类反应经验和欲望的即时框架——从而减缓时钟或者抑制欲望的期望来说，以上对人类问题性质的反省帮助甚微。相反，以典型的新儒家的方式，我们将会回到修身的核心角色。

在这个重新调整了的、以环境为导向的框架中，关注的范围和重点已经与传统儒家对人类社会的关注有所偏离。但是，中心问题的性质仍然要诉诸修身，这一点与永恒不变的儒家洞见并无多大改变。当我们在相互关联的存在网络中作出回应时，不适当欲望的后果仍然是扭曲的基本源泉。对于什么使得某种形式的欲望"不适当"，或者对一种"扭曲"的回应形式的传统分析，通常指向自我中心摧毁给予生命的相互依赖的关系网络（在其中，个体得以构成）的方式。现在，从超越人类社会的局限性来看人类社会与自然界其余部分的适应性问题，短暂节奏的网络作为给予生命或适当性的一个主要标准出现了。但是，以社会关系中的自我中心为例，心理学层次上对中心问题的描述就被归结为合适的训练以及欲望的功能的问题。

欲望并没有错。事实上，它是关于适应和生存的经验中心的策略的基础。经验主要对于指导欲望以及行动有意义，但它也受到欲望的调节。这种通过操作使以经验为中心的生存策略进入人类学习和适应的世界，意味着带来了一个人类欲望扮演史无前例角色的世界。在由技术赋予力量的欲望的现代世界里，修身扩展的任务是协调自然当下的或相对短暂的关系框架，它是欲望的原初领域，具有与自然体系其他部分不同的节奏。欲望是为了依据家庭和社会的更大的考虑和自我认同，而不是为了当前的和个人的自我满足，这一传统任务并没有被取代，而是被扩大了。现在，我们不仅要完成这个任务，而且最终要超越传统自我认同的人类中心主义局限。调节的欲望，为的是与其他生命形式以及地球进程的节奏相协调，在范围上而不是在种类上，这一需要与儒学几千年来将其作为一项中心任务的那种东西并不相同。

对于这项任务来说，新儒家为了修身所设计的手段仍然是最复杂、最有力和最合适的。传统的“穷理”，其目的最终是理解一个人复杂的关系实在以及符合这种实在的行为。做一个儿子、一个父亲、一个丈夫或妻子究竟意味着什么？季节的模式是什么？它如何在我之中获得体现？我今天和明天的行为意味着什么？这些问题仍然是有效的、深刻的。对这些问题获得一种反思性的个人知识，是深刻转化与成长的一个手段。

但是，超越这种传统的关注，一种后现代的“穷理”就不仅会导向人类社会关系的模式，而且会植根于生命与地球的关系这个更大的网络。我们的关系实在与自然进程的时间频率同样要求深层次的反省，也有权力深刻地转化我们的生活，这是一个简单的事实。全球共有多少人？以2%的增长速度需要多少年人口将是现在的两倍？地球上还剩多少没有耕种但还适于耕种的土地？森林开采、水的使用和河流淤积（river siltation）的速度有多快？我们生产了多少化学物质？它们何去何从？如果我们每天都消灭一百种物种（哈佛生物学家爱德华·奥·威尔森[Edward O. Wilson]的估计），我们灭绝地球25%的物种又要多少年？细菌、植物、昆虫和动物（包括人类）是如何在生命网络中互动的？当我们知道它有规范意味并要求严肃思考的时候，为了调查与反思，这只是一个与理相关的小而武断的例子。如果这些问题的答案没有遮蔽和超过我们其他更紧迫的关注以及改变我们的欲望，这只是因为我们不想深刻地反思它们：我们并没有“穷理”。对于那些已经把基于经验/信息的适应性策略阐释为如此强大的一种工具的生物来说，可能没有比对理的深刻的反思的探究来说更基础的东西了。正如早期儒家的观察涉及“孝”的事情，我们需要知道，在我们心中，运用我们的智力以及通过阅读，我们已经肤浅地知道了什么。

新儒家已经知道，在完全沉浸在繁忙生命的事件中需要一些退却。基于孟子观“夜气”之说，新儒家引入了“静坐”。那是一种冥思的实践，为的是培养一种深度的内在安宁。那种安宁也可以扩展到积极的生活当中。“静”不是现代人类生活典型节奏的一部分，但是，没有内心的“静”，就很难获得学习一种转化过程所需要的深度反省。对于吸收新的信息和经验来说，人类的生物学和心理学也有其频率和限制。甚至人“心”这一在人类进化的三十亿年里设计出的最灵活的适应系统，也存在被人工扩展——我们设计出它们以使时间越来越紧密地包裹更多的信息、行为和成就——所淹没的威胁。静坐和类似的训练形式打开了一个空间，它可以储存被现代生活的节奏和需求弄得麻木的反应。

从经验到学习到成熟的技术，在现代技术文化完全人工的速度中，进化的路线达到了顶峰。传统的新儒家对学与行、思与修、动与静的平衡的要求是这些条件下最必要的事情。修身过程的这两个方面总是相互鼓舞，相互增强。“穷理”揭示那样一种必要性：以一种生命支持的方式来调节我们欲望的节奏，以便恰当地与社会、生物圈和地球的各种模式化的过程合拍。“静”既是所需要的调节的方向，也是这些事件所需要的反思性探究的条件。没有对这类修身的关注，就很难看清并回应性地走向通往21世纪的路上。

结　论

这篇文章假设，至少对于知识分子而言，一种真正的活生生的哲学或宗教传统是一种由之思考的所在。思想的可能对象有很多。我自己的感觉是，面对世界、社会以及个人自身的真实问题是最明显和最重要的需要反思的东西。其次，存在一种向内的凝视，通过这种凝视，一种传统使其观念结构得以保持秩序。佛教徒、基督徒或儒家一定作了一些努力，去反省理解佛教、基督教和儒家各自特定的学说和模式。但是，真正要紧的是理解生命与世界，并采取相应的行动。

因此，在这篇文章中，我的首要关注是例证当人们利用新儒家传统时会发生什么。不是将其作为一种研究的对象，而是将其作为思考的出发点。这些年来，我这样做几乎是无意识的，并且，这也在无形中塑造了我的思想。但是，直到我写此文的时候，我才以一种高度自觉和深思熟虑的新儒家模式进行思考。这种尝试意味着试图推动超越整体系统的适应，去看这样一种情况：当把其置于有关宇宙、地球、生命过程的当代知识的严肃互动中时，观念系统本身能否进入生活。

令我有些惊奇的是，看起来，理与气以及对意识和心的相关理解进入当代世界并无困难。对于它们如何在这种转变中存活下来，我个人的测试方法是看它们能否以产生新而重要的洞见的方式来适应新环境：以一种严肃的方式来运用它们，是否导致了新的想法，是否导致看到了新的联系，是否导致了在熟悉的反思领域中发现一种新的清晰的解释？我发现，在很多地方，情况都是如此。在我的脑海中，最突出的是道德意义的来源和在一个完全自然的环境内规范内容的基础、研究身心问题的新方法，以及根据我们在整个进化系统中的位置和特殊性对人类问题有益而实际的描述。

我并没有幻想我使理和气适应于现代世界的方法是最好的或最恰当的。随着这些年来提出、批评和改进了的众多的适应，如果兴起一场热烈的讨论，那么，没有人会比我更高兴了。但是，可能我的计划中最重要的部分是要证明新儒家传统的特殊适应是当代世界我们思考的出发点，这篇文章中的大多数观点并不特别是“新儒家的”。它们来自系统理论、量子物理学、宇宙论、新达尔文主义和生态学。然而，在新儒家的语境中，这些观点呈现出一种新的连贯性、主题结构和意义指向。规范性的面向、人类意识的地位以及对修身的需要和应用，所有这些要素只有在与新儒家思想交相作用的情况下才能发挥作用。尽管世界的视野、人类在其中的位置以及在此呈现的本质问题,并没有伪装成一种新的新儒学,但我希望,任何熟悉该传统的人都能将其视为一种典型的新儒家的思维方式。对于 21 世纪的问题与需要来说,这种新儒家的思维方式是适当的。

中国、韩国、日本的观念资源

存有的连续性：中国人的自然观

杜维明

存有的连续性，是中国本体论的一个基调。中国人的这一信念，在中国哲学、宗教、认识论、美学和伦理学中有着深远的影响。牟复礼(Fredrick. W. Mote)评论道：

> 局外人感到很难探明的基本点是，在古代的和现代的、原始的和文明的各民族中，唯独中国人显然没有创世神话。也就是说，他们认为世界和人不是被创造出来的，而是自发自生的宇宙的主要构成因素。在这个宇宙中，不存在外在于它本身的造物主、上帝、终极原因或意志。①

这一大胆论断，在汉学家中引起争论是可以理解的。牟复礼发现了中国人思维方式的一个鲜明特征。用他的话说，“真正的中国人的宇宙起源论，是一种有机过程论，即整体宇宙的所有组成部分都属于一个有机整体，它们都作为参与者在一个自发的自我生成的生命过程中相互作用”②。

牟复礼着重选择中国宇宙起源论的这一独特性进行考察，尽管显示出他确有卓识，可是他对这种独特性的界说却是可以商榷的。试举一例，中国文化史中表现上缺乏创世神话，是以对实有的一种更为基本的设定为基础的。根据此种设定，形形色色的存有都有机地联系在一起。其实，

① 牟复礼：《中国的思想基础》(New York：Alfred A. Knopf，1971)，第17—18页。
② 同上书，第19页。

中国古代思想家对世界的创造问题怀有浓厚兴趣，其中有些人，特别是道家，甚至推究过造物主和宇宙得以产生的过程。[①] 由此可以认定，中国土生土长的创世神话是有的，尽管最优秀的历史学家所留下的文字记载也未能提供足够的信息来重构这些神话。[②] 真正的问题不在于有没有创世神话，而在于关于宇宙的某种基本假设：宇宙和它的创造者是连续的，还是非连续的。假定我们所知道的宇宙是由"大爆炸"创造的，中国古代思想家们不会对这一假定产生阻力。但他们可能不会接受这样一种观念，即进一步宣称存在着一个人类无法理解的、外在的智慧（神），他意欲让宇宙如此诞生。当然，这种情况不是中国人所独有的。古往今来的许多民族，都对随心所欲、无中生有地创造世界的上帝观念感到不安。在中国神话中所缺少的，并不是创世神话本身，而是这种神话的犹太教—基督教形式。但是，中国人像人类历史上的许多民族一样，把存有的连续性视为自明的真理。[③]

从这个基本信念引出的一个明显结论，就是所谓自发地自我生成的生命（生生不已）之过程所具有的包罗万象的性质。严格地说，并非由于中国人缺乏一个外在于被造的宇宙的上帝观念，他们才不得不把宇宙的起源看做是一种有机过程；毋宁说，正是他们把宇宙看做是连续创造活动的展开，才使他们不能想象"由上帝的手或上帝的意志从无中创造世界的观念，以及其他一切类似的机械论的、目的论的和有神论的宇宙观"[④]。促使中国人将自然看成是"各种非人格化的宇宙功能的包罗万象的和谐"[⑤]的，是他们对存有连续性的信奉，而不是他们缺乏创世神话。

中国人心目中的世界模式，属于荣格所谓的"肯定无疑的心理与生理

---

① 关于这一问题的发人深思的讨论，见季拉都特（N. J. Girardot）：《早期道教中的神话和意义》（Berkeley：University of California Press，1983），第275—310页。

② 有关的富有启发性的方法论论文，见威廉·G. 布尔兹（William G. Boltz）：《共工与洪水：〈尧典〉中倒置的神话即历史论》，载《通报》67号（1981），第141—153页。布尔兹教授重构共工神话的努力，表明了中国土生土长的创世神话有可能存在。

③ 杜维明：《试谈中国哲学中的三个基调》，载《中国哲学史研究》（北京，1981年第2期），第19—21页。

④ 牟复礼：《中国的思想基础》，第20页。

⑤ 同上注。

交融的结构"[①]，它被李约瑟描绘成"由种种意志自行合成的有序和谐"[②]。李约瑟所描绘的中国人的有机宇宙，是由动态的能量场而不是由静止的物质实体所构成。确实，精神与物质的两分法根本不适用于这种心理与生理交融的结构。构成宇宙的最基本材料，既不是单一的精神，也不是单一的物质，而是兼有两者。它是一种生命力。这种生命力不应当被看成是游离于肉体的精神或者是一种纯粹的物质。[③] 陈荣捷在他的很有影响的《中国哲学资料书》中指出，中国哲学并没有在能量和物质之间作出区别。他还进一步指出，杜布斯（H. H. Dubs）把这个中国本土的术语"气"译为 matter-energy（物质—能量），"基本上是正确的，尽管有些笨拙且缺乏形容词的形式"[④]。陈荣捷将气译成 material force（物质力量），但他同时提醒大家，鉴于 11 世纪宋明儒家出现以前，"气"原初"是指与血气相连的一种心理生理交融的力量"，因此，应译成 vital force 或 vital power（生命力）。[⑤]

要使现代西方哲学真正理解"气"是异常困难的。这说明中国形而上学的基本假设，与笛卡儿式的精神和物质的两分法大相径庭。然而，如果把中国人的思维模式归属于一种没有身心区别，或者从而也意味着没有主客区别的前笛卡儿哲学，同样也会误入歧途。其实，分析地说，中国思想家们清楚地把精神与物质区分了开来。在他们看来，精神不可还原为物质，精神有独立的本体论地位，并且不言而喻，精神比物质具有更持久的价值。当然，也有值得注意的例外。但是，这些所谓唯物主义的思想家不仅罕见，而且人数太少，间隔太远，无法形成一个值得注意的传统。近

---

① 见荣格为《易经》所写的前言。《易经》由凯里·F. 瓦列斯（Cary F. Baynes）从理查德·威尔海姆（Richard Wilhelm）的德译本译成英文，"沃林根丛书"第 19 卷（Princeton: Princeton University Press, 1967），第 24 页。

② 李约瑟的完整陈述如下："这是由种种意志自行合成的有序和谐，就像民间造型舞蹈中的舞蹈者自发的但（就造型来说）却是有序的活动，没有一个人受规则约束去做他们所做的动作，也没有跟在后面的人的推动，而是遵从意志的自愿和谐的合作。"见李约瑟等著《中国科学技术史》，卷 2，第 287 页。

③ 事实上，精神与物质的两分法，在中国人的思想中并不构成显著特色。见杜维明：《试谈中国哲学中的三个基调》，载《中国哲学史研究》，第 21—22 页。

④ 陈荣捷：《中国哲学资料书》（New York & Princeton: Princeton University Press, 1963），第 784 页。

⑤ 同上注。

年来，重建中国唯物主义思想家的系谱的尝试，已是煞费苦心，而且在某种情况下牵强附会。① 实际上，将两位伟大的孔门思想家张载和王夫之(1619—1692)描绘成中国唯物主义的典范，是以气是物质的这种错误假设为基础的。他们两人确实都主张一种可称为“气”的哲学，以作为对纯思辨式思想的批判。但是，在他们看来，气并不是单纯的物质，而是一种渗透着无所不在的精神性的生命力。②

尽管中国一直具有那种分析式地区别精神和物质的思想资源，但在中国哲学中却始终存在“气”的概念，并且用这概念来概括宇宙的基本结构和功能。这说明中国哲学家是有意识地坚持那种把精神和物质综合为一个整体的思维方式。清晰分析的欠缺，从丰富的想象的收获得到补偿。气这个概念的富有成果的歧义性，使哲学家有可能探索那些对于受笛卡儿式的二分法影响的人来说不可思议的存有领域。当然，有种种形式的气的学说，根本不可能产生诸如纯粹的对象、未加工的素材或价值中立的事实一类概念，从而也不能据此创造出一个纯粹的、未加工的和价值中立的外在世界，借公正无私的科学家去研究和控制。总之，气似乎不足以给实证主义意义上的经验科学之发展提供哲学背景。但是，它所提供的，是一种隐喻式的认知方式，一种通过比较、隐喻和暗示来探究实有的多层面性质的认识论尝试。

究竟是这种隐喻式的认知方式导致中国人把宇宙看成是有机过程，还是关于存有连续性的本体论见解影响了中国的认识论，这是一个令人极感兴趣的问题。不过，我们这里主要关心的，是理解未经区别分解的气这一概念是怎样成为一种统一的宇宙学理论之基础的。我们想知道，最无灵知的存有例如石头，和精神性的最高表现，例如天，在什么意义上都可以说是由气构成的。在我们的探讨中，中国人感知实有的方式和中国人对实有的理解(它决定了中国人看待世界的方式)，具有同等的重要性，尽管我们无意界定两者之间的任何因果关系。

---

① 在中国大陆，除了此种流行见解，也还有显著的例外，可参见张岱年：《中国哲学发微》(太原：山西人民出版社，1981)，第11—38、第275—306页。

② 关于从医学观点对这一重要问题所作的一般讨论，见曼弗雷德·波科尔特(Manfred Porkert)：《中国医学的理论基础：交感系统》(Cambridge, Mass.: MIT Press, 1974)。

有机过程，作为自发的自我生成的生命过程，显示出三个基本特性：连续性、整体性和动态性。[①] 所有形式的存有，从石头到天，都是一个往往被称为“大化”[②]的连续体不可缺少的组成部分。既然任何东西都不在这个连续体之外，因而存有的链条就永远不会断裂。在宇宙间，任何成对的既定事物之间，我们总会发现一种联系。有些联系，我们可能必须深入探究才能发现，但是它们就在那里，只等我们去发现。这些并不是我们想象力的虚构，而是宇宙和我们生活的世界赖以构建的牢固基础。气，这种精神生理的材料，无所不在，甚至充满“太虚”——在张载哲学中，太虚为万有之源。[③] 气始终存在于一切形式的存有之中，使万物汇流于一体，如同一个单一过程的展开。任何事物，甚至连全能的造物主，都不在这一过程之外。

整体性这一基本特性，是直接从包罗万象的连续性观念中产生出来的。假如世界是一种比大化更高，且处于大化之外的智慧（神）所创造的，那么世界，根据定义，就缺乏整体性的表现。与此相类似，假如世界仅仅是柏拉图理念部分或歪曲的表现，那么它就永远无法达到原初实有的完美状态。相反，如果真正的创造性不是无中生有，而是已经存在的东西的连续转化，那么，现存世界就是包罗万象的宇宙过程的本真表现。事实上，如果“理念”为了使自身完满必须通过有机的过程实现自身，那么，世界无论在何种意义上都是“理念”的具体体现。当然，传统的中国思想家并没有用这些术语去推究哲理，而是用了不同的概念工具传达自己的思想。对于他们说来，用恰当的隐喻来理解宇宙，与其说是物理学的，倒不如说是生物学的。所争论的问题不是永恒的、静止的结构，而是生长和转化的动态过程。说宇宙是一个连续体以及它的一切组成部分都是内在关联的，也就等于说，它是一个在其复杂程度各不相同的层次上，都完全整合化了的有机统一体。

在中国宇宙论思想中，连续性和整体性必须伴有第三个基本特性——动态性，否则，有机统一体就是一个封闭系统。指出这一点是非常

---

① 杜维明：《试谈中国哲学中的三个基调》，第 19—24 页。

② 关于这一点的示范性讨论，可在《易传》中找到。见陈荣捷：《中国哲学资料书》，第264 页。

③ 张载：《正蒙》，见陈荣捷：《中国哲学资料书》，第 501—514 页。

重要的。尽管中国思想家们批判地意识到，在人类文化中存在着最终导致停滞的惰性，但是，他们仍然将天的进程（“天行”）看成是生气勃勃的（“健”），并教导人们按照宇宙的无止境的生命过程来塑造自身。① 他们对自发的自我生成的生命过程的构想，不仅仅在于它具有内在联系性和相互依存性，而且还在于它具有无限的发展潜能。许多历史学家指出，中国传统中类似四季更替模式的循环变化观念，与近代西方的进步观念是不相容的。当然，中国传统的历史观念缺乏单线发展的思想，如马克思用来描述历史必然性形式的生产方式概念。不过，把中国史学说成是对一些定期重复的相关事件的记述，那就不对了。②

中国的历史编纂不是一种循环世界观的反映。中国人的世界观既不是循环式的，也不是螺旋式的，而是转化式的。然而，它在特定时期的转化，所沿着前进的具体曲线，不是已被决定的，因为它在形成自己的形式和方向的过程中，融入了许多人为的和非人为的因素。

有机的生命过程（牟复礼认为它是真正的中国宇宙起源论）是一个开放的系统。由于时间没有可指定的开端，因此决不能期待时间有终点。宇宙永远在扩展，大化不断在流行。由此看来，单线发展的思想是片面的，因为它无法说明全部可能性。其实，前进式发展只是宇宙转化中好几个主要形态之一。由此类推，无论是循环式还是螺旋式，都不能充分描绘宇宙转化的种种形态。既然它是开放的而不是封闭的，是动态的而不是静态的，因此，任何几何学的设计都不可能正确反映宇宙的复杂形态。

前面我曾遵照牟复礼的说法，把中国人的自然观描述成一种“非人格化的宇宙功能的包罗万象的和谐”，并评论说，这个独特的自然观是由中国人对存有连续性的信奉促成的。在论述了中国宇宙论的三个基本特性——整体性、动态性和连续性——之后，我就可以通过讨论它的某些含义来详细说明牟复礼的描述。包罗万象的和谐观念，涉及两个相互关联

① 出自《周易》，见《周易引得》。“哈佛—燕京引得系列”第 10 号（台北：中文资料及研究辅助服务中心，1966 年重印发行）。

② “改朝换代”这一概念也许给人一种印象，即中国历史没有发展。见埃德温·O. 赖肖尔（Edwin O. Reischauer）和约翰·K. 费正清（John K. Fairbank）：《东亚：伟大的传统》（Boston：Houghton Mifflin Co.，1960），第 114—118 页。

的意义。它意味着自然是一种自我生成的生命过程，没有什么东西能排除在这一过程之外。道家的“自然”（“自我本然”）[①]概念——它在现代汉语中用来对译英语的 nature——敏锐地抓住了这个精神。说“自然”(self-so)无所不包，就意味着要采取一视同仁的态度，就是要容许一切形式的存有按其本来面目展现自身。不过，只有到竞争、控制和侵略得到彻底改变的时候，这种局面才能出现。因此，包罗万象的和谐也意味着，内部共鸣构成了宇宙中事物秩序的基础。就像海洋的波涛之下是平静的一样，自然中虽然存在着冲突和紧张，但它的深层结构总是平稳的。以自然作为其具体表现的大化，是和谐而不是不谐，是聚合而不是离散的结果。

这种自然观可能暗示一种宣扬和平和博爱的自由放任的浪漫主义主张，而与查理·达尔文按现实主义观点所描绘的自然法则观点相对立。不过，中国思想家们并不认为包罗万象的和谐是一种天真的童话，也不认为它是在遥远将来实现的理想主义的乌托邦。他们敏锐地意识到，我们生活的世界根本不是《礼运》[②]所推荐的“大同”，世界充满了包括天灾人祸的破坏力量。他们也清楚地知道，历史充满了自相残杀的战争、压迫、不公正和其他众多形式的残暴行为。他们之所以断言和谐是有机过程的本质特征，不是出于天真的浪漫主义，而是因为他们深信它是对宇宙的真实状态及其实际运行的正确描述。

把“气”译为“生命力”的优点之一——请注意此词与血和气息的原始联系——在于它强调了生命过程。对于中国思想家来说，自然是正在展现的生命力，它是连续的、整体的和动态的。但是，中国思想家在试图理解自然生命性的血、气时发现，自然的持久模型是统一而不是分裂，是整合而不是离析，是综合而不是分解。永恒的自然之流的特征正在于，它是由众多的生命力之流和合与会聚而成的。正是在这个意义上，才把有机过程视为是和谐的。

张载在他的一篇著名的形而上学论文《正蒙》中，把宇宙定义为

---

① 《庄子》，第 7 章。见“哈佛—燕京引得”有关庄子的附录。

② 狄百瑞、陈荣捷和巴顿·沃森编：《中国传统资料书》(New York: Columbia University Press, 1960)，第 191—192 页。

“太和”：

> 太和所谓道，中涵浮沉、升降、动静、相感之性，是生絪缊、相荡、胜负、屈伸之始，其来也几微其易，其究也广大坚固，起知于易者乾乎！效法于简者坤乎！散殊而可象为气，清通而不可象为神。不如野马、絪缊，不足谓之“太和”。①

在他看来，自然是气采取有形的形式进行交融和混合的结果。山川、金石、草木、禽虫以至于人，都是种种形式的气（能量—物质），象征着道的创造性转化是永存的。但是，李约瑟把中国人的宇宙观看成是由种种意志自行组合而成的没有赋予者的有序和谐的观点，却是不太妥当的。意志，不管怎样加以广义的界定，在这里都不起主要作用。认为天地无心而成化的观点清楚地表明，有机过程的和谐状态，不是通过把分歧的意志加以有序化取得的。② 和谐通过自发性而获得，这就是牟复礼所谓的“非人格化的宇宙功能”。那么，这是在什么意义上说的呢？要回答这个问题，我们还得回到张载那篇形而上学的文章：

> 游气纷扰，（阴阳）合成质者，生人物之万殊；其阴阳两端循环不已者，立天地之大义。③

气——正是气，使万物得以产生，它的内在逻辑导致了对非人格化宇宙功能的自然主义描述。王夫之以巨大的说服力发挥了张载关于气的形而上学见解。他遵循张载的思路写道：

> 凡山川、动植、灵蠢、花果以至于万物之资者，皆“气”运而成也。气充满宇宙，为万物化育之本，故通行不滞；通行不滞，故诚信不爽。

---

① 陈荣捷：《中国哲学资料书》，第500—501页。

② 同上书，第262—266页。这一概念构成了变易哲学的基础。

③ 同上书，第14节，第505页。在该译本中，气被译成“物质力量”。括号中的“阴阳”二字是本文作者加的。

从晨至夕，从春至夏，从古至今，它无时不作，无时不生。犹如新芽长成繁茂之树，鱼卵演变为吞舟之鲸……①

尽管气的推动力的观念足以说明，在大化流行背后确实没有任何拟人的上帝、动物或物体，但是，这段话的深层意旨，并不是在说明宇宙功能的非人格性。尽管人有种种意愿和欲望，宇宙运行的自然自发性总是非人格的，但却不是非人性的。它对一切形式的存有都一视同仁，而不仅以人类为中心。因此，我们人类并不感到非人格化的宇宙功能是冷漠、外在和遥远的，虽然我们也知道它对于我们个人的思想和种种突发念头大体说来是漠然无视的。事实上，我们是这种功能的一个组成部分，我们本身就是气的推动力的产物。张载的《西铭》开篇几行文字，不仅是他的信条，而且是他关于人的本体论观点：

乾称父，坤称母；予兹藐焉，乃混然中处。故天地之塞，吾其体；天地之帅，吾其性。民，吾同胞；物，吾与也。②

张载作为单独的个人，用以把自己与整个宇宙联系在一起的那种亲密感，反映了他对伦理生态的深刻意识。人类是从宇宙过程中诞生的恭敬儿女。这种人文主义的见解，显然具有儒家的特征。它一方面同道家"无为"概念，另一方面同佛教的"超脱"概念，形成鲜明的对照。然而，作为与宇宙融为一体的人的概念，已经广泛地为中国普通百姓和文化精英所接受。因此，可以把它恰当地看成是中国人的一般世界观。

同宇宙融为一体，意思是说，既然一切形式的存有都是由气构成的，那么，人的生命就是构成宇宙过程的血气的连续之流的一部分，因而，人类就是与石头、草木和动物有机相连的。在中国文学，特别是通俗小说中，分立的物种之间的互动和互变起着非常突出的作用，其思想基础就在这里。《西游记》中的猴子由顽石变化而成；《红楼梦》的主人公贾宝玉，据

① 陈荣捷：《中国哲学资料书》，第698—699页。
② 同上书，第497页。

说是由一块宝玉变成的;《白蛇传》的女主角,则未能十分成功地将自己(白蛇)变成一位美女。[①] 这些都是妇孺皆知的故事。几个世纪以来,它们不仅作为幻想,而且作为伟大的人间戏剧,引起中国老老少少的强烈同情。想象一块顽石或一块宝玉能有足够的潜在精神性使自身变成人,这对于中国人来说毫不困难。"白蛇"的悲情部分在于她不能战胜一位无情的和尚念起的符咒,以致她不能保持人形并与她的情人结合。这段浪漫史的迷人之处在于,她设法通过几百年的自我修炼而获得将自身变成女人的力量。

据此推论,任何事物都不是完全固定不变的。它不必永远是它现在所采取的形体。在中国画家石涛(1641—1717)看来,山脉如江河一样流动,看待山脉的适当方式,就是把它们看做凝结的江海波涛。同样,石头也不是静态的物体,而是一种动态的过程,它具有自己独特的气的结构。我认为,借助这种自然观,我们实际上就可以谈论石头的不同程度的精神性。这大概并不是牵强附会。变成猴的顽石,肯定比普通的顽石更具有精神性;变成人的宝玉,或许又比变成猴的顽石更具有精神性,并从而被人们誉为"山川精英"[②]。以此类推,我们也可以谈论整个存有链条的不同程度的精神性。石头、草木、动物、人类和神灵,代表着以气的不同组合形成的精神性的不同水平。然而,尽管有这种区分原则,但一切形式的存有本来就是有机联系的,它们都是宇宙不断转化过程的不可或缺的组成部分。正是在这种形而上学的意义上,我们可以说:"物,吾与也。"

人之为人的独特性,是不能用造物主的预先设计来说明的。像其他一切存有物一样,人是阴阳两种基本的生命力和合的结果。周敦颐说,"二气交感,化生万物,万物生生而变化无穷焉"[③]。因此,严格说来,人类不是造物的统治者。如果他们想成为宇宙的守护者,就必须通过自我修养来赢得这种荣誉。他们没有任何先天赋予的理由去妄想其他。但是,

---

① 关于这个故事的两则很好的讨论,见傅惜华的《白蛇传集》(上海:上海发行公司,1955)和潘江东的《白蛇故事研究》(台北:学生书局,1981)。

② 邓淑苹:《山川精英:玉的艺术》,收入《中国文化新论》(台北:联经,1983),第 253—304 页。

③ 陈荣捷:《中国哲学资料书》,第 463 页。

人(在汉语中“人”是中性的)是独特的。周敦颐提出了如下解释:

唯人也得其秀(五性)而最灵。形既生矣,神发知矣,五性(仁、义、礼、智、信)感动而善恶分,万事出矣。①

在这里,我们不必涉及五性或五行学说。既然周敦颐清楚地指出,“阳变阴合而生水、火、木、金、土”,既然“五行一阴阳也”②,因此,它们都可以看做是气的具体形态。

人类获得了气的精华,这不仅表现在智力上,而且也表现在感受性方面。人是宇宙中最富感受性的存有这一思想,在中国人的思想中起着突出作用。在程颢的《语录》中,有一段关于人的感受性的生动描绘:

医书言手足痿痹为不仁,此言最善名状。仁者以天地万物为一体,莫非己也。认得为己,何所不至?若不有诸己,自不与己相干,如手足不仁,气已不贯,皆不属己。③

这种与宇宙融为一体的思想,是基于这样一种假定,即既然一切形式的存有都由气构成,因此,宇宙万物与我们同源,从而都是我们的同伴。这一见解使得明朝富有原创性的思想家王艮(1483—1540)指出,如果我们通过转化而生(“化生”),那么天地就是我们的父母;如果我们通过生育而生(“形生”),那么我们的父母就是天地。④ 这里出现的人的形象,绝不是造物之主,而是宇宙的孝敬的儿女。孝敬行为意味着一种深厚的感情,一种对我们周围世界无微不至的关怀。

与万物为一体这句话,从字面解读所得的含义,还必须借助于对同一文本进行隐喻性解释的方式加以扩充。的确,“体”清晰地表达着作为万物基础的生命力之血气的“气”的意义。但是,人之为人的独特性,并不只

① 陈荣捷:《中国哲学资料书》,第 463 页。
② 同上注。
③ 同上书,第 11 章,第 530 页。
④ 王艮:《与南部诸友》,见《王心斋先生全集》(1507 年本,藏于哈佛—燕京图书馆),4.16b。

是在于我们与石头、草木、动物一样，是由同一种精神生理材料构成的。正是我们对自己是人有自觉的意识，才驱使我们去探索，并有能力去探索我们的性(即人性)的超越的立足点何在。无疑，存有的连续性的观点，使我们无须设置一个完全外在于有机宇宙过程的创造者。但是，人性与作为万物之源的天是什么关系呢？我们应如何理解《中庸》第一章关于我们的本性受之于天("天命之谓性")的本体论设定呢？[①]"天命"到底是一次性起作用，还是一种持续不断的呈现呢？对于这些问题，王夫之总的反应是耐人寻味的：

> 夫性者生理也，日生则日成也。则夫天命者，岂但初生之顷命之哉！……夫天之生物，其化不息。[②]

因此，在隐喻的意义上说，与万物为一体，要求人不断地努力成长并修炼自身。我们之所以能在自己的感受性中"体"整个宇宙，是因为我们已经最充分地扩展并深化了我们的感受和关怀。不过，不论是在象征符号的层次上还是经验的层次上，绝无迹象表明宇宙会自动地被"体"在我们身上。除非我们努力使天命在我们的本性中充分实现，否则，我们就会辜负"万物皆备于我"的期望。[③]在这一点上，王夫之拒绝遵循纯粹自然主义的思路，这在下面的论述中十分明显："君子之养性，行所无事……斯以择善必精，执中必固。"[④]顺乎自然地行动("行所无事")而又不让事物自流，用宋明儒家的话来说，就是要循"天理"而不为"私欲"[⑤]所虏。私欲是自我中心的表现形式，它削弱人参与天地化育的真正能力。程颢在评《易》时指出：

> 万物之生意最可观，"此元者善之长也"，斯所谓仁也。人与天地

① 陈荣捷：《中国哲学资料书》，第98页。

② 同上书，第699页。

③ 《孟子》，卷七(上)第4章。

④ 陈荣捷：《中国哲学资料书》，第699—700页。

⑤ 例如，在朱熹关于道德修养的讨论中，天理是与人欲鲜明对照的。见陈荣捷：《中国哲学资料书》，第605—606页。

一物也，而人特自小之，何耶？[1]

人与天地构成三位一体，就等于与万物为一体，它禁止我们把主—客体二分法应用于自然。把自然视为自在的外在客体，就制造了一种人为的障碍，阻碍着我们的真正视野，且损害了人类从内部体验自然的能力。生命力的内在共鸣如此有力，致使由人体中最精致细微的气所构成的心，与自然万物不断产生一种交感的和合。这种"感应"功能赋予自然以"太和"的特色，并使心也具有此特色。[2] 心就像通过转喻一样扩展自身，而与自然形成统一体。它对自然的审美欣赏，既不是主体对客体的占用，也不是主体强加于客体，而是通过转化和参与，把自我融入扩展着的实有。这一创造过程，用雅各布森(Roman Jakobson)的话说，是一种"相互贴近"的过程，因为我们与自然之间永远不会产生断裂。[3]

庄子建议我们不应"听之以耳"，而应"听之以心"，更进一步应"听之以气"。[4] 如果"听之以心"包含不受感觉知觉影响的意识，那么，"听之以气"又意味着什么呢？它是否意味着我们是各种生命力内部共鸣的如此息息相关的一部分，因而，我们能听到自然的声音。或用庄子的话说，能听到一种作为我们内部声音的"天籁"[5]吗？或者，它是否意味着无所不包的气，能使人和自然在总体上相互易位？结果，人所体验到的美感不再是个体的私我感受，而是如同传统的中国艺术家所说的，"内在情感与外界情景融为一体"[6]。看来，不论在哪一种情况下，我们都不能将我们自

① 例如，在朱熹关于道德修养的讨论中，天理是与人欲鲜明对照的。见陈荣捷：《中国哲学资料书》，第 539 页。

② 在这方面给人启发的文章，见 R. G. H. Siu：《气：新道家的生命之路》(Cambridge, Mass.: MIT Press, 1974)。

③ 诺曼·雅各布森：《语言的二体及失语障碍的两种类型》，收于诺曼·雅各布森和莫里斯·哈勒(Morris Halle)：《语言的基本规则》('S-Gravenhage: Mouton, 1956)，第 55—82 页。感激高友工教授提供了这份资料。

④ 《庄子》，第 4 章。准确的引文可见《庄子引得》(北京：哈佛—燕京大学，1947)，第 27 篇，第 4 章，第 9 节。

⑤ 《庄子》，第 2 章；《庄子引得》，第 8 篇，第 2 章，第 3 节。

⑥ 关于这一点的系统讨论，见高友工和孙康宜：《六朝时期中国的"自由批评"》，全美学术社团关于中国艺术理论的讨论会(1979 年 6 月)论文。收入苏珊·布什(Susan Bush)和克里斯琴·默尔克(Christian Murck)主编：《中国文艺理论》(Princeton, N. J.: Princeton University Press, 1984)。

己同自然拆开，并且用一种超然不相干的方式研究它。我们所做的，不仅要悬置我们的感知，而且要悬置我们的整套概念，以便我们能在自己的感受中体现自然，并使自然亲密地拥抱我们。

不过，我应当提请注意的是，对于自然和人的这种互通性和亲切性的审美体验，往往是坚持不懈地进行自我修养的结果。尽管我们有优越的智力，但我们对“太和”并不拥有特权。作为一种社会的和文化的存有，我们永远不能把自己撇在一边，而从所谓旁观者的中立立场研究自然。返回自然的过程不仅包含着记忆，而且也包括“绝学”（unlearning，即消解所学，回到原初未学时的状态）和遗忘。我们能参与自然界生命力内部共鸣的前提，是我们自己的内在转化。除非我们能首先使自己的情感、思想和谐起来，否则，我们就不能与自然取得和谐，更不用说“独与天地精神往来”[①]了。我们确与自然同源，但作为人，我们必须使自己与这样一种关系相称。

---

① 《孟子》，7A. 13。

感应与责任：周敦颐与环境伦理的儒家资源

艾周思
（Joseph Adler）

导　言

环境伦理学的问题可以宽泛地归结为以下两类：一是人性与人的命运问题，二是道德责任问题。在第一类之下，主要是这样一些问题，例如，人类在自然秩序中处于什么位置？人性与动物、植物、无生命物质的本性之间是什么关系？人性（或者人的命运）是在塑造、发展、完善非人类的自然界中实现的吗？或者，它实现于对自然的适应和服从？在人类中心主义与生态中心主义（或生物中心主义）这些不同的视角之间，我们是否应该打破其中的平衡？如果是这样，我们又怎么能够打破它呢？

道德责任包括这样一些问题：在多大程度上（如果有的话），人类在道德上对地球的命运承担责任？对被污染的猫头鹰负责？对蜗牛的飞奔负责？作为一种保护人类健康和生活的方法，对自然环境的关注仅仅是审慎的吗？这意味着，生态关注只是我们对人类的利益而非环境本身的责任。另一方面，如果我们接受一些对自然界的责任的标准，那么，我们怎样平衡它和对人类的、社会的世界的责任呢？

在这篇论文中，我将论证，宋明新儒家的"道德感应"（"应"）①概念与

① "应"在字面上更多地被翻译为"感应"或"作出的反应"。但是，既然这个字的儒家用法显然意味着"道德感应"，那么，我将在适当的地方使用这一术语。

对自然界的道德责任概念起着功能上等同的作用。并且,这一概念特别适宜于作为环境伦理学的基础,尽管在传统儒家的理论发展中,对环境的关怀从来没有得到显著的说明。而且,通过集中讨论周敦颐①的思想,我们可以看到道德感应的概念是如何与“诚”的概念相关联的,“诚”是圣人境界(sagehood)的道德形上学基础。因此,这一概念的复杂性以一种整合的、系统的方式揭示了环境伦理学中的一系列问题。它也建立了调节人类中心主义与生态中心主义之间的张力的基础。

感应与责任

在西方神学和哲学中,道德责任的概念已经被一般地表述为正义和自由意志②的问题。暗含“责任”意味的“感应”是适当的或者仅仅是对自觉行为的奖励或惩罚。有责任的行动就是以这样一种方式行动,即不要奖励或赞同(不论一个实际的奖励或感应在既定的情况下可能发生与否)。这里根本的隐喻是判断,不论是法律的、救赎论的(soteriological)或者道德的。也就是说,要么是以一个自主城邦(国王或法官)给予奖励或惩罚为代表的判断,要么是人格神决定一个人命运的判断,或者只是一个道德观察者对一种成问题的行为表示赞同与否的判断。

尽管在中国哲学中,判断的隐喻有时会诉诸半人格化的天,但是,一般来说,道德责任概念的功能对等物则出现在分散的不同语境中。③ 在古典儒学中,这一联系最适当的术语是“恕”。“恕”是在一种个体之间社会

---

① 周敦颐(或周濂溪)生活在儒家学说的复兴时期,该时期的儒学在西方称为新儒学(Neo-Confucianism)。他曾经做过程颢和程颐的老师。对于新儒学的复兴,二程发挥了至关重要的作用。尽管周敦颐一生在思想界没有起到主导作用,但是,他死后却被朱熹这位儒家正统的建筑师称为传统复兴的奠基人和公元前 4 世纪孟子以来的第一个真正的儒家圣人。周敦颐的两本主要著作是《太极图说》和《通书》(解释《易经》的书)。这里“太极”(t'ai-chi)的翻译是“太极”(supreme polarity)。

② Arnold S. Kaufman:《责任:道德的与法律的》(“Responsibility, Moral and Legal”, in *The Encyclopedia of Philosophy*, ed. Paul Edwards, New York: Macmillan and The Free Press, 1967)。

③ 在中国的民间宗教中,这种描绘是完全不同的。在那里,判断是十殿阎罗王的一个重要职能。最近死去的人都要向他们汇报。参见太史文(Stephen F. Teiser):《中世纪中国佛教中的十王和解释灵魂净化的经文》(*The Scripture on the Ten Kings and the Making of Purgatory in Medieval Chinese Buddhism*, Honolulu: University of Hawaii Press, 1994)。

或宗族关系的背景下得以界定的，而个体则是作为家庭的一员或者以家庭为模型的更宽泛的社会组织中的一员。这里，根本的隐喻是亲属关系，而不是判断。[①] 一个具体体现"恕"的行为是这样一种行为，即对于可质疑的特定的社会关系和既经建立的礼仪规范而言是"正"的行为。

因此，在这一语境中，"道德责任"的功能对等物是两重的。第一，它是行为与社会行为规范模式之间的"符合"。[②] 第二，就相关主体个人关系上的获得来说，它是在与既定社会环境发生"感应"过程中行为的恰当性(appropriateness of the act)。

因此，作为道德责任的功能对等物，"恕"预设了一种有意识的道德主体之间的关系。尽管这些主体要么是人的，要么是神的(祖先和神与活着的人之间也有相互的"恕"的关系)。在古典儒学中，"恕"并不直接应用于人和非人的自然界之间的关系。

从宋代新儒家复兴开始，通过把恕的概念拓展到自然界这一方式，"应"(感应)这个术语进入了儒家伦理学的词典之中。北宋诸如周敦颐和程颢这样的新儒家学者使用这一术语，所指的是圣人境界一个至关重要的方面。圣人是"诚"人，在积极的意义上，其思想、意向、欲望和行为自然而然地与他植根于其中的"天理"/"道理"发生感应。[③] 因此，圣人不仅与其他道德主体发生感应，而且也与天地万物发生感应。《中庸》里称为"赞天地之化育"[④]的东西，被程朱新儒家"理"的形上学和一种认识论加以重新阐释。在程朱新儒家的认识论中，心被认为是一种自然的器官(物质)，它和非人的事物一样遵循"理"。

在这一模式下，"道德感应"并不是被理解为仅仅由国王或法官对一

---

① 值得指出的是"恕"这个术语的语源所提示的相似性。

② 一个人可以通过与一般的范式或者"理"的法则的适合来进一步增加这点，行为也必须与"理"得以建立的自然法则相配合(据《礼记》，第17章，参看冯友兰：《中国哲学史》，德克·卜德译，卷1，第343—344页)。但是，在新儒家言论中，这种与自然法则的一致是非常明晰的。这一点将在下面讨论。

③ 在自然秩序和道德秩序的意义上，我把"理"译成"秩序"，因为在新儒学的程朱学派中，"理"的概念正好是这两个概念的总和或总汇或重叠。"天理"或"道理"这个普通术语大体与秩序的这两个方面相应：前一个更多地意味着自然秩序，后一个更多地意味着道德秩序。尽管在大多数情况下，我发现"法则"作为"理"的翻译太模糊，然而在某些情况下，它是恰当的——例如，当一个特殊的法则被意谓，诸如阴阳两极法则。

④ 《中庸》，第22章，出自陈荣捷：《中国哲学资料书》，第108页。

个自由行为主体的正当的奖赏或惩罚。毋宁说，它是主体自己对其环境的恰当反应。至于什么是“恰当”或“正确”，并不取决于一种抽象的或由神颁布的正义标准，而是取决于界定主体与客体各种关系的实际条件，取决于道德主体与其环境之间的相互关系和彼此依赖。因而，在新儒家的术语中，是道德感应而非道德责任，为环境伦理学的讨论提供了一个框架。

无论“恕”还是道德感应，都包含一种有关各种具体关系的网络。这种网络是一种语境，其中，各种行为可以得到道德的评价。当然，在儒家的话语中，亲属关系是所有人类关系中的根本模式和基础模式。将亲属关系延伸到非人类的自然界，这一点在张载的《西铭》中被认为是十分雄辩有力的。《西铭》的开头是这样一段话：

> 乾称父，坤称母，予兹藐焉，乃混然中处。故天地之塞，吾其体；天地之帅，吾其性。民，吾同胞；物，吾与也。①

用语源学的方法来比较和对照“生态学”(ecology)与亲属关系的观念，是富有启发意义的。Ecology这个词是由海卡尔(Ernst Haeckel)1866年用希腊词根oikos(房子)和logia(辩论)创造的。② 因此，“生态学”意味着有关家务(household)的科学。③ 与之密切相关的词语economy(经济)来自于oikos和nemein(to manage，管理)。一个oikonomos就是一个管理家务的人，也就是说，是一个管家。④ 管家(stewardship)这一观念通常为犹太教或基督教的神学家所使用，为的是给一种基于《圣经》的环境伦理学提供基础。必须指出，在管家的模式中，房子的“主人”是上帝，人类仅

---

① 陈荣捷：《中国哲学资料书》，第497页。

② Donald Worster：《自然的经济学：生态学的根源》(*Nature's Economy: The Roots of Ecology*, Garden City, N. Y.: Anchor Books, 1979)，第192页。引自David Kinsley：《生态和宗教：跨文化视角下的生态精神性》(*Ecology and Religion: Ecological Spirituality in Cross-Cultural Perspective*, Englewood Cliffs, N. J.: Prentice-Hall, 1995)，第xv页。

③ Gary Snyder有关诗和散文的书叫*Earth House Hold*(New York: New Directions, 1969)，他用这样的题目，原因即在此。《牛津英语词典》将“生态学”定义为“动植物经济科学、生物学的分支，处理活着的有机体与它们的环境的关系、它们的习惯和生活模式，等等”。

④ 《牛津英语词典》。

仅是管理员(caretakers)。

鉴于"生态学"与家务概念的联系,对于一种环境伦理学来说,张载用家庭作为人与自然界之间真正关系的模范,这种用法就是一个再合适不过的出发点。事实上,较之犹太教和基督教"管家"概念所包含的东西,它提示了一种更深层次的关系的可能性,因为管家是被任命管理家务的人,而不是家庭的成员。

然而,家庭关系的模式也提出这样的问题:什么才是人类和自然物共享的本性?家庭的成员共享共同的基因型和表象型的遗传特征,那么,人类与石头又能共享什么呢?

在一个层面上,正是"气"(重要的能量或身心要素)成为人类与自然界具有亲属关系的哲学基础,正如张载的《西铭》和程颢的"仁者浑然与物一体"①中所体现的。我们不妨称之为共同性的有机的层面。② 如同杜维明所说:

> 与天地万物为一体在字面上可以意味着:既然存在的一切形式都由气构成,人的生命是血气不断流动的一部分,正是血气的不断流动,构成了宇宙的过程。因此,人类与石头、树木和动物就是彼此有机相关的。③

在新儒家思想中,和这一有机层面平行的还有根据"理"所描绘的那种形上学的连续性(the metaphysical continuity)。④ "理"这一概念在北宋时期二程学派那里得以凸显,后来又为朱熹所阐发。并且,通过朱熹的影响,

---

① 《河南程氏遗书》,2A,第15页,出自陈荣捷:《中国哲学资料书》,第523页。

② 我用"有机的"意味着"作为对于保持所有存在活着和使之发挥作用的技能被安排和服从的作用"(W. K. C. Guthrie:《希腊哲学史》1:207),把"器物的"作为"有机的"意义,比较《易经》的著名篇章"形而上者谓之道,形而下者谓之器"。《系辞》,A. 12. 4;出自朱熹《周易本义》,3:16a。

③ 杜维明:《存有的连续性:中国人的自然观》,最初发表于《亚洲思想传统中的自然:环境哲学论文集》,第74页。必须要注意到,程颢的话中存在着明显的另一层面,因为"一体"就意味着"一个实体",指的是形而上的基础,或者"理"(人的仁通过他的道德行为完全表现出来)。没有注意到这一层面,解释唯有人的仁或者仁人与自然界是连续的就是困难的。

④ 至少从20世纪以来,理和气的精确关系已经是多种争论的主题,但是在这里,为方便起见,我们回避了这一问题。

这一学派(即程朱学派)成为了儒家中的主导性学派。[1]

连接新儒家话语形上学和有机层面的是"诚"这一概念。在古典儒家文献《中庸》[2]和周敦颐的《通书》[3]中,"诚"是一个十分突出的术语。在朱熹的阐释中,"诚"意味着"实现秩序"("事礼")[4],也就是说,在一个具体的事物或行为中,形上学的秩序得到示例。因此,在话语的形上和有机层面之间,它起着调停的作用。在《通书》中,它与"应"(感应)和"通"(通透、流通、广博)紧密相关。这些概念的物力论既反映了"气"这个术语所包含的有机过程,也反映了"理"所包含的发展的(也是永恒的)秩序。通过追求这种共通性的功能的、动态的意义或者说"亲属关系",在新儒家的话语中,我们能够说明,感应的概念不仅是作为道德责任的对等物而发挥作用,而且是作为人性形上学基础的真实表达来发生作用。因此,至少就部分而言,在新儒家的思想中,道德感应同时构成人与自然界恰当和健康关系的目标与基础。

早期中国思想中的感应(应)

像和谐、统一和秩序这些观念一样,自从有文字记录开始以来,就其广义的理解而言,"恕"和"应"的概念已经成为中国思想的特征。例如,甲骨文上的铭文显示,商王与其祖先的关系显然可以理解为"恕"或相互依赖的同一种类型。这种类型仍然是中国民间宗教中生者与死者(也是神)之间关系的特征。与此相类,早期儒家天命的概念也可以被视为天与统治家族道德品质之间的感应。相反,"应天"这个术语所用来表示的是对天命的关注。[5] 无论是"恕"(在有意识的主体之间关系的情况下)还是"应"(作为自然界和社会领域中发挥作用的一个更为一般的概念),都可

---

① 20世纪之后,"道学"这一术语开始被主要用来指示这一学派——尽管在北宋时期它已经包含着更广泛的思考着的多样性。参看田浩:《儒学话语和朱熹地位的提升》(*Confucian Discourse and Chu His's Ascendancy*, Honolulu: University of Hawaii Press, 1992)。

② 参看陈荣捷:《中国哲学资料书》,第95—114页。杜维明:《中庸:论儒家的宗教性》。

③ 陈荣捷:《中国哲学资料书》,第465—480页。

④ 参看朱熹:《〈通书〉注释》第2—4章,见张伯行:《周濂溪全集》和《正谊堂全书》,5:9a—11a,17b,这之后引自《周濂溪集》。

⑤ 传统格言"天人合一"表述了这一包含在一个更基础的统一之下的有力联系。

以被理解为中国传统思想中整体的和有机的趋势的必然推论。根据中国传统思想，所有特定的个体都是根据他们与更大的整体之间的功能关系来界定的。①

“应”这个术语的哲学使用，或许可以追溯到战国晚期的阴阳学派，该学派的主要代表是邹衍（公元前3世纪前后），因为这一术语作为一个重要的观念，正是出现在受到阴阳思想影响的文献之中。例如，它出现在《吕氏春秋》和董仲舒的《春秋繁露》之中。在《春秋繁露》第57章，我们可以读到“类之相应而起也”的句子。② 这里，“类”主要指的是阴阳五行的种类。几乎与其同时期的《淮南子》（公元前139年）这部黄老道家的中心文献，也是以相似的方式言说的，所谓“夫物类之相应，玄妙深微”③。

依白光华之见，“感应”的概念是《淮南子》的中心概念。在《淮南子》中，它被用来解释古典道家“无为”的概念，并且，它是“真人”或完美统治者的标志。④ 这个真人或圣人，就是“通于太和，而持自然之应者”⑤。因此，他“若镜，不将不迎，应而不藏”⑥。通过“专精厉意，委务积神”⑦，人就能变成圣人。并且，“圣人在位，怀道而不言，泽及万民。君臣乖心，则背谲见于天，神气相应征矣⑧……阴阳同气相动也”⑨。在圣人的统治下，“天子在上位，持以道德，辅以仁义”⑩。

---

① 参看李约瑟：《中国的科学与文明》（*Science and Civilization in China*, Cambridge: Cambridge University Press, 1956），卷2，第281页。“整体的”意味着：1.整体大于局部之和；2.整体反映每一局部。

② 董仲舒：《春秋繁露》，第75页，引自陈荣捷：《中国哲学资料书》，第283页。

③ 《淮南子》，6:3a。白光华：《〈淮南子〉在早汉思想中的哲学综合》（香港：香港大学出版社，1985），第116页。《淮南子》是主要的黄老道家文献，同上，第6—7、37页。以及罗浩：《早期道家思想中的心理状态和自我修养》（“Psychology and Self-Cultivation in Early Taoistic Thought”, *Harvard Journal of Asiatic Studies* 51, no. 2, 1991），第599—650页。

④ 白光华译：《淮南子》，8—9。真人是庄子用于完全实现的人的术语。感应的相同概念在罗维勒（Robert Weller）和包弼德（Peter Bol）的《从天地到自然》（“From Heaven-and-Earth to Nature”）中讨论过。该文收入本书。

⑤ 《淮南子》，6:6a，白光华译，第133页。

⑥ 《淮南子》，6:6b，白光华译，第135页。也是回应《庄子》（第7章）。

⑦ 同上书，6:1b，白光华译，第104页。

⑧ 同上书，6:4a，白光华译，第118页。

⑨ 同上书，6:4b，白光华译，第121页。

⑩ 同上书，6:15a，白光华译，第180—181页。

尽管显然是道家的(儒家"仁"、"义"的概念被包含在道家之中了①),这一宇宙论、自我修养和伦理学的融合却以重要的方式预示了新儒家思想的某些特征,特别是周敦颐思想的某些特征。他强烈地受到了道家思想的影响(当然,周敦颐是把道家概念包含在他的儒家框架之中)。白光华对道家圣人与万物发生感应的能力的说明,也值得征引如下,因为它带有环境伦理学的课题:

> 依《淮南子》之见,作为本身与自然处在连续性中的存在,人心具有"认知"、"生成"和"再造"宇宙过程的能力,不是通过得到神圣保证的启示、反省或沉思,而是基于存在的情感和参与的层次。在这一意义上,真知不是镜像——既不是"外在的什么"的表象,也不是理智中心或者外围的视界——而是事物自身直接与当下的影响,是一种先于其任何反省意识的密切相关的感应(correspondence)和契合(union)。正是这种有关密切的本体论的关系而非因果类型,在空间、时间、物种和个体的离散世界中,实现着宇宙的根源性的统一。②

在黄老道家和新儒学中,人心"与自然的连续性"的有机基础是内在的"气"。新儒学则为其增加了形而上的"理"的共通性。儒家圣人在其思想和实践中实现或例证了自然/道德秩序的完满。因此,在周敦颐的思想中,我们可以发现圣人和自然界同类的"密切相关的感应",就像我们在《淮南子》中看到的那样,只不过周敦颐是用儒家术语将其阐释出来而已(带有实质性的道家韵味)。

---

① 参看白光华译《淮南子》,第186页。注意这些段落指的是被理解为宇宙微观世界的人的身体的三种基本物质:气、精和神。参看利维亚·科恩:《捍卫一:道家的集中沉思》("Guarding the One: Concentrative Meditation in Taoism", in *Taoist Meditation and Longevity Techniques*, ed. Livia Kohn, Ann Arbor, Mich.: Center for Chinese Studies, 1989),第130页。也可参看施舟人(Kristofer Schipper):《道家的身体》(*The Taoist Body*, Berkeley: University of California Press, 1993)。

② 白光华译:《淮南子》,第207—208页。

周敦颐和圣人的概念框架[①]

在《通书》中,"感应"一词只出现了一次。在《太极图说》(对太极图的解释)中,则完全没有出现。但是,在《通书》中,它处在一种概念框架的地位,这种概念框架使我们能讲出比我们在其出现的语境中所能读到的更多的东西。这一段是《通书》第四章(完整的):

圣第四[②]

(a) 寂然不动[③]者,诚也;感而遂通[④]者,神也;动而未形、有无之间者,几也。

(b) 诚精故明,神应故妙,几微故幽。

(c) 诚、神、几,曰圣人。[⑤]

这里,我们有了圣人的定义,来自于周敦颐最重要的三个资源。"诚"的概念在《中庸》中被最显著地讨论。"动静"、"神"、"通"和"几"的概念都来自《易传》的《系辞》这一重要的理论部分。[⑥] 并且,如我们以上所见,在道家《淮南子》中,"应"的概念是与"神"、"精"和"微"相关的。[⑦] 大体来

---

① 这里,我将仅仅检视周敦颐圣人观念中那些直接与我们的论题有关的方面。并且,由于我的基本关注不在于将周敦颐自己的想法与后来的诠释和运用区分开来,所以我将自由地使用朱熹的诠释,将其作为周敦颐可能会发展出的想法。不同之处在于,朱熹的诠释显然更具有历史的影响。正是朱熹的注释,成为科举考试的"正统"基础。无论如何,朱熹的诠释更易于被我们理解,因为他不但做了注释,并且还与弟子们广泛地讨论了周敦颐的各种文本。周敦颐的文本最多是警句式的,并且在某些地方可能是混乱的(断断续续的)。

② 这一章的题目是朱熹加的。分节只是朱熹为了注解之便。这里,它们被用来方便参考后面的表 1。

③ 《周易·系辞》,A. 10. 4(《周易本义》,3:12b)。

④ 同上注。

⑤ 《周濂溪集》,5:17b—18a。

⑥ 在别处,我已经讨论过感应、精神和几与朱熹对预言与修身的理解的相关性。参看肯德·史密斯(Kidder Smith)、包弼德、艾周思和怀亚特(Don J. Wyatt):《宋朝〈易经〉的使用》(*Sung Dynasty Uses of the* I Ching, Princeton: Princeton University Press, 1990),第 190—199 页。

⑦ 然而,必须注意到,在"精"的标准的道家意义上周敦颐明显地没有使用这一术语,它是重要的气的浓缩形式,比如精子。参看《通书》30,在某种程度上,他的"精"的使用与这个明显不同。

说，在这一章中有八个关键术语：

1. 诚
2. 神
3. 几
4. 动静①
5. 通
6. 应
7. 精
8. 微

通过检视《通书》中包含这些术语的其他章节（主要是第1、2、3、9、16、20章），我们能够建构起一个概念框架，其中，“应”的意义可以得到阐明。

“诚”是《通书》前四章的中心论题。这一术语的主要文献资源是《中庸》。在《中庸》第22章中，包含了古典儒家有关人与自然界的一种道德关系的论述：

> 唯天下至诚，为能尽其性；能尽其性，则能尽人之性；能尽人之性，则能尽物之性；能尽物之性，则可以赞天地之化育；可以赞天地之化育，则可以与天地参矣。②

用杜维明的话来说，“诚”是“人性至真之显现”和“人类天赋之性的真实和实在”。③ 这里暗指《中庸》开头的两句话，所谓“天命之谓性，率性之谓道”④，这也就是说，人性就是善。性与天的联系，杜维明称之为儒家道

---

① 尽管“静”没有在这章的书面上出现过，“寂然不动”明显与它同义。并且，在第16章中，静与动成对。

② 陈荣捷：《中国哲学资料书》，第107—108页，在此他用authentic（本真的）替换了sincere（真诚的）。

③ 杜维明：《中庸：论儒家的宗教性》，第77页。

④ 陈荣捷：《中国哲学资料书》，第98页。

德的"先验立足点"[①],这种关系提示了"人与自然的有机统一的强烈信念"[②]。当然,在《中庸》第22章的最后两行(上面已引用)中,这一点也表现得十分明显。在这几行文字中,我们有了杜维明所说的与天的一种"盟约"(covenant,其中,道德责任的概念并不是完全不合适)[③],也有了对天的"敬"的态度。"敬"是"孝"在社会领域中的对应物。在这种语境中,"敬"和"孝"是两个"生态学的原则","这两个原则是在人的意义上设计的,但却是在天的意义上启发的,为的是给宇宙带来和平与和谐"[④]。要注意的是,"敬"和"孝"是"恕"的两个形式。它们是双重关联的关系。在这种关系中,彼此之间相互的义务是可以理解的。但是,在《中庸》第22章中,暗含的双重关联(自我与他人、自我与物)是归于"诚"这个概念之下的。这不是简单地使自身成为一个双重的、个体的模式。事实上,"诚"是"恕"的个体概念和道德感应的自然概念之间的连接。

在他对《通书》的注释中,朱熹把"诚"定义为"至实"[⑤]或者"实理"[⑥]。在这个意义上,"诚"是"性"在道德活动("用")之中的实现或者是事物的本体。只有人才会不"诚"——石头就是石头,但是,并非每一个人都是"仁"的。[⑦] 正如杜维明用"诚"来指人时所说:"作为存在的状态,诚意味着人性的终极存在,它是一种生成的过程实现,是实在在具体、平常的人伦日用中实现那种存在的必要方式。"[⑧]当一个人真正存在或积极地体现其本性时,诚就在人性中得以体现。那时,一个人就是在道德上实现了的主体。[⑨]

《通书》第一章主要关注的是"诚"的形上基础或者说实质,它是依据"乾道"即创造性和变化来构架的(《易经》第一卦)。

---

① 杜维明:《中庸:论儒家的宗教性》,第69页。

② 同上书,第78页。

③ 同上书,第98—99页。

④ 同上书,第107页。

⑤ 《周濂溪集》,5:2b。

⑥ 同上书,5:9b,5:11b,等。

⑦ 在儒学的孟子传统中,人性或仁到宋代已经成为规范性的人性特征,人性是人之理,因此,与自然或道德秩序(天理/道理)是连续的。

⑧ 杜维明:《中庸:论儒家的宗教性》,第80页。

⑨ 给定的诚的解释,我认为,authenticity显然是比sincerity更好的一个翻译(常用译法),因为authenticity意味着一个人的道德主体性、代理性或者说作为原创者的现实和真实。

诚者，圣人之本。“大哉乾元，万物资始。”①诚之源也。“乾道变化，各正性命。”②诚斯立焉。

这里，“诚”的本质或根源就是支持“生生”③之宇宙进程不停变化的秩序和原则（“理”）。从作为“实理”的“诚”来看，这就强调了终极宇宙秩序（“天理”）的观念。“天理”本身尽管是非时间性的，但它却是变化、相互感应和创造性的模式。

第2、3、4、9章包含了感应概念基体的核心。我们将这几章抄录于下（为读者方便起见，再次征引了第4章）。紧接着这段文献的，是这些章节的关键术语的列表，为的是起到一种有用的诠释性工具的作用。第16和第20章将包含在列表下面的讨论中。

诚下第二④

(a) 圣，诚而已矣。

(b) 诚，五常之本，百行之源也。

(c) 静无而动有⑤，至正而明达也。

(d—h) 五常百行，非诚，非也，邪暗，塞也。故诚则无事矣。至易而行难。故曰：“一日克己复礼，天下归仁焉。”⑥

诚几德第三

(a) 诚，无为；

(b) 几，善恶。

(c—f) 德：爱曰仁，宜曰义，理曰礼，通曰智，守曰信。性焉、安焉之谓圣。复焉、执焉之谓贤。发微不可见，充周不可穷之谓神。

---

① 《周易卦一诠释》(《周易本义》，1:3a)。
② 同上注。
③ 参看《系辞》，A. 5. 6(《周易本义》，3:6a)。
④ 这是第一章的附加部分。
⑤ 这里我把“无”和“有”用来指“无的特征”和“有的特征”，亦即“可察”和“不可察”。
⑥ 《论语》，12:1，指的是统治者。

圣第四

(a) 寂然不动者,诚也;感而遂通者,神也;动而未形、有无之间者,几也。

(b) 诚精故明,神应故妙,几微故幽。

(c) 诚、神、几,曰圣人。

思第九

(a) 洪范曰:"思曰睿,睿作圣。"[①]无思,本也;思通,用也。几动于彼,诚动于此。无思而无不通[②],为圣人。

(b—e) 不思,则不能通微;不睿,则不能无不通。是则无不通,生于通微,通微,生于思。故思者,圣功之本,而吉凶之几也。易曰:"君子见几而作,不俟终日。"[③]又曰:"知几其神乎!"[④]

在《通书》中,周敦颐所指的"诚"主要是根据《易经》而非"理"的宇宙论术语。但是,通过将朱熹对"诚"的注释应用于该文本(正如后来的传统经常所做的),我们可以将周敦颐常常是玄奥的想法真实地表达出来。

作为与自然—道德秩序一致的"动","诚"本身是不动的(第3、4章)。然而,没有"动",则不可察(第2章)。当像"神"那样"感而遂通"时,它则可察(第4章)。所谓"感而遂通",就是说,当"几"在"无思"的情况下"动"时,也就是"诚"的"动"(第3、9章),如此则"动"就与自然—道德秩序感应无间(第2章,虽然在儒家文本中发现"无思"的思想是令人吃惊的,但这并不是说"思"是误导,而是说,圣人的感应自然而然地是正确的[⑤])。这

---

① 《尚书·洪范》,参见理雅各(James Legge)翻译的《中国经典》(*The Chinese Classics*, 2nd ed., 1893; reprint, Hong Kong: Hong Kong University Press, 1960)卷三,第327页。

② 毫无疑问,这是关于老子的双关语,所谓"无为而无不为"。参见《老子》第37章。

③ 《系辞》,B.5.11(《周易本义》,3:22b)。

④ 同上注。

⑤ 术语"无思"和"无为",我们在第3章和第9章里涉及的,都是出自《易传·系辞》:"易,无思也,无为也,寂然不动,感而遂通天下之故。"(《系辞》,A.10.4;《周易本义》,3:12b)同时,也应该注意到,尽管朱熹把周敦颐作为自孟子以来第一个真正的圣人,周敦颐的儒家资格并非完全没有受到指责。在与朱熹的一封信中,陆象山(1139—1193)就曾经强烈指责周敦颐的思想过于道家化而不能包含儒家传统。事实上,周敦颐的《太极图说》就被收录在道家的经典之中。

里,“通”是指这样一种“动”,由于与“理”一致,这种“动”与整个自然—道德秩序彼此共鸣、相互感应并渗透于整个自然—道德秩序之中,超越了经验上当下和可观察的处境。因此,它就像“神”一样,不受经验的因果条件的限制。

把《通书》的关键术语拿出来并放在《太极图说》中所见的一些主要范畴下,其含义就会更为明了。在表1中,左边的内容与上面所给的《通书》的章节相对应。

表 1

	阴/静	太极	阳/动
4(c)	圣人:诚	几	神
(a)	寂然不动	感而	遂通
(b)	性	微	应
2(c)	静无		动有
	至正		明达
(b)	本		五常和百行
3(a)	诚无为		
(b)		几:善恶	
(c)			德:仁义礼智信
9(a)	无思		思通
	本(体)		用
		几动	诚动

这个列表外面的两列与周敦颐在《太极图说》中探讨的阴阳两极(以“动”、“静”为表现)最综合的水平相对应。《太极图说》展示了受到道家影响的宇宙生成论的图式。在新儒家的综合中,这一图式成为一个标准的要素:

无极而太极!太极动而生阳,动极而静,静而生阴。静极复动。

一动一静,互为其根;分阴分阳,两仪立焉。①

这里,动静之间的关系主要是一个时间性的东西:这两者是宇宙进程的不同状态。但是,在《通书·动静第十六》中,周敦颐暗示了两仪的相互渗透:

(a—d) 动而无静,静而无动,物也。动而无动,静而无静,神也。动而无动,静而无静,非不动不静也。物则不通②,神妙万物。

(e—h) 水阴根阳,火阳根阴。五行阴阳,阴阳太极。四时运行,万物终始。混兮辟兮!其无穷兮!

这里,周敦颐讲的是动和静的形上学基础。在这一层次上,动和静是相互渗透而非彼此排斥的范畴。在朱熹的体系中,对于通过"心"在其日常活动中来切近终极实在来说,这种支撑性的统一构成了基础。③

在程朱学派的术语中,图表中外面这两列与"心"或"性"、"情"或"理"和"气"的"体"和"用"相对应。④ 注意,"诚"在两列中都出现了:在4(c)和

① 《太极图说》的完整翻译,参看陈荣捷:《中国哲学资料书》,第463—464页,以及艾周思的《周敦颐:形上学与圣人实践》("Zhou Dunyi: The Metaphysics and Practice of Sagehood", in *Sources of Chinese Tradition*, ed. Wm. Theodore de Bary and Irene Bloom, 2nd ed., New York: Columbia University Press, 即出)。

"太极"通常翻译为 Supreme Ultimate。在我看来,对于周敦颐和朱熹而言,这一术语所表达的意思并不清楚。将"太极"翻译为 Supreme Ultimate,最明确的支持来自于朱熹。根据朱熹的看法,最基本的秩序原则即"理",是阴阳两极。正是这种模式或者说"理"的互动而非阴阳自身,才是太极。《易经》中有谓"易有太极",在注释这句话时,朱熹说:"易有阴阳之变,太极即理。"(《周易本义》,3:14b)。并且,朱熹还说"一阴一阳之谓道"(《通书》,1,引自《系辞》,A. 5.1),即"太极"(《周濂溪集》,5:5b)。

换句话说,"太极"是最根本的、包含所有的自然或道德秩序("理")的模式的名称。并且,这一模式是阴阳两极的规则。因此,用 supreme polarity 翻译"太极",用 non-polar 翻译"无极"。

② 也就是说,它们为其物质形式所限。

③ 参看艾周思:《占卜和哲学:朱熹对〈易经〉的理解》("Divination and Philosophy: Chu Hsi's Understanding of the I-Ching", Ph. D. diss.; University of California at Santa Barbara, 1984, chap. 4)。

④ 尽管这与程朱学派不完全一致,它明显地建立了一个逻辑先驱。主要的差异在于:在朱熹的体系中,只有"太极"或"理"被归为形而上的"体","阴阳"则是宇宙论的"用"。并且,周敦颐"太极动"的说法对朱熹来说是一个问题。因为朱熹将"太极"界定为"理",而作为秩序本身,"理"是不受时间影响的。朱熹的解决办法是:"太极"不动,但是包含了"动之理"。当然,如果这的确是周敦颐的意思,那么,周敦颐应当能够相当简单地表述出来,而不是说"太极动……"。

2(c)中，以及9(a)和(通过暗示)2(c)中。这反映了这样一种观念："诚"是形而上的"体"在"用"中完全实现的条件。

中间这列对应于"几"的变化或感应的关键时刻，这是指已经受到刺激但感应尚未显现的时刻。我已经在别处讨论过变化的形态[①]，所以，在此我仅略作交代。引用朱熹对周敦颐《通书》第三章"几"的注释，或许就足够了。朱熹说：

> 几者，动之微，善恶之所由分也。盖动于人心之微，则天理固当发见，而人欲亦已萌乎其间矣。[②]

又说：

> 几是动之微，是欲动未动之间，便有善恶，便须就这处理会。若至于发著之甚，则亦不济事矣，更怎生理会……盖几微之大际大是要切。[③]

因此，根据朱熹的说法，心的"几"之状态是关键点。在这一点上，要么是恶的人欲，要么是人性和自然秩序的本善，都能够在世界中得以实现。因此，它在道德修养的任务中具有重要性。

对朱熹同样重要的是道德感应，在列表中作为道德行为的一个方面列在右列下。在对《通书》第四章的注释中，朱熹说：

> 本然而未发者，实理之体，善应而不测者，实理之用。动静体用之闲，介然有顷之际，实理发见之端，而众事吉凶之兆也。[④]

"善应而不测者"指的是圣人的"神"性，如上面我们所看到的，周敦颐将这

---

① 史密斯、包弼德、艾周思和怀亚特：《宋代〈易经〉的使用》，第190—192页。
② 《周濂溪集》，5：10b。
③ 《同濂溪集》，5：12b。
④ 同上书，5：17b。

种"神"性定义为"通"和"应"。

这里,我们所看到的是一个关于至静、至善的"心"的图画(根据第三行,善恶首先由"几"引发)。当受到刺激的时候,圣人之心直接而无思虑营谋地对外部的事物有所感应,渗透于外部事物并把握外部事物感。在9(a)行中,我们有一个相似的描绘:"无思而无不通,为圣人。"

因此,圣人是这样一种人,他毫不费力地、自然地、恰当地与外在事物发生感应。这种自然地对事物产生道德感应的意义,在程朱的道学传统中是被广泛肯定的。例如,在程颢的《定性书》(写给他的叔父张载的)中,他说:

> 夫天地之常,以其心普万物而无心;圣人之常,以其情顺万物而无情。故君子之学,莫若廓然而大公,物来而顺应。①

朱熹也经常指出道德感应的意义。在他的《孟子集注》中,他说:

> 心者,人之神明,所以具众理而应万事者也。②

在其《观心说》中,朱熹也说:

> 圣人之学,本心以穷理,而顺理以应物。③

圣人对事物的感应,不仅是凭着清晰的了解,更是凭着道德的行为。这一点,我们可以参看《通书》2(b)和3(a—c)。其中,周敦颐将"静"的"心体"的感应描述为"五常"和"百行",指的是"德行"④。在第11章,周敦颐指出,德行之充分适用于人类,正如其充分适用于非人类世界一样:

---

① 《明道文集》,见《程氏遗书》,1:460。引自陈荣捷:《中国哲学资料书》,第525—526页。

② 朱熹:《四书集注》,7:1a。

③ 《朱文公文集》,67:19b。引自陈荣捷:《中国哲学资料书》,第604页。

④ 此处与朱熹的体系略有差异:对于朱来说,"德"是道德活动之"理"。并且,这完全属于这一图表的左列。但是对于周敦颐来说,"德"明显指的是道德活动。

天以阳生万物，以阴成万物。生，仁也；成，义也。故圣人在上，以仁育万物，以义正万民。

这里，再一次向我们提到了《中庸》第22章：“可以赞天地之化育，则可以与天地参矣。”对人类世界的感应不仅仅是被动地适应自然流动的问题，也不仅仅是一种为了社会秩序的利益而对自然秩序的认识理解。通过“以仁育万物”，儒家圣人积极地“转化”其周围的世界。这不限于社会的世界，并且，它也不意味着操控自然界使之适应人类的目的。正如程颢所说：“圣人之常，以其情顺万物而无情。”通过顺应万物，或者“物来而顺应”，圣人不把其意志强加于自然。按照邵雍（1011—1077）的说法，圣人是这样的：

圣人之所以能一万物之情者，谓其圣人之能反观也。所以谓之反观者，不以我观物也。不以我观物者，以物观物之谓也。①

……圣人有益于万物而忘记自我。②

因此，正是圣人与物及其对物（包括但不限于人）积极的、丰富的和给予生命的感应的认同，构成了圣人对世界的转化性的影响。在周敦颐的术语中，这就是所说的一个真正的人。

作为“诚”的感应

我们已经看到，周敦颐是根据以下几个方面来界定圣人境界的：（1）诚；（2）感知“几”变的能力；（3）对事物的自然而然、“无思无为”的“通”和“应”的“神”的精神能力。此外，加上朱熹将“诚”作为“实理”（actualized order）的诠释，我们发现，道德感应是圣人的一个定义性特征

① 邵雍：《皇极经世书》，6：26b中《观物内篇》12。引自陈荣捷：《中国哲学资料书》，第488页。

② 邵雍：《心学》，同上，8B：27b。引自陈荣捷：《中国哲学资料书》，第494页，稍微改动。

(几个之一,也就是说,必要但不充分的条件),因为感应和相互贯通是自然界的内在特征。圣人感应因为他或她完全体现着“阴阳”、“动静”、“感通”或者说“感应”的“天理”。就如朱熹以下这段描述圣人之感应的话:

> 无事,则其心寂然;有事,则神知之用随感而应。[①]

在《通书》第20章中,周敦颐明确地把圣人境界和动静联系起来(和第4章一样)。这一章的标题就是“圣学”:

> “圣可学乎?”曰:“可。”曰:“有要乎?”曰:“有。”“请闻焉。”曰:“一[②]为要。一者无欲也,无欲则静虚、动直,静虚则明,明则通;动直则公,公则溥。[③] 明通公溥,庶矣乎!”

因此,我们可以断定,新儒家的圣人,象征着人类道德和践行的完满,与环境的条件和变化相合,甚至在他们的“几”之状态中,也没有私我谨小慎微的考虑。圣人自然而然、直接地与环境发生感应,也就是说,作为其内在本性的直接表达,伴随着“感通”、“神明”和包含着“化育万物”的“诚动”。因此,儒家的精神性就不仅仅是有时所理解的那种内部状态。它包含着与外部事物的联系、敏感和贯通。[④] 事实上,在新儒家的话语中,“神”是“气”本身的特点:它指的是自然过程潜在的连续性和贯通,不论经验感知与否。[⑤] 对于圣人的心来说,这些精神性的相互贯通是基于并由与终极实在的表述的真正接触而成为可能。

---

① 《周易本义》,3:13b。

② 这意味着把心集中到基本原则上,对任务的严肃性保持“敬”的态度。

③ 比较上引程颢的《定性书》。

④ 注意朱熹关于自我修养的科目中“格物”、“即物”这两个术语的重要性。参见朱熹的《大学集注》,特别是他对第5章的注释,《四书集注》(《四部备要》),《大学》,4b—5a。

⑤ 根据朱熹(引用张载)的看法,“气有阴阳,推行有渐为化,合一不测为神”(《周易本义》,3:21a)。更为详尽的讨论,可以参见史密斯、包弼德、艾周思和怀亚特的《宋代〈易经〉的使用》,第190—194页。也可以参阅艾周思的《精神体验的多样性:新儒家中的“神”》“Varieties of Spiritual Experience: Shen in Neo-Confucianism Discourse”,见杜维明、塔克尔主编:《儒家精神性》(*Confucian Spirituality*, New York: Crossroad Press, 2003)。

更进一步，至少在新儒家的理论中，自我中心主义和人类中心主义的利益区分是错误的。从这一视角来看，在它们之间要求一种选择的处境还未被充分理解，因而有必要进行更深层次的挖掘，去发现在人与自然利益一致层面上的秩序/法则。当然，在实践中，这具有极大的挑战性，它要求主体面对有关儒学世界赖以建立的信仰的基础性主张：事物的潜在秩序即“理”或“道”，既包括自然秩序，也包括道德秩序。

根据这种思考方式，通过化育、创造性地与环境相感应，真实的自我得以显现自身。通过在实践中实现自然/道德秩序——包括创造、生生的法则，真实的人类完全显现他/她的内在本性和道德潜力。通过参与天、地和仁的实现，一个人得以完成自身。因此，在新儒家的术语中，化育、对自然环境的道德感应是真诚或真实的人生的一种必要的表达。

朱熹的环境关联性哲学

桑子敏雄

(Toshio Kuwako)

导 论

当程颢问他的老师周敦颐:"为什么你不把你窗子前面的草除去呢?"周敦颐回答说:"草的生意与自家意思一般。"对此,深有感触的程颢说道:"观天地生物气象。"[1]这一插曲向我们表明了宋代哲学家们思考的主要问题:草不是人类种出来的,而是天地运行化生的;天地万物的生意与人的生意是同一的,我们必须要认识到人与自然之间的这种同一性或连续性。换句话说,人身上的"仁"反映了自然的生命力:"万物之生意最可观,此元者善之长也,斯所谓仁也。"[2]

周敦颐对自然所持的这种态度表明,草的生命系统与人的生命系统之间具有根本的相似性,这种相似性促使宋代的哲学家们去观察人是如何与其相处的环境宇宙发生关联的。朱熹力图把思考这一问题的哲学家们的思想整合成一个相容的系统,他设想宇宙充满了为天地和谐运动所维系的生物。这种整合不仅导致了对环境宇宙展现的结构的解释,而且

---

① 朱熹、吕祖谦撰:《近思录》,卷一第二十二条(陈荣捷译:*Reflections on Things at Hand: The Neo-Confucianism Anthology*, New York: Columbia University Press, 1967),第 21 页。对这条引语的注释如下:"在创生的过程中,万物生发。此过程大化流行,此原则有条有理,贯穿万物。而当一个人看到这一切时,他善良的本心自然蓬勃生长。"*Reflections on Things at Hand: The Neo-Confucianism Anthology*,第 21 页。

② 这条引语来自《朱子语类》中程颐的话,95:19a。参见陈荣捷译:*Reflections on Things at Hand: The Neo-Confucianism Anthology*,第 21 页。

导致了我们对一个困难问题的探究，即我们在何处定位最基本的价值，并且根据这一价值评价人的行为。

诚然，朱熹与其他哲学家力图澄清人与自然的关系时，他们所处的特定环境与我们今天的环境危机全然不同。但是，我们也必须试图理解我们今天的情形，并在这种危机之下处理价值的问题。我们今天所需要的是一种价值与行动的理论，在这种理论中，朝向自然的行动与朝向人类的行动都能够恰如其分地趋近。本文的旨趣即在于提出朱熹哲学是如何对这一理论作出贡献的。

周敦颐的《太极图说》

在解决基于环境问题而产生的伦理问题时，我们有时会把东西方关于自然的看法进行比较。在东方传统中，自然被看成是一个自足的进程，而不是一种至高地位上的实体的创造。因此，我们常常过于关注“自然”这一词语本身，而误把自然仅仅想象成一些抽象的进程。为了避免这一点，我们最好明白“天地”、“天地四时”这些惯用语是如何使用的，因为这些表达方式暗示了环境时空的特征。为了对此时空有一个形象的了解，我将首先考察周敦颐最重要的著作，即《太极图》和《太极图说》。这些文本对哲学家的影响意义深远，并引发了新一波的哲学思考。我们可以把这些文本看做是试图理解人与自然之间关系新传统的第一步。

这些著作既包括了中国传统的对自然的看法，也包含了周敦颐个人的原创性见解。对自然的传统看法之一，是所谓阴阳五行的理论。这种理论认为，整个宇宙由一种叫“气”的物质构成。在这里，把“气”看成生机或者活力而非物质或许是重要的。但是，这容易使人把新儒家哲学误解成一种朴素或原始的有灵论。本文的基本目的之一，就是消除这种误解。

这里，我所支持的这种解释更多强调物质的方面而非生机的一面。“气”的活动是宇宙中生机的根源，然而，在《太极图说》中，至少不存在把“气”本身看成是这样一种生机的假设。根据热平衡的偏差量，“气”一般被视为“阴”或“阳”，尽管在某种意义上它无疑内含生机。正是“气”生机勃勃的条件决定了“气”是否被描绘成“阴”或“阳”，但是，这种条件必须被视为是相对的。热平衡的偏差量造成气态物质的流动与循环，从而导致它们之间的自然的交换。《太极图说》力图把气的两种特性（阴和阳）追溯到其本原，也就是“太极”和“无极”。总之，这些是宇宙中种种进程的根据和基础。在这里，明白一切物理进程都被视为以热分布为基础，这一点是重要的。并且，理解了这一点之后，运动的描述——运动与静止——才得以出现。平衡的缺失造成了所谓“相变”（phase transitions）的运动，“相变”是对“气”的一种物理或化学的解释。因此，说这种哲学是一种朴素的有灵论是不恰当的，至少按照《太极图说》的解释来说，这是不恰当的。①

气的运动造成交互作用和相变，木、火、水、金、土因而得以产生。五行交互作用、流行、液化和固化。因此，在哲学上，这种“气”哲学的最有意义的方面，就是它洞见到了自然的根本进程包含了所谓相变的物理进程，并洞见到了所有这一切的最根本方面就是气体的相变。在这里，我发现了新儒学与西方思考方式的一个根本的不同，西方哲学传统主要以事物的固相为基础，而不是以事物的气相或液相为基础。正是事物的固相赋予了个性化和人物分殊的形上学基础，这也依次成为建构任何有关人和权利的现代伦理理论的先决条件。②

在五行理论中，五行依次出现：木生火，火生土，土生金，金生水。五行相生关系可以与五行相克关系相对照：木克土，土克水，水克火，火克金。五行的这两种交互作用也构成了一个象征性的系统，在这个系统中，

---

① 我强调“气”的物质性有两个理由：一方面是张载所说的物质性的“气”的概念，是对《太极图说》的最重要的发展（见张载：《正蒙》，台北：中华书局，1976）；另一方面，我虽然并不否认“气”有生机论的特征，但是这一方面被过于夸大以至于“气”自身成为生命与价值的本源。这样来理解“气”，会使“理”这一概念显得多余。参考朱熹在回答其学生“气与理的优先性”的问题中对此所作的详细表述。见《朱子语类》（北京：中华书局，1986），第1册，第3页。

② 见洛克：《政府论两篇》（*Two Treatises of Government*, ed. Peter Laslett, Cambridge: Cambridge University Press, 1960），第285—289页。洛克声称：上帝既将世界给予人类共有，亦给予他们以理性，让他们为了生活和便利的最大好处而加以利用。为证明这种利用的正当性，洛克说，每个人对他的人身享有一种所有权，他的身体所进行的劳动和他的双手所进行的工作，是正当地属于他的。当然，这种所有权是个体化的，独立于其他事物。洛克很有意思地说：“虽然泉源的流水是人人有份的，但是，谁能怀疑，盛在大水壶里的水是属于汲水的人呢？”他暗示，就所有权来说，水必须是盛在大水壶里的个体化的。所有权的概念包含了个体的人与个体化的事物之间的关系。也请参见黑格尔对财产权与个体化的讨论。黑格尔：《法哲学原理》（G. E. F. Hegel, *Grundlinien der Philosophie des Rechts*, Frankfurt am Main: Suhrkamp Verlag, 1970），第115—157页。

环境宇宙的结构、人性，以及二者的相互关系得到了解释和说明。时空观在五行理论中也得到了清晰的说明。因此，尽管各种意义系统由五行构成，但是，它们在本源意义上不过是气的阴阳两种特征，明白《太极图说》中告诉我们的这一点，是重要的。

介绍了五行理论之后，周敦颐试图通过雄性原理“乾”和雌性原理“坤”之间的交感作用来说明万物的产生。乾坤之间这种永不停息的交感作用谓之“生生”，即生产与再生产。通过这种思想，周敦颐既想用物理术语描述宇宙，也想用这些术语表示人在演化中所处地位的特性。周敦颐以“气”的物质原理为根据说明宇宙万象时，他试图领会把产生生命的无限过程的概念，即“乾坤之道”，与物理的和客观的解释联系在一起的关键点。对这种生命产生过程的考虑，使他能够打开人性与人的行动演化的大门。

当我们考虑到周敦颐对身体形成之后心灵的官能开始发挥作用的解释时，我们就能理解他的非二元性的心灵概念。这种概念是由五行根本的物质属性来加以规定的。当起源于五行的这五种性质的自然物受到外力作用时，各种各样的情感与行为得以发生。周敦颐说，一切人事都是发生在人与其所处的环境之间的交互作用中，并且心灵的理想状态就是保持平静，而不用管外界的刺激。这种关于精神活动的说法，据说是通过中、正、仁、义的原则形成的（这里，我没有把“仁”翻译成“仁爱”[humanity]或“慈悲”[humaneness]，而是“仁心”[benevolence]，这可能使那些知道“仁”这一词语的本意指“做人”的人们感到不舒服①）。

在本文中，我的主要观点之一就是，新儒学对中国哲学史最重要的贡献，就在于他们对“仁”的解释作出的这种转变，即把“仁”由 humanity 或 humaneness 的解释转变为既与人又与环境宇宙相关的最根本性的结构解释。所以，如果我们继续采用 humanity 或 humaneness 这种翻译，就会忽视这种转变——从中国传统的人本主义（humanism）到我称之为“敌人类

---

① 我并不完全满意“仁心”（benevolence）这个译法。如我将要论证的，它必须意味着“环境宇宙之仁”。说“天地仁爱”（humanity in Heaven and Earth）不仅别扭而且自相矛盾，最好说“天地之仁心”（the benevolence of Heaven and Earth）。这就是为什么我采用“仁心”的原因。如想有个更详细的解释，请参见陈荣捷：《中国哲学资料书》，第 788—789 页。也请参见陈荣捷：《儒家仁之概念的演化》（“The Evolution of the Confucian Concept of *Jen*”, in *Neo-Confucianism, Etc.: Essays by Wing-tsit Chan*, ed. Wing-tsit Chan, Hanover, N. H.: Oriental Society, 1969）。

中心主义”(antianthropocentrism)或“反人类中心主义”(counter-anthropocentrism)的转变。此外,西方传统上的人本主义被理解为一种信仰和规范的体系,这些信仰和规范源于人们对人自身因素的考虑,而不是像自然或上帝这样的外在的或超验的实体,就这种西方传统的人本主义而论,我敢说,朱熹的哲学不仅可以看成是一种反人类中心主义,也可以看成是一种反人本主义(antihumanism)。①

我相信,使“仁”的意义能够从道德转变为道德形上学基础的关键,就在于这种生生不息的无限的转变过程。通过“气”的永不停息的运动,各种各样的生物得以产生并保存。天地构成了环境时空,这种环境时空包容了为“生生”进程所维系的一切生命形式。考虑到周敦颐园子里的草和人类都是在这种环境空间中产生并持续下去,我们就会理解为什么他不除去园子里的草:草的生存意志与他自己的生存意志是同一的。

朱熹对《太极图说》的解释

朱熹注解《太极图说》,其目的并不在于阐明这个世界的生机勃勃的进程。据说朱熹从文本中删去了“而”字,以便否定任何旨在阐明“无极而太极”的解释。道教中有“有生于无”的思想,这里,朱熹意在排除任何道教的思想痕迹。无极、太极、阴阳和五行都没有说明宇宙在时间中的发展阶段,相反,它们通过能够为这些观点描绘的不同层次说明了这种实际的进程。这种解释策略可以被称为环境宇宙的“多重描述”。

在这种多重描述中,对于将这种解释性原理实体化,朱熹持一种否定的态度。在柏拉图的形式论中,我们可以看到这种情况,注意到这一点是重要的。朱熹认为,找到这种可以解释“生生”无限进程活动的基础结构肯定是可能的。但是,对于他来说,这些结构并不独立于这些活动。因此,我们能够看到,在朱熹对这种解释原理的寻找与其对原理实体化的拒绝之间,存在着一种紧张的关系。我们理解我们生活于其中的这个世界,

---

① 作为这种人道主义的一个例子,亚里士多德试图理解人类行为的性质,并建构一个根据人类心灵的内在要素来评价其行为的理论,也即欲望和信仰。参见亚里士多德:《尼各马可伦理学》(*Nicomachean Ethics*, books 1, 2, 6, 7, and 10, Oxford: Oxford Classical Texts, 1894)。

在这个世界中，通过对世界赋予基本的结构，我们的生活得以维系。但是，这些结构的原理并不是彼此独立地存在于一些分立的区域。

与西方传统里的宇宙秩序相比较，上述考虑使我们欣赏朱熹对发现于天地之间的这种秩序的理解，如有序的生命循环。举例而言，这种秩序在古典希腊中，则是在恒星与行星的运动中和这些运动所展示的数学规则中得以实现的。这种毕达哥拉斯式和柏拉图式的观念对西方文明有着巨大的影响。这种数学和决定论的物理法则也是现代科学探究的对象。康德试图赋予牛顿力学一个认识论的基础，他要在自由域中维系普遍的道德律，把道德律和繁星闪烁的天空视为最高的价值，这非常富有启示意义。① 这种传统（以康德为代表）和对独立于生物世界的理想化的规则与法则的态度，是有联系的，而生物世界是具有复杂性、多样性和变更性的。与此相比较，新儒学传统则把这种环境中的秩序看成是典型的，也就是说，在相变不停发生的天地之间，引起气象现象和不停产生着生命。

此外，正如我以前曾经说明的那样，在物质实体观念的传统之间，我们发现了另一个很有意义的不同。这是因为，正如我们经常提到的那样，"气"包含着一种生机或生命能量，而西方传统则试图从完全缺乏这种生机的物质理论中理解这种生命现象。异议可能来自亚里士多德，他在探究自然时把自然生命视为最重要的现象并试图用生物原理来说明这些现象。不过，这种主要建立在天体运动基础之上的探究路径，在古代和在现代一样，总是受到批评。现代物理科学方法把非生命类的原则视为其起点，这一点我们应该加以注意。

不过，如果我们过于强调"气"的生命力，我们可能会忽略至关重要的一点，即《太极图说》的谋略来自于物质实体的气态阶段，因此，我们有可能将新儒学的学说神秘化。如果我们不把"气"假定为生机，而是认识到生机形成于阴阳交感的进程中，我们就能够理解周敦颐哲学的哲学意义。

---

① 康德：《道德形而上学基础》(*Grundlegung zur Metaphysik der Sitten*, in *Schriften zur Ethik und Religionsphilosophie*, *Kant Werke*, vol. 4, Wiesbaden: Insel-Verlag, 1956)，第385—463页。有一点我们应该要注意：教化之精神既存在于体现在客观自然中的天体运动中的宇宙法则之中，也体现在作为实践理性目的的普遍道德法则之中。

《太极图说》的另一个特征是，它说明了人性的五个行动原则是由外部环境引起并反作用于外部环境的。在这里，伴随着善恶转化，人事得以发生。朱熹明确说明了自然的五个法则就是道德法则，即仁、义、礼、智、信。用伦理词语表示有一定性质的自然物的特征肯定会让我们感到惊讶。从这一点来看，新儒学包含了一种天真的或许是错误的假设：我们能够从世界的事实描述中作出价值判断。① 因此，理解周敦颐和朱熹为什么用这种道德术语来描述性质是至关重要的，因为对于那些把身心二元论作为基本的哲学见解的人们来说，这是完全不可想象的。周敦颐和朱熹如何能同时解决对自然和价值的认可？正如我们经常提到的那样，他们是否天真地设想在事实与价值之间存在着连续性？

描述与评价

我们面临的困难是，如何证明周敦颐和朱熹在多重描述中运用评价术语的正当性。要回答这一问题，让我们简短地回顾一下这五种道德原则（即儒家的五常：仁、义、礼、智、信）的历史。

朱熹在儒家传统中找到了自己的位置。儒家传统始于孔子，后由曾子、子思、孟子等人传承。与义、智、信相比较，孔子强调“仁”与“礼”的重要性。曾子把他老师的“仁”理解为“忠于自己的本性而仁爱他人”。孟子试图将他伦理思想中的四种美德系统化，他把“仁”的概念解释成不能容忍看到他人遭受痛苦的心（译者注：即“不忍人之心”）。诚然，在这里，“仁”这个词被合理地说成“仁爱”（humanity），但孔子和孟子都没有将这种含义扩充到超出人事的范围。那么，周敦颐与朱熹又是如何将这种道德概念引入到对世界的解释中的呢？

在《太极图说》的最后一段，周敦颐表达了他对《易经》的赞赏。《易经》不只是一部关于占卜的著作，也是一部阐明人类行为结构和人类行为发生于其间的环境世界结构的著作。《太极图说》中的阴阳理论的源头可

① 信息的事实描述与评价判断之间关系的问题，可以被改述为描述与处方之间的关系。由于处方这一概念表示的是开药和治疗的要求，所以这一概念的使用指的就是环境问题评价这一问题的定位，也就是说，指的是我们身体的健康与我们周围的环境。

以追溯到这部书，并且，“太极”这一术语也是引自《易传》。这部书在变化无穷的现象中探究永恒不变的真理，在这种变化无穷的现象中，自然得以呈现自己，人类行为的价值得以估量。的确，《易传》力图说明整个现象界，包括人事，上自太极，下至复杂多样的生命形式。

天，即“乾”，用阳的六笔来表示；地，即“坤”，用阴的六笔来表示，这些阴阳组成的象征符号分别代表了天地最纯粹的活动。天地的这些纯粹活动彼此作用，并且，这种交感作用产生了世界中的万物。用以表示“乾”的六角星状的图有四个特征，这四个特征被理解为判断占卜的特征——“元、亨、利、贞”。不过，它们也可以各自不同地被加以解释。另一种“决定论”的解释则撇开这四个特征不谈，而是归因于天的每一种德性，归因于天的四重作用导致的气象现象（如降雨和阳光）和化育生命的效果。据说，这种不受任何干扰的变化和转化与圣人有能力维持的“太和”（great harmony）境界可以达成永恒的一致。当《易经》认识到，自然界中各种各样的进程都为“太和”所维系时，它同时也在暗示，人类能够与这种和谐保持一致或者不一致。在这里，明白这一点是重要的。另外一种“文本论”（the commentary on the works of the text）的解说明确地说明：天地的四重活动以这四种性质的道德为特征，并且与这四种道德相一致。上述考虑表明，《易经》看到了在阴阳化育生命的过程中价值的基础之所在。

环境交互作用的结构

在朱熹的观点中，有一点我们决不能忽视：朱熹将有感觉的物的形成过程与体现于其中的有序结构区分了开来。这种有序结构是“气”在受到压缩或固化时呈现自身的模式。“气”凝聚，形成一些模式，没有这种“气”凝聚的过程，就没有这种模式显示自身的场所。一种生命的具体本性——生与长的根本模式——有其自己的种子，并从其出发发展其生命的潜能。换句话说，种子的本质，就是它展现自己本性的模式。但是，朱熹宣称，脱离“气”，这些模式就不存在，并且，不是这种模式，而是物质实体产生了事物。虽然“气”是这样一种物质实体，但是，在化生生命的过程中，气因之凝聚为模式的原因被称做“理”①。

在《朱子语类》中，朱熹把“仁”理解为宇宙中天地化生万物的心灵。他说，“仁”包含世间万象，也根植于人的心中。在这里，朱熹强调了这一点，仅知道“仁”的包容性这一特征还不够，还必须要了解为什么“仁”具有这种特征。在孟子思想中，“仁”是人心中的一种美德，朱熹力图阐明孟子的这一概念，他明确地指出，“仁”是化生世界万物的天地之心。他作了一个给人印象深刻的比喻，即蒸锅的比喻。在蒸锅中，开水把蒸汽向上推，水蒸汽快速地循环。就像蒸米饭一样，天地包容各种性质的气态物质也是这么做的。② 朱熹说，天地之中，除了这种与形成事物的沸腾物质可以比较的活动之外，别无其他。他称这种活动为“天地之心”。

蒸锅的分析表明，朱熹正试图领会由热造成的物理过程，并且，他把从气体阶段到液体和固体阶段的这种相变看做物质性的气的基本运动。在这个例子中，我们可以看到，处于气体阶段的气不是静止的，而是迅速循环和流动的，正是这种循环和流动的过程产生了事物。

这好像是说，气的循环是一种只能用物理术语来描述的物理过程。但是，朱熹却从这里看到了天地之心。当朱熹在谈到从某种意义上来说天地无心而在另外一种意义上说天地有心时，他对自己使用的蒸锅的比喻有着清醒的认识。天地虽然无思无虑，却有四时的有序循环，并且，这种循环就是事物产生的原因。这里，我们应该注意到，当朱熹在说天地有心时，他不仅仅是说气的有序运动产生了宇宙中的秩序。他的意图在于表明，这种有序的循环导致了物种同一性的延续。如果天地无心，牛将马父，桃开李花。这就表明，天地之心是一种保持物种同一性的活动。这就是为什么朱熹不仅谈到“理”，而且谈到天地之心的原因。

朱熹还声称，气的流行和波动不仅产生了生命系统的秩序，而且保持了它的结构。如果循环停止，这种结构也将崩溃。这意味着，流行对于一个系统的维持是一种必要的条件。当气的“大循环”带来适量雨水和阳光的时候，生命系统维持了它们的生命和物种的连续性。因此，气象循环必

① 说“理”是“气”的模式可能赋予该概念一种静态形象，不过，我的意思是通过“模式”来讲某种运动的动态模式。所以，“理”不仅仅是事物的模式，而且也是变化的模式。

② 《朱子语类》卷四，亦见之于卷一。

须要与一个生命系统的内部秩序相一致。作为一种生物，人也是由气的这种活动而产生的，也要保持与环境秩序相一致才能维持其生存。这里，我们必须要注意到，人类脱离这种环境宇宙是不可能存在的。就像张载所说的那样，天地万物浑然一体。①

生命系统和它周围的环境系统都是在这种循环过程中维持它们的存在的，这种环境和生物共有的秩序，在亚里士多德所理解的天体运动的秩序的那种方式里，却不是一种永恒的秩序。更确切地说，这种秩序总是包含着崩溃和破坏的可能性，甚至是为人类所破坏。由于环境秩序之间存在着物理的连续性，所以，这种环境秩序会受到人类活动的影响。天人合一的学说就是这样一种思考方式的自然发展。按照这种学说，人类活动能够帮助或干扰天地生产与再生产的过程。

当我们把这种由气态物质的和谐运动所维系的秩序概念，同古希腊思想中的几何秩序或现代欧洲科学考虑的机械定律进行比较时，我们就能清楚地理解这种秩序概念。在欧洲，科学探索的目的是为了发现隐藏在复杂现象界背后的永恒的秩序，这种秩序仅仅被当做纯粹思考的对象。这种秩序是一种必要的、包含着人类活动永远无法改变的规律性的秩序。因此，人类行为理论中不包括这样一种秩序。人类无论做什么，这种秩序都不会受到影响。相比较而言，“气”的理论中所讲的秩序既是科学探索的目的，也是人类行为的目的。这种理论背后的基本原理不仅是人类的生命系统为环境秩序所维系，而且这种秩序本身也能成为人类行为的方向性目的。

作为价值基础的关联性

正如我们在蒸锅的例子中所看到的那样，对在“气”的循环中呈现出的秩序的认识，与热的物理现象有着密切的联系。阴阳最初的意思指的就是一座山的向阳的一面和背阴的一面，它表达了热量分布的不均。在《易经》中，最初文本中所讲的“刚”、“柔”概念为阳、阴所取代。在这里，我

① 张载：《西铭》，见《张子全书》，台北：中华书局，1976，卷一。

们看到了关于象征性系统性质的观点的转变。显然,谈到阴阳说明了“气”的流行是如何发生的,因为流行和波动需要造成运动的热。

弄清楚一种不均分布既会发生在空间也会发生在时间里,是一件很有趣的事。举例而言,空间是作为一种方位为人所掌握的,如那儿有两张桌子。早先的理论用南和北分别表示天和地,但是,现在的新理论则用南和北表示火与水。这说明,对方位的解释与关于热现象的概念之间有着较为密切的关系。因此,空间用表示热量的术语来解释,时间也是用与热相关的概念来表示它的特征。当时间发展导致了热的不均分布和“气”的循环时,四种形式的时间得以出现,从而天地间万物得以产生且成长。这是因为热的循环导致了冷暖的变化,从而造成了四季的分明。这四种形态的时间相当于关乎生命的时间的四种功用。

朱熹用以认识自然和价值的共同根据就是阴阳、冷暖和产生并维系生命秩序的四时。环境系统中的这种秩序也被发现存在于时间和空间中。朱熹说,时、日、月、年无外乎五行,意味着时间也是以五行的循环为特征。在这里,我们能够看到,这种时间概念不同于现代科学中的线性时间概念,可以说,这种时间就是关于生命方面的功能时间。

正如我已经说过的,这种秩序不是希腊哲学家所理解的那种外在的秩序,也不是我们在现代物理科学中所见到的那种机械秩序。相反,它是在如桃树几乎都在每年同一时间开花这样的规律性中所呈现的那种秩序。树木相应于冷暖交替而开花,但是,这种相应并不被严格的必然性所决定。开花的时间每年都会根据环境条件而改变。因此,环境系统和生命系统以一种共有的关联性的模式来维系它们的存在。

像桃树开花有其规律性这样的模式是生命的四个方面。朱熹说,“春生时全见是生,到夏长时也只是这底,到秋来成遂也只是这底,到冬天藏敛也只是这底”。生命的这四个方面相当于不断连续循环的时间的功用。从某种意义上说,气态物质的循环就是作为时间功用的四季的循环,也是环境中维持生命存在的四个方面的循环。生命系统通过将自身与外部环境的循环相联系而维持其特性。生命的四个方面这种不断的循环不应该仅仅看成是一种事实的状态,也应该看成是生命维持其自身的必要状态。生命流行的崩溃和毁灭意味着产生、成长、完成、储藏这四个方面无法运转以维持生命。

当环境系统功能不被干扰时，生命的四个方面的循环就能运转。任何特定的生命系统都取决于气的流行中“生生”的过程。因此，如果这种流行失衡或失调，生命系统就不能维持它的存在。举例而言，当这种循环受到干扰时，生命就不能在春天里产生，在夏天时成长，我们也无法在秋天时收割。在这里，生命的四个方面、四个季节，都有了道德评价的特征。

正是生命系统与其环境之间的关联性，构成了价值的基础。这种作为生存意志的关联性，朱熹指的是一种生物维持其存在的倾向性。这种生存意志与周敦颐描述的生存意志是一样的。程颢说，万物的这种生存意志能够从其出生的时间中看到，这是一切善中的首要的最高的善。按照程颢的这个说法，我们能够在生命的四个方面的循环过程中找到善的根据。

回到善的根据

“道”，我把它理解为时空中一种根本的流行模式。将“道”的概念与西方传统中的自然法概念相比较，是一件很有意思的事情，因为循“道”而行并不意味着必然地被决定。可以这么说，“道”有它的广度，对于那些循“道”而行的人来说，偏离此道也是可能的。功能时空的存在，取决于“气”的平衡、和谐的运动。这种完整的过程就是“道”。人类能够扰乱甚至毁坏这种伟大的和谐。所以，最高意义的善就是保持这种和谐。朱熹无意寻找一种不为人知的新价值。相反，他要求我们根据人与自然之间的根本的关联性，追溯到基础的状态。这种状态被视为善的根据。在生命中，有一个方面包含着对于一切生物来说都是最基本的价值，这种关联性就可以被理解为生命的这一方面。

假如这些思考是正确的，那么，我们就能把朱熹的思考方式与西方思想中的价值概念相比较。西方的价值概念以发展和进化为特征。发展以人类对先前不存在的东西的欲求为基础，或者以那些比生命系统产生时存在的事物更好的事物为基础。希腊哲学追求的就是这样的善。举例而言，苏格拉底声称，好的生活比简单的生活更重要；柏拉图继承了苏格拉底的思想，在这个变动不居的世界之外去追求那种普遍永恒的善；亚里士多德则把追求的目的看成善，在天体运动的规律性中找寻至善。

现代哲学和科学也在追寻着存在于如天体运动这样的现象中的自然法则，以及从人的内部理性中发现的道德法则。我们可以这么说，从生命和使生物能够维持其生命的环境之间的关联性的结构中去理解价值的根据，这样的观念，在西方的传统中并不存在。在西方传统中，自然，不管是外部意义上的自然还是内部意义上的自然，都应该脱胎于为人的理性和欲望的价值概念所征服、控制和改造的自然。依据这种观点，那些被想象为善的东西，要优于自然界中现存的东西。科学技术的发明，都是人类在开始寻找它们之前不存在的东西。善的根据，不是产生于人与自然的彼此关联当中，而是产生于内部意义上的人类心灵的智力当中。

在那些需要我们重新检验自然与价值之间的根本关系的环境问题当中，最严重的问题就是污染及其后果。尤其是，我们需要特别关心那些由气态或液态的化学或核材料导致的污染问题，以及由这种污染造成的基因变异问题。因为这种问题危及一代生命和生命繁殖的连续性。人造物的生产、消费和废弃，都是为了实现比自然界中存在的东西更好的物品的人类活动。人类生产了这些物品，并选择了由此设定的价值。这些人造物威胁着创造这些物的基础，因为它们给创造者本身带来了负面效果。这种情况不单单表现为人类与其外部环境的冲突，还表现为人类自身价值之间的冲突。显然，环境问题不单单是我们周围环境的问题，更确切地说，是关于人类与其环境之间交互作用的价值冲突问题。

如果我们运用朱熹的眼光来看待我们今天自己的情况，那些看上去比自然界中现存的事物更好的事物，只有在人类像生命系统那样，把维持其生命与环境联系在一起的条件下，才会有价值。生命系统所依赖的这种根据，是一切价值的根源，也包括人类之善。朱熹劝荐我们回溯到“仁”这一根据。因此，“仁”，在这种意义上不应该被简单地看成“仁爱”(humanity)或“慈悲”(humaneness)。新儒学的最大功绩就在于这种“仁”的内涵的解释性转变。它由最初的含义，仁爱或慈悲，转变为表示生物与自然之间关联性的功用与活动。①

结 论

所谓的环境伦理学经常声称,我们应该从人类中心主义的观点转到生态中心主义。他们还声称,我们可以通过扩大"人"或"权利"概念的使用来完成这一转变。然而,这样的概念最初只是用于个体化和与他人相互区分的人。这意味着这样一种伦理探究方案是建立在事物的固态阶段上的。如果我们把这种概念的使用扩展到陆、海、空,我们就会意识到这种方案包含着人为的不正当的概念操纵。这是因为,大部分环境都是由不能个体化和加以区分的气态和液态物质所组成。因此,环境问题威胁着这种方案。如果说新儒家哲学对环境哲学有什么贡献的话,那就是,它为我们提供了一种方法论,即,在价值与人类行为的理论中,吸收进"生物与作为价值基础的自然之间的相关性"的思想。②

---

① 这一点我们应该加以注意:我们不是撇开西方思想孤立地研究朱熹的环境哲学。相反,我们是借鉴西方思想探究东亚思想,因为环境问题需要我们通过重新检验在现代化过程中为我们想当然的那些观念来探究人类对自然的态度。

② 我们要问的最重要的问题之一是,虽然在日本、韩国、中国的文化中,我们发现了新儒家传统的迹象,但是,为什么最初的环境伦理或哲学没有在这些国家产生?以日本为例,对这一问题或许能够作出这样的答复:在20世纪五六十年代,虽然日本正经受着痛苦的环境污染问题,但是新儒学却被批评为一种乐观的、超现代的,未能区分自然与社会,即事实与价值的哲学。具有讽刺意味的是,在那个时代,土地却被当做一种经济资源,并出于人类的利益被开发和破坏。

李栗谷宇宙论的生态含义

卢容灿

（Young-chan Ro）

较之道家、道教和佛教研究的同行们，对于生态问题来说，儒家研究的学者来得相对较晚。如今，即使是那些感到基督教要对生态危机承担一些责任的基督教神学家们，也正在忙于重新阐释经典，特别是对《圣经·创世记》的叙述，为的是做到“环境意义上的正确”（environmentally correct）。尽管基督徒为修正“统治”自然的含义作出了努力，但一些神学家也承认，基督教传统也许是生态危机的诱因之一。

儒学与道家、道教及其诠释者有所不同。比如说，儒学自身并没有直接关注环境问题，因此，它不能假装对地球的生态问题已有答案。然而，在儒学中，对于生态的关怀而言，我们也许能够很好地找到一些富有意义的哲学和精神的“资源”。我们的任务不仅仅是找出一些理由，以便证明在这一领域中儒学也能够是一种可行或相关的传统。与其他宗教传统相比，我们所面临的挑战是独一无二的。

基督教的取径主要是“悔过”、“补偿”和“重建”。另一方面，道家、道教的取径则是具有“指导性”和“预示性”的。① 但儒家不同，它既不是“悔过”的也不是“重建”的，而是“探索性”的，即阐释出儒家尤其是新儒家宇宙论的一种生态学含义。

---

① 休斯顿·史密斯的主张，Tao Now（今日之道）一词清楚地阐明了这个态度。见其《今日之道：生态学的遗训》（“Tao Now: An Ecological Testament”），收入《地球或许是公正的：关于伦理、宗教与生态的反思》（*Earth Might Be Fair: Reflections on Ethics, Religion, and Ecology*, ed. Ian G. Barbour, Englewood Cliffs, N. J.: Prentice-Hall, 1972），第62—81页。

生态学和儒家宇宙论

从方法论的角度来看，要发展一门生态学，最有成效的方法之一，就是去发现宇宙论的生态学向度。生态的关注与视角(perspective)或者说“世界观”①(worldview)有关。所谓“世界观”，即关于实在的一种统一的景象或者有机整合的观念。正如在 oikumene(意指“有人居住的世界”)这个词中一样，生态学与希腊的 oikos(意思是“房屋”)这一观念有关。在宽泛的意义上说，“房屋”就是“居住”。一个个人的、社会的和宇宙意义上的房屋就是 oikos。Eco-logy 有双重含义：logos of oikos(宇宙的逻辑系统)和 oikos of logos(包含人类逻辑或知识系统的场所)。前者假定了一个强加于宇宙之上的人类理性和逻辑，而后者则暗示了人类按宇宙运行的本来模式接受它。当其被运用于 oikos 时，对于 logos 的角色，或者人类理智与理性的体系，我们需要一种批判性的考察。根本问题是生态学是否处在 logos 的领域。也就是说：生态学是不是我们人类对宇宙的逻辑的或意识形态的分析，并因而是人类 logos 之于宇宙的运用？如果是这样，那么，这个 logos 的本性和特性与一开始导致问题和危机的那个 logos 就并无二致。在西方文明中得以表述和发展的 logos 这一概念，具有一种明白无疑的人类中心主义倾向(anthropocentric thrust)。在这种人类中心主义和基督教的宇宙论中，有一条共同的线索，这条线索已经成为西方文明中科学和技术进步的潜在假设(或逻辑)：

> 我们的科学和技术，产生于基督教对人与自然关系的态度。尽管这个基督教的观点几乎已经得到了各方的普遍支持——不仅是基督徒或者非基督徒，而且还包括那些自称为“后基督徒”的人。尽管有哥白尼，所有的宇宙还在围绕着我们小小的星球转动。尽管有达尔文，在我们的内心深处，我们仍然不是自然进化的一部分。对于自

① 我以 Ninian Smart 在说到“世界观分析”时的方式来用“世界观”这个术语。见 Ninian Smart：《世界观：人类信仰的跨文化探索》(*Worldviews: Crosscultural Explorations of Human Beliefs*, New York: Scribner's, 1983)。

然，我们感觉优越，甚至轻蔑，我们愿意利用它来满足我们最无聊琐碎的奇思妙想。①

在新儒家宇宙论发展的过程中，人类和天、地被置于宇宙的恰当脉络之中。儒家生态学必须关注的不仅仅是地球，更为重要的是，它还必须关注整个宇宙。为了发展一种真正关心地球的生态学，我们必须从"人类中心"或"地球中心"的视野转移到一个"宇宙中心"的观念上来。地球必须在与宇宙的关系中来理解。在这个意义上，生态学必须被置于合适的宇宙论语境之中：缺乏一种相关的宇宙论，我们不可能发展出一种恰当的生态学。没有宇宙论的生态学是不完整的，而且，它可能会变成另一种形式的人类中心主义的生态学，使地球屈从于人类。对地球不恰当的宇宙论和科学的态度或者说心态，会使人类异化于他们的"居所"。

对于生态的关怀来说，发展一种恰当的宇宙论是先决条件。在此，我将试图探讨一种新儒家的宇宙论，特别是李珥（即李栗谷）的宇宙论。作为一位朝鲜新儒学思想家，李栗谷发展出了有关宇宙和人类的一种包容性的观点。在进行讨论之前，需要一些方法上的澄清。首先，我对生态学的理解，不是把整个生态系统的谱系简化为一个逻辑的、科学的规则，也不是那种要求依据规范、规则与法则对生态系统作出解释。在对我们宇宙居所进行的探究中，我的关怀在于：我们既不是要寻找居所的规范，也不是将居所的神秘性化约为规则的领域。相反，我们要寻求的是"拥有"而不是"理解"我们的居所。其次，这里宇宙论的意义再一次指示着一个开放的系统，而不是一个有关宇宙的理性或逻辑的分析（宇宙—逻各斯）。这个开放的系统要考虑到宇宙现象不可化约、不会枯竭、无法解释的那些方面，因为正是这些方面保持着宇宙的神秘。

---

① 林怀特：《生态危机的历史根源》（"The Historical Roots of Our Ecologic Crisis"），见《西方人与环境伦理：对自然和技术的态度》，（*Western Man and Environmental Ethics: Attitudes toward Nature and Technology*, ed. Ian G. Barbour, Reading, Mass.: Addison-Wesley, 1973），第27—28页。最早发表于《科学》155期（1967年3月），第1203—1207页。

儒家宇宙论

儒家宇宙论的整体视野

李栗谷所阐明的新儒家宇宙论，暗示了关于宇宙和世界的一种"天人合一观"的重要意义。我用 cosmoanthropic 而不是 anthropocosmic，是因为 anthropocosmic 这个概念仍然暗示人类而非宇宙是中心。生态学危机的根源其实就是"科学的"和"人本主义的"的世界观："人是万物的尺度"（普罗泰戈拉）。与这种"人为万物中心且为万物尺度"的观念相对照，"宇宙人类观"则是以宇宙而非人为起始的。在新儒家的传统中发掘出的重要转变之一，不仅是新儒家对宇宙论的兴趣，更为重要的是从强调"人类宇宙观"到强调"宇宙人类观"的转变。诸如"太极"、"阴阳"、"五行"以及"理"、"气"等概念，在它们被运用于人并成为人类学概念以前，都是作为宇宙论的概念和本体论原则的。甚至在新儒家宇宙论充分发展以前，儒家学说已经为宇宙与人类整体的这个"宇宙人类"的视野建立了基础：

> 唯天下之至诚，为能尽其性；能尽其性，则能尽人之性；能尽人之性，则能尽物之性；能尽物之性，则可以赞天地之化育；可以赞天地之化育，则可以与天地参矣。①

这段陈述论证了宇宙和人类之间的统一与互动。此外，在将人类与天地联系起来时，"诚"的观念发挥了关键的作用。不过，正是在新儒家时期，最全面和精细的宇宙论才得以发展。例如，"诚"的概念包含一个重要的形而上学的甚至是精神性的观念，它超越了单纯的道德与伦理的意义。② 围绕人类向天地扩展的这个观念，"诚"的发展过程是从人类到天地的，从对这一点的阐释来看，《中庸》的宇宙论主张显然是"人类宇宙"观

---

① 陈荣捷：《中国哲学资料书》，第 107—108 页。

② 要对"诚"有全面的理解，可参看卢容灿：《李栗谷的朝鲜新儒家学说》（*The Korean Neo-Confucianism of Yi Yulgok*, Albany: State University of New York Press, 1989），第 75—110 页。

的。不过，一些新儒学思想家，在宇宙论和本体论概念的基础上，发展出一种新儒家的宇宙论。例如"太极"，就既是一个贯穿了整个新儒家宇宙论的最根本的宇宙论观念，也是一个贯穿了宇宙、自然和人类的统一的宇宙论概念。在这个意义上讲，太极是"宇宙人类"观的根基。

与包括孔子在内的古典儒学有所不同(孔子自己也说"人能弘道，非道弘人"①)，新儒学明确地表示要探究人道与天道的内在统一。新儒家的圣人观念就是认为圣人是能将天道与人道联系在一起的那种人。虽然《中庸》也有关于天、地、人三位一体的表述，但是，只有到了新儒学，才在将人与宇宙联系在一起的过程中充分发展了这一极富洞见的宇宙论的意义。例如，新儒家著名的"理"(原则)、"气"(物质力量)两个概念，就不仅被发展为宇宙论和本体论的概念，而且也成为人类学的概念。"理"的概念不仅是宇宙论的观念，而且是一个重要的与"性"(人之本性)相关的人类学和道德的概念。因此，新儒学常常会被称为"性理学"。

"气"的观念也是围绕宇宙、自然与人的关系得以发展的。新儒家学者，比如周敦颐和张载，以及一些朝鲜新儒学思想家，包括徐敬德(花潭，1489—1546)、李栗谷等，都用涉及宇宙的起源和动态过程同时联系着人之感情与行为尺度的"气"这个概念，发展了新儒家的宇宙论。朝鲜另一个伟大的新儒学思想家李滉(李退溪，1501—1570)，进一步阐发了作为宇宙论观念的"理"的道德和伦理意义。李退溪和李栗谷都试图在"理"、"气"的基础上发展一个一贯的新儒家宇宙论。李退溪阐明了基于"理"、"气"二元理解上的"人类宇宙论"："理"有道德性，而"气"则没有道德含义。李退溪的"理"有一个内在的、道德"善"的含义，而这个道德含义的基础是他人类学的"理"的观念。对于他来说，人的本性和"理"是一样的，因而"理"必须是善的。然而，李栗谷基于对"理"、"气"的非二元论理解发展了他的宇宙论。对于李栗谷来说，"理"和"气"都没有任何内在的道德含义。相反，作为宇宙论的概念，它们只有应用于人才获得道德含义，因为人是无法摆脱道德尺度的。在这里，我们看到两种宇宙论模式之间的对

① 《论语·卫灵公》，陈荣捷：《中国哲学资料书》，第 44 页。

照：基于对"理"、"气"的人类学假设，李退溪形成了他的宇宙论。而李栗谷在发展他的宇宙论时，并没有任何人类学的假设。对于李栗谷来说，"理"和"气"是基础性、原初性的、无关价值的宇宙论概念或者本体论观念。换句话说，在对"理"和"气"这两个新儒家概念的阐述中，李退溪的方式是人类学取向的。相反，李栗谷的方式则是宇宙论取向的。在理解关于"四七之辩"和"道心"、"人心"之辩上①，这两种不同的方式有极大的意义。第一个辩论集中于"四端"(《孟子》)和"七情"(《中庸》)，或者说人的道德品性与人的感情之间。争论的内容主要是："四端"和"七情"是否是感觉，以及它们如何与理、气相关。关于道心与人心的讨论，涉及儒学的一个特定理解，即人心摇摆不定，而道心不易察觉。因而，正确的道德识别常常是极为困难的。

与我们关于儒家生态宇宙论的考察有关的另一个重要讨论是 horak 争论。这一论辩关注的问题是：人如何能够在与其他存在共享同一个"理"的同时仍然能够与众不同。② 这里，所涉及的主要是"普遍性"与"特殊性"的问题。李栗谷认为，"理"是普遍的，所以，人类和所有其他存在分享同样的"理"，但是同时，因为"气"的原因，"理"在个体存在者中也成为一个具体的原则。李栗谷阐述了他关于理气关系的理论："'理'遍在而'气'有限。"③对于栗谷而言，"理"是普遍的，而"气"则使普遍的"理"具体化和特殊化。基于人与所有其他存在的共性和特殊性，他的理论对两者关系的思考，影响了 horak 论辩。对于栗谷和许多其他新儒家学者而言，"理"就是太极。太极不仅是宇宙的和普遍的"理"，而且也是个体存在者的"理"。

---

① "四七之辩"是朝鲜新儒家最有名的成就，辩论所涉及的问题在以下三本书里有详细讨论：Michael Kalton 等人所著的《四七之辩》(*The Four-Seven Debate*, Albany: State University of New York Press, 1994)；Edward Y. J. Chung 的《李退溪和李栗谷的朝鲜新儒家学说》(*The Korean Neo-Confucianism of Yi T'oegye and Yi Yulgok*, Albany: State University of New York Press, 1995)；以及卢容灿的《李栗谷的朝鲜新儒家学说》。

② 在"四七之辩"之后，朝鲜新儒家的另一个学者的争论是 horak 论辩。该论辩围绕人的本性及其他存在的本性问题展开，故而具有生态学的意义。更多信息可参见玄相允(Hyun Sany-yun)：《朝鲜儒学史》(首尔：玄音社，1949)，第 284—287 页。也可参见裴宗镐(Bae Chong-ho)：《朝鲜儒学史》(首尔：延世大学出版部，1974)，第 210—240 页。

③ 这是李栗谷的著名理论——"理同气殊"，见《栗谷全书》，10：26a(卷一，页 209)，在玄相允的《朝鲜新儒学》中有引用，第 114 页；也见于第 252 页，注释 186。

太极是一亦是多

“太极”是一个统一的原则，同时也是一个多样化或多层次的原则。吊诡的是：“太极”是最普遍也是最具体的。在李栗谷看来，“太极”是宇宙中的总原则，也是包括人在内的每一存在中的具体原则。“太极”寓于阴阳变化之中。阴阳是“太极”的象征。换句话说，太极的居所是阴和阳。没有阴阳，“太极”不能独立存在。“太极”只是通过阴阳的交互作用来表现自身。阴阳是“存在”(being)和“生成”(becoming)(“是”和“将是”)的一个宇宙的、动态的过程。太极存在、显现和表达的方式，都只有在阴阳的交互运动中被发掘。只有通过这种阴阳交互，才有可能理解和把握太极。所以，我认为，阴阳不应被限制为一个“概念”或“观念”，它更应被理解为一个意义深远的象征符号。一个有能力表达实在，而不用将其化约为逻辑公式或理性的、科学的体系的这样一个象征。在理解儒家的宇宙论上，阴阳象征符号的含义是非常重要的。新儒家宇宙论，特别是李栗谷的宇宙论，就是建立在这个阴阳的象征符号的基础之上的。① 在我看来，在“理”和“气”被概念化地构造之时，“太极”和阴阳也成为新儒家宇宙论的象征性表现。有趣的是，不仅是在东亚，而且甚至在美国，阴阳符号也是最有名、最流行的象征符号之一。在历史上，阴阳符号和“太极”一直是构图最喜欢的主题，特别是那些新儒家学者，常常把它们用于他们的宇宙论图式上。从功能上讲，阴阳和“太极”也经常被组合到一个符号中，就像我们在韩国国旗上所看到的那样。

虽然我们大多数人认识阴阳和“太极”的符号，但许多人却并不完全理解这些符号的真实意义。我们必须试图从概念和符号象征两个不同的层面来理解新儒家宇宙论。在这里，符号并不意味着一种单纯的形式，而

---

① 通过“符号”，我意谓一种全面的、整体的、直觉的和当下的认识之道。符号在抓住本体上有奇特的力量，它无须经由一个“理性的”或“概念化”的过程。在这个方面，我认为，阴阳和“太极”应归于符号而不是概念系统。想象我们看到其他富有深意的宗教符号时的情景，这点应当是显然的，比如大卫之星或十字架，它们就分别代表了犹太教和基督教里的本体。虽然李栗谷在他解释“太极”和阴阳的时候，从不用“符号”这个术语，但是，他探询《易经》意义的方式，就是“符号化”的。一些现代思想家，包括保罗·蒂利希(Paul Tillich)、保罗·利科(Paul Ricœur)以及雷蒙·潘尼卡(Raimon Panikkar)等，都解释了符号的意义，这在一定程度上可以帮助我们，在总体上理解李栗谷把握《易经》符号体系的方式，理解其中的“太极”、“阴阳”等宇宙论观念。

是意味着一种整体的方法，超越概念而触及实在。新儒家世界观的复杂性和丰富性恰恰在于“太极”和阴阳的宇宙论符号与“理”、“气”的概念框架之间的内在关系。从认识论上说，概念被创造出来用以理解实在的理性结构，而象征符号则被用于理解超越于理性的东西，理解本体的神秘。在理解实在的过程中，概念起着积极的作用，而符号则是被动的方面。例如，卦（有三爻）和别卦（有六爻），包括《易经》中的六十四卦，都是宇宙实在的符号显现，而不是机械的图示。而人们对这些符号的解释是开放的。《易经》里的数和图像都是符号，每一个数、图像或者卦，都表示某种相应的实在。而新儒家关于理气的观念，在很大程度上也是概念的建构。

新儒家对宇宙论的着迷，来自于对《易经》的重新发现和重新诠释。正如我们在李栗谷的例子中将要看到的那样，新儒家对宇宙论、本体论和人类学的兴趣，深受《易经》的影响。

那么，为什么李栗谷对《易经》有如此大的兴趣，又为什么他要对《易经》进行再诠释呢？李栗谷很细致地研究了《易经》，不仅理解了《易经》的宇宙论结构，而且还把握了《易经》的符号系统。受邵雍（1011—1077）象数学宇宙论的影响，李栗谷试图将新儒家最著名的“理”、“气”概念体系与最深刻的宇宙论符号阴阳、“太极”两者联系起来。李栗谷运用新儒家的概念工具“理”、“气”来分析宇宙的本体论实在。但是，他运用《易经》里的阴阳和“太极”符号，却是为了把握宇宙的奥妙。李栗谷写过两篇著名的论文，作为他屡次科考文章的一部分，一篇是《论变与数》（“Treatise on Changes and Numbers”[*Yŏksuch'aek*]），另一篇是《天道论》（“Treatise on the Way of Heaven”[*Ch'ŏndoch'aek*]）。前者说明了表现在数和图像中的宇宙符号结构，后者分析了“理”、“气”的理性结构，以及在理解宇宙中的每个存在时它们的相互关系：“气”产生其所是，而“理”则是其所是的原因（可以说，是一个新儒家的本体论）。① 为了理解宇宙中存在的状态以及宇宙本身，李栗谷把符号结构和概念框架联结起来。这是李栗谷对新儒家宇宙论和本体论的发展所作出的独特贡献。对于李栗谷来说，宇宙不只是一个人所分析的客体，而且也是一个可以为人所理解、观察和遭遇的

① 《栗谷全书》，卷一（首尔：成均馆大学出版社，1971），第 308 页（14:55b）。

主体。于是，李栗谷发展了一种全面理解和正确叙述宇宙的方式。

在其《论变与数》一文中，李栗谷试图建立如下三个根本性的理解和阐述宇宙的框架：

1.《易经》所表现的符号体系和其中所用的数显示出，宇宙既不是固定的物质客体，也不仅仅是机械实体，它更是一个活生生的、动态的和变化的实在。

2. 宇宙不仅仅是一个物理实体，更重要地还是一个解释学的实在：人们通过象、数字和卦对宇宙进行的理解和阐释，在整个宇宙进程中有关键性作用。由此，我们甚至可以说，人对宇宙的理解和阐释已成为宇宙存在的一部分。

在李栗谷的宇宙论建构中，这尤其是一个例子。虽然我们有《易经》中描绘的宇宙的内在符号系统，但却是周文王、周公和孔子这三位圣贤阐明了《易经》的数与象的意义，并将之传于后世。[①] 在理解宇宙的符号系统的解释过程中，人是一个积极的中介。作为真实的人，圣人能够听到宇宙的声音，并能够与宇宙相互作用、相互阐释和交流：

> 天地等待圣人，用数向世界展现宇宙的意义。圣人等待天地万物之象中暗含的线索，向世界展现这个原则。天生圣人，圣人必须表达出这些天地万物之象以向世界展现。这就是自然的回应及天人的神秘和互动。[②]

对于圣人来说，与宇宙的相互作用也是至关重要的：

> 圣人者，与天地合其德，与日月合其明，与四时合其序。[③]

---

① 《栗谷全书》，卷一（首尔：成均馆大学出版社，1971），第 308 页，14：48b。

② 《栗谷全书》，14：49a。

* 理解上面一段话可以参考《周易》："古者包羲氏之王天下也，仰则观象于天，俯则观法于地，观鸟兽之文与地之宜，近取诸身，远取诸物，于是始作八卦，以通神明之德，以类万物之情。"——译者注

③ 同上书，14：50b。

3. 宇宙是有一定原则和规律的开放系统。比如六十四卦,显示为一个变化的有限数,然而一旦它被放入宇宙形式之中,它们就能为宇宙存在提供无限的可能:"总的来说,我们知道六十四卦有限的变化,但是我们不知道六十四卦不可穷尽的功用。"①然而,这些可能性和变化,都被内在的形式、规范和原则("理")所支配。这个动态过程的原则和样式被称为"道"。因而,宇宙中的每一个存在,包括宇宙本身,都被一定的理所支配。在这个意义上,李栗谷的世界是一个开放的体系。这个开放的体系不是囫囵的混沌,而是协调的宇宙,是一个秩序井然的宇宙,而非封闭的系统。

宇宙的神圣与神秘

李栗谷认为,宇宙不能为人的知识或思想过程完全掌握。他相信宇宙是神秘的,不能被归结为人类知识体系的理性和概念构架。这个神秘的向度让我们感觉到宇宙的神圣。也因此,我们对宇宙有敬畏感。宇宙向我们"显现"它自身的同时,也几乎同样多地向我们隐藏了其自身。这就是符号的力量,它不通过限定或界定就可以显现自身。宇宙显示自身的意义和运转,而人(圣人)则解释宇宙的意义,或试图理解宇宙的运转。儒家的圣人或许不必是星象学家,但是他们必须能够理解儒家的宇宙论假设,能够洞悉人的含义。因此,即使是圣王,也要利用巫术或预言,这并不是因为他们在实践中的盲目迷信,而是接受其知识的限制和他们聆听宇宙神秘的意愿。② 这个态度将宇宙描述为一个神圣的化身,使我们在观察它的时候自然产生出敬畏之心。同样地,新儒家对巫术和预言的理解,在任何意义上都不应被视为关于宇宙和人的宿命论或者决定论,而应当是对人与宇宙关系的认识。对于李栗谷来说,宇宙不是一个要被掌握的对象,而是一个需要被理解的主体。然而,这并不意味着我们使自身的主体性屈从于宇宙,也不是将宇宙的主体性归结为我们的知识对象。相反,李栗谷的新儒学对于人与宇宙关系的理解,不是一种"主体到客体"的关系,而是一种"主体到主体"的关系。我们或许可以接近一个作为主体的

① 《栗谷全书》,14:50b。
② 同上书,14:51a。

宇宙，而不必将我们自身降低到客体的层面：人类不应屈从于宇宙，同样，也不应把宇宙当做一个客体并因此控制宇宙。这个主体间性(intersubjectivity)反映了儒家圣人与宇宙的关系。

李栗谷达至太极和阴阳的取径

将李栗谷达至“太极”的取径与周敦颐的取径加以比较，那将是很有帮助的。周敦颐是另一位伟大的学者，他根据宇宙的一种有序流溢(an orderly emanation)而发展了新儒家的宇宙论。对于周敦颐而言，太极是存在的第一因：

> 太极动而生阳，动极而静。静而生阴，静极复动。①

在这里，我们看到，作为一切存在的源头或根源的“太极”产生阴阳，这意味着太极是阴阳的原初根源。这样一种解释是高度逻辑化、概念化和等级化的。这类宇宙论反映了强加于宇宙的一个人类理性的概念。不过，邵雍和李栗谷不是逻辑化而是符号化地来理解“太极”的。例如，比起分析、概念化和理性化宇宙，李栗谷对观察宇宙的神秘更感兴趣。“观察”对“被动地”存在有深刻的暗示：为了理解宇宙而把人置于宇宙之下。“分析”则有主动的内涵：为了把宇宙概念化而把人放置于宇宙之上。我们也许属于符号的一部分，或者就是符号的一部分，但是，我们不能拥有符号。我们也许可以发明或创造概念，但我们也许并不属于它。

李栗谷不是把“太极”理解为物质实体的起源，而是将其作为阴阳运动的现象或显示。“太极”只是阴阳的运动，因此，李栗谷认为“太极”均衡地存在于阴阳之中。阴阳的变化与转换，是理解和体验我们的宇宙居所的最深刻的符号方式。用这种方式，宇宙不会成为我们“研究”或“分析”的客体，而是我们都能观察到的神秘。

除了在阴阳的交互运动中之外，假如“太极”没有任何独立的物质，那么，我们究竟为什么需要太极的观念？在宇宙和所有存在者中，“太极”如

① 周敦颐：《太极图说》，见陈荣捷：《中国哲学资料书》，第463页。

何作用？李栗谷对“太极”作了如下阐述：

> 万即是一：（一即）五行，五行为一；（一即）阴阳，阴阳为一；（一即）太极。若必强名，太极非它，名（符号）而已矣。其体是易，其理是道，其用是神。[①]（括号内的字是本文作者加的）

宇宙现象不是我们逻辑的、理性的、分析的、分等级的和科学研究的对象，而是一个用以理解、观察、聆听和学习的主体。李栗谷把自然和宇宙当做需要用整体方式来达到的主体，因为宇宙是“一个”整体的实在。当我们在研究客体（主客关系）的时候，我们可能要用到概念和分析过程；但是当我们面对主体（主体与主体的关系）的时候，我们需要整体的、全面的、当下的和直觉的取径，也就是我所说的符号或象征的取径。李栗谷认为宇宙是“一”，于是，他在不失去“一”的意义的前提下，观察阴阳、五行错综复杂的运动。在阴阳符号的统一与变化中，李栗谷也看到了“太极”的本质。在李栗谷的视野里，“太极”是“物质”、“变化”和“表现”的统一。这个整体而全面的对“太极”的理解，被很好地表达为李栗谷思想中关于太极的“体”（实质）、“理”（原则）、“用”（功能）的三位一体。与周敦颐相比，李栗谷看到了作为“易”（变化）的太极之“体”（实质）。太极不是静态的概念，而是动态的和活的符号。所以，太极的体就是易（变化）。李栗谷既非实在论者，也非本体论者，而是一个能够看到“作为体之易”的敏锐观察者。

支配变化之“理”为道。在这里，道意味着阴阳的精妙变化。太极的“用”或“显”表现为“神”，它既不好理解也无法解释，但它无处不在。有趣的是：李栗谷对“太极”的理解，借用了华严宗著名的“体”、“用”概念系统。李栗谷不把“太极”的体和用看做辩证的二分，而是将其作为一个精妙的相互作用：“体”是无体的变化，所以“用”是难以理解的神秘。或者，我们可以将太极的运动和作用，表述为不可理解的神秘，而它的实质必须是变化的。这里，“神”不是脱离了物质的魂灵；“神”是存在的内在部分，而且

① 卢容灿：《李栗谷的朝鲜新儒家学说》，第30页。

它将成为反映儒家精神的内容实质。

在《论变与数》中，李栗谷的方法是整体的、全面的，甚至是神秘的，强调太极之用的神妙与精微。而在《天道论》中，李栗谷的分析性变得更强了些，他详细地解释宇宙中的具体现象。我们可以看到，李栗谷根据阴阳来解释所有的宇宙现象。但是，在《天道论》中，他引入了“理”、“气”这对概念来解释阴阳是如何可能的：

> 主动之气为阳，被动之气为阴；故阳阴非不同之元素，而为气之不同表现或现象。然而，气为阴阳之本源——亦即生成阴阳之材料——则支配气转变之规律为“理”。①

此外，李栗谷也把宇宙之“理”和“气”同人联系了起来：

> 人心与天心同。人心正，天心亦正。人之气和，天地之气亦和。②

李栗谷“气”的观念也反映了他的宇宙论观念。李栗谷不应被界定为理学或气学思想家，他更应该被看做是一个非二元论的思想家。他既不依据“理”而过分关注形上学的或概念化的宇宙结构，也不放弃“理”而陷入单独的“气”之中。如果没有有关“气”之表现的具体形式和形态，任何关于“理”的预设观念，都是李栗谷不能接受的。“气”的运动总是如此精妙和神秘，以至于我们不能用为“理”所预先构建的理性体系或逻辑过程来理解它。相反，无论何时何地，一旦具体形式和形态的“气”出现，“理”就已经在了。“气升”(ch’i arises)和“理乘”(li rides)是李栗谷的公式。为此，李栗谷可能被看做是一个讲“气”的哲学家。但是，李栗谷却不是“气”一元论者。李栗谷非常不愿意阐述或发展一个与“理”相一致的宇宙论，因为宇宙不可能通过任何“理”的体系或结构而被掌握。李栗谷的方式，是去观察、理解和惊奇于“气”的运动之多样，在此之后，他才能够谦恭地

---

① 《栗谷全书》，14:55。

② 同上书，14:55b。

探究和学习“理”是如何内在于万物的，而不是给万物强加一个宇宙规则或理性结构。

朝向宇宙的生态学

这里，我们的关注点是要去发现暗含在李栗谷宇宙论取径中的生态学意义，而不是去阐明李栗谷的宇宙论本身。在进一步研究儒家和新儒家传统的生态伦理和环境伦理思想以前，新儒家的宇宙论能够作为我们探究新儒家的生态学维度的大好资源。我们不应仅仅依据儒家和新儒家学说的一些片段，就轻率而仓促地去构建儒家环境伦理学。我们所要做的，应是从生态系统的观点来整体地反映儒家思想。通过将人和地球与宇宙相联系，新儒家宇宙论确实为这一反映提供了基础。然而，我们必须承认，一些著名的儒家学者，包括朱熹以及朝鲜朱子学权威李退溪，他们都倾向于人类学的宇宙论，即从人的立场出发理解宇宙。然而，李栗谷却从独立于人类价值之外的宇宙观点出发，发展了他的宇宙论。也就是说，李栗谷对于新儒家的概念比如“理”和“气”的理解，并不必然只与道德意义或人类价值相关。

为了发展儒家生态学，我们必须首先尝试将生态学从人类中心论中解放出来。儒家人文主义不可以被理解为人类中心主义。儒家的人文主义是人文主义的一个独特式样，它超越了人类的利益，并扩展到人与天地相联系的领域。儒家人文主义不仅从人的观念理解人类，更从宇宙的观念去理解人类。一旦认识到人的天赋潜力，人的全部意义便呈现于天地之间。圣人也就是完全认识到自身天赋潜力的人。

儒家圣人是真诚实践“恕”（“己所不欲勿施于人”①）的人。这种实践不仅在人和社会的环境当中，而且也在自然与宇宙的环境中。在这个方面，儒家人文主义就是以人与天地、自然、宇宙的“恕”（互惠）的关系为基础的。当我们善于接受时，“恕”就能达到。在此意义上，儒家的圣人是能洞悉天地的征兆并善于接受之人。观察和洞察能通过“恕”而

① 陈荣捷：《中国哲学资料书》，第44页。

完成。

因而，生态学必须通过"观看"和"聆听"宇宙之奇迹、神秘和痛苦，建立在自然与宇宙的相互接受性之上。这些被动的和接受性的方面，对于发展宇宙论的人类学而非人类学的宇宙论来说，是非常重要的因素：人类必须依据宇宙而被理解，而不是将人的理性或逻辑强加于宇宙之上。在人类学宇宙论基础上的生态学就成了人类学的生态学，那只是另一种形式的人类中心主义。就我在这一章探索的方向而言，生态学这个术语也许不是一个正确的用法。实际上，我们需要发展的，是一个宇宙论的生态学，它能帮助我们向世界开启，向宇宙学习。而生态学这个术语中，包含了令人误解的概念，因此，要表达反映对自然和宇宙的接受性态度的这样一个方式，寻找一个更好的词汇是有价值的。①

宇宙论生态学既不是一种逻辑，也不是一种系统。它是一种有关宇宙的觉解(an awareness of the universe)。为了感受并能够与天地发生感应，发展出"观看"和"聆听"的智慧与艺术，这种人就是圣人。

---

① 比如，雷蒙·潘尼卡提出"生态哲学"的概念。更多关于生态哲学的讨论，见雷蒙·潘尼卡：《生态哲学》，收入《新的盖娅：作为避难所的世界》("Ecosophy", *The New Gaia: The World as Sanctuary*, Gregory, Miss.: Eco-Philosophy Center, 4, no. 1, winter 1995)，第2—7页。

气的哲学：一种生态宇宙论

塔克尔

(Mary Evelyn Tucker)

导 论

20 世纪晚期的生态危机反映了人类与自然尤其是与物质自身的深刻异化。[①] 在重新定位我们和地球的关系的尝试中，愈加明显的是，我们已经失去了对物质和物质性的认知。[②] 在当今时代，我们的异化感已经超越了人类社群及其同自然本身互动中的物质交换模式。托马斯·贝里曾经指出，我们在与自然世界的互动中已经变得孤僻(autistic)，我们需要一种新的宇宙论和文化规则来克服这种丧失。[③]

对于我们为 21 世纪复兴一种足够全面的宇宙论来说，对其他世界观、哲学以及宗教的重新审视是至关重要的。显然，在东亚的儒家传统中，存在着丰富的资源可以用来理解其他人是如何看待自然以及人类在

---

① 这篇论文是拙文《一种生态宇宙论：儒家的气哲学》(“An Ecological Cosmology: The Confucian Philosophy of Material Force”, in *Ecological Practice*, ed. Christopher Key Chapple, Albany: State University of New York Press, 1994)的一个修订稿。

② 宗教历史学家 Charles Long 对此有所著述，参见他的文章《物质与精神：一个重新定位》(“Matter and Spirit: A Reorientation”, in *Local Knowledge, Ancient Wisdom*, ed. Steven Freisen, Honolulu: Institute for Culture and Communications, East-West Center, 1991)。

③ 参见托马斯·贝里的论文集《地球的梦想》(*The Dream of the Earth*, San Francisco: Sierra Club, 1988)。他还与 Brian Swimme 合著了一本书《宇宙的故事：从原初大爆炸到生态生物时代》(*The Universe Story: From the Primordial Flaring Forth to the Ecozoic Era*, San Francisco: Harper San Francisco, 1992)。

自然之中的角色的。从早期人类与天地三参一体的有机融合,到正如《易经》所表达的自然充满活力的互动,再到关于理气关系的复杂的形上学的讨论,儒家的世界观为重新思考我们当下的处境提供了丰富的建设性资源。这篇文章将特别强调儒学中的气哲学,作为一种方法,它将有助于当代大规模的关于物质与精神关系的讨论,这对现代生态危机的新前景非常重要。

气这个观念出现在中国早期古典儒家时期,暗示的是一种视现实为物质和能量组合而成的整体视野。在新儒家时期,气哲学在形上学层面发展了这种对物质和精神深刻关联的根本理解,它同时也给予了我们一种世界观,这种世界观确认了物质性(materiality)在伦理学和经验主义中的重要意义。在伦理层面上,气这个观念为一种此世的(this-worldly)精神性(spirituality)提供了基础,这种精神性将人类和自然一同尊奉为气的单一连续统一体的部分。在经验层面上,对于肯定物质、感觉知识以及在此世探究事物的重要性,它提示着一种理性原则。由此,对于超越传统西方的物质/精神、身/心的分离,气哲学可以提供一种非二元论的(nondualistic)宇宙论。

气哲学

新儒家关注个体修养的重要性,关注理解道德原则的重要性,也关注肯定人与动态、变化的自然秩序之间联系的重要性,正是在这样广阔的背景之下,气哲学得以兴起。新儒家学者们颇为感兴趣于通过气来发展一种对人类和自然关系的形上学认识,为的是更为有效地"赞天地之化育"①,虽然这些讨论常常看来显得有些抽象和理论化,但是,它们对形上学、伦理学和经验主义均有实践上的启示。它们有助于为一种深刻的此世的精神性提供宇宙论基础,那种此世的精神性肯定了物质、身体、人类情绪、变化以及研究自然世界的重要性。

气哲学的兴起,是伟大的宋代儒学集大成者朱熹思想中有关理气关

① 《中庸》,第22章,见陈荣捷:《中国哲学资料书》,第108页。

系的一定程度的模糊性的一个结果。在那些支持朱熹明显的理气二元论的学者以及那些提倡气一元论即气哲学的学者之间，发生了一场争论。这篇文章的目的就是，从孟子思想的古典时期到张载的新儒学时期来追溯气哲学的出现，我将讨论气哲学在罗钦顺（1465—1547）和贝原益轩这两位中国和日本思想家那里的演变。首先，让我评论一下为什么这个主题和新的生态观之间具有重要的联系。

“气”的意义：一种生态宇宙论

18 世纪法国启蒙运动的当代遗产之一，就是物质和精神的分离，以及在宗教领域中将前者置于后者之上从而取消精神的价值。因为“自然”大体上等同于能够被操控的物质，于是，对于自然的敬畏感就被消除了，取而代之的是对自然的剥削。自然更多地是被视为一种用来使用的“资源”，而不是被视为一种值得尊敬的所有生命的“根源”。我们需要从各种传统和各种物质现实中获得新的理解。所谓物质现实不只是死的、无生命之物，而是被赋予了生命、动力、能量以及各种转化可能性的东西。

物质和能量不仅是机械过程，更是精神过程，这种意义正在开始恢复。① 这种有关物质的感受性是那种在现代意识中被去除并引起一种文化危机的东西。那种危机既是环境的，也是精神的。我们已经失去了和自然、宇宙以及其他生命形式的物种之间彼此相关的互惠感，部分原因是由于我们优先将精神视为一种超越的实体，将它从物质世界中抽离出来了。

---

① 如德日进（Pierre Teilhard deChardin）所理解的那样，物质与精神是内在相关的。在他看来，物质流溢出内在性与可理解性。人类的反身性不只是进化过程的一个附加物，而更是从这个过程本身中产生的某种东西。因此，精神的与物质的是彼此相关的面向，它们是一同进化的。在此意义上，随着演化趋向于更大的复杂性也产生了更为复杂的意识。参见他的《人的现象》（*The Phenomenon of Man*，New York：Harper & Row，1959）。

在继承了德日进的传统的托马斯·贝里看来，统治宇宙的三条原则是分化、主观与交流。主观定义了物质的内在性，它是每一个活着的存在者的生命力量与组织原则（参见贝里：《地球的梦想》）。类似地，Brian Swimme 认为，宇宙隐藏的核心是从“大爆炸”至今的能量辐射，这种能量辐射产生了物质，见《宇宙隐藏之心：人类和新故事》（*The Hidden Heart of the Cosmos：Humanity and the New Story*，Maryknoll，N. Y.：Orbis Books，1996）。

在以下几个方面，气哲学具有丰富的潜在贡献：

1. 显示了本土宗教的基于自然的和相互关联的世界观基础的连续。在后来的宗教传统中，这种本土宗教依然存在。换言之，在其与后来的各种宗教传统内部与自然的切近中，有一种本土传统中早先宗教世界观的综合，气即反映了这种综合。后来的各种宗教传统倾向于强调在自然之上的超越（transcendence）。儒学中的这种综合，反映了内在与超越的独特交织。

2. 对于理解不同生命形式的同与异，气哲学提供了一种宇宙论的基础。也就是说，通过承认气贯穿于万物，气哲学既为所有生物确认了一种共同的基础，也对在这些事物之间作出区分提供了基础。

3. 它鼓励一种关于人心与自然之间关联的认知，由此，为所有生命形式的互惠和关系提供了基础。委实，对于一种完备的环境伦理学来说，气哲学建立了一种重要的根据。

4. 它提示了一种说明宇宙中变化和转化的方式，这些变化和转化承认宇宙的生命力（vitality）和能动性（dynamism）以及人类与这一过程的特殊关系。

5. 它肯定了人类在宇宙展开和转化过程中的角色。人类被视为“赞天地之化育”①。确实，人类完成了与天地的三参一体，因而成为这个三一体的本质性的组成部分。就此而言，气哲学成为避免寂静主义（quietism）和确认在世界之中的行动的基础。

6. 由于所有生命由气组成，并且，气为与其他人和社群保持连为一体提供了脉络，气哲学的社会和政治伦理学的含义就是富有意义的。通过这种关联，社会和政治的参与，尤其是通过受过教育的士大夫阶层的参与，在儒家学者看来，对于产生仁政和人道社会来说是至关重要的。

7. 气哲学也具有一种被称为“实学”的经验主义的含义。通过对诸如历史、农业、自然历史、医学和天文学等学科的学习，气哲学有助于鼓励“格物”。

---

① 《中庸》，第 22 章，见陈荣捷：《中国哲学资料书》，第 108 页。

“气”这个术语

陈荣捷将“气”翻译成 material force，即包含物质和能量的东西。陈荣捷指出，在“理”这个观念在新儒家传统中得到发展之前，“气”指的是“和血气相关的身心力量”（psychophysiological power）[①]。他指出，用“物质”和“以太”这两个词来翻译“气”是不够的，因为它们仅仅表达了这个词的一个方面。[②]

在早期中国思想中，和“阴阳”、“五行”这些宇宙论的观念一起，“气”这个词在《易经》里已经出现。在《左传》、《国语》和《管子》中，同样也可以发现“气”。

“气”这个词也见于《孟子》。其中，孟子将“气”称做“体之充也”[③]。在这个语境中，“气”可以被翻译为 vital force（生命力）或 vital power（生命力量）。[④] 孟子指出，充满于身体的“气”是由志来引导的。“夫志至焉，气次焉。”孟子观察到，重要的是要“持其志，无暴其气”。如果一个人这样来养气，它便可以充塞于天地之间。在《孟子》中，一个有名的提法是所谓“浩然之气”。有时，它被译做 strong, moving power。[⑤] 孟子说，这种“浩然之气”难言也。尽管如此，他评论了养气的重要性。他说，气是：

> ……至大至刚，以直养而无害，则塞于天地之间。其为气也，配义与道；无是，馁也。是集义所生者，非义袭而取之也。行有不慊于心，则馁矣。[⑥]

显然，这种身心的能量必须被认真培养，因为正是它将我们和其他所

---

① 陈荣捷：《中国哲学资料书》，第 784 页。
② 同上注。
③ 《孟子》，2A.2。
④ 陈荣捷：《中国哲学资料书》，第 784 页。
⑤ 同上注。
⑥ 《孟子》，2A.2。

有生物联系在一起。换言之，在人身之中，气是物质能量的一种特殊形式，它可以通过修身来得到培养。这对于我们的道德和身体有所助益，并为尊重其他人提供了基础。与此类似，整个宇宙也被“气”这种物质能量所充盈。通过既滋养我们自身的“气”，更培养对于我们与这种能量在性质上的关系的自觉，我们就可以充分参与到宇宙的这种动态的、转化性的过程之中。那是因为气是生命的一种潜在统一体，这种统一体既是道德的又是物理的，既是精神的又是物质的。这一观念为张载、朱熹以及其他的新儒家学者所进一步发展。

张载对“气”的发展

对于新儒家来说，张载的巨大贡献就是将“气”解释为贯穿整个创生过程的生命力。气处在不断的转化过程之中，而转化本身又是自生的(self-generating)。然而，这种变化并不只是随机、虚幻或者漫无目的的。在气的动态运动之下，起支撑作用的是阴阳交替的模式。因此，张载指出，所有变化皆依理而发生。这些“理”或者变化的模式，并不仅仅是重复或者静止的实体。每一事件、事物或人物都是独一无二的。因此，在“气”的不断展开的过程中，他们也都是具有道德价值的。“造化所成，无一物相肖者。”①因而，“气”的这种不断变化的特质，就是其动力。这种力量揭示了内在于宇宙之中的模式和独特性。

当张载将气等同于虚空或者“太虚”时，他对于新儒家的形上学迈出了重要的一步。唐君毅将这一步看做是一种尝试，这种尝试是要将秦汉学者所发展出的“气”观念与道家和佛教的“空”观念综合起来。② 这种综合有两个极为显著的后果，唐君毅将其特征描述为纵向(vertical)和横向(horizontal)两个方面。就纵向的方面而言，张载在根本上为肯定“有”和“无”的统一提供了基础，这就挑战了他所理解的佛教和道家在空、无问题

① 引自黄秀玑(Huang Siu-Chi):《张载的气概念》(“Chang Tsai's Concept of Ch'i”, *Philosophy East and West* 18, October 1968:251)。第一段中的一些观点，我得益于黄的文章。

② 唐君毅:《张载的心灵哲学》(“Chang Tsai's Theory of Mind”, *Philosophy East and West* 6, July 1956,第121页)。

上的立场。就横向的方面来说，张载为由“气”而来的交流和变化提供了一种形上学的解释。同时，不论是纵向还是横向的方面，都为张载有关“心”的理论奠定了基础。根本来说，张载的目的是要显示人心和宇宙秩序之间通过“气”之理而来的内在关联。人类具有理解所有变化形式之后潜在统一性的潜能。进而言之，通过把握不断的“气”的聚散，人类也具有与所有创生之间相互感通的主体能力。

张载综合思想的纵向层面：形上学意涵

在发展“气”这个概念时，与其之前的其他新儒家学者一样，张载将《易经》作为其主要的灵感源泉之一。不过，张载的宇宙论之所以独特，在于他将“气”等于“太极”。他描述了“气”的“体”和“用”这两个方面。作为“体”，“气”是“太虚”，是最原初的未分化的物质能量（“气”）。而作为“用”，“气”是“太和”，是不断的聚散的过程。区分“气”的这两个方面的重要意义，在于肯定有无、可见与不可见的潜在统一。这样，内在的“神”和外在的“化”都可以被理解为一个整体的部分，这个整体就是气的不断聚散。掌握这种实际，就使一个人“深于易者”①。也就是说，使一个人获得这样一种理解：气永远不会消灭，而只会转化。尽管事物的形式总在不断改变，但是，其中却存在一个“有无混一之常”②。

张载形上学立场的意义在于，它为变化提供了一个全面的解释，这一解释可以与人类精神成长的动力关联起来。变化被断定为是有目的的过程，并且，人类被要求认同变化并参与到事物的转化之中。

张载强调其立场与道、佛两家的不同。道家认为“有生于无”，佛教则以实际为幻象。张载则断言，现象世界是“气”的体现。此外，他不认为“无”是现象消失于其中的“空虚”。相反，他从更积极的方面将“无”视做根源，不仅是生命的根源，也是生化的根源。因为“气”通过“聚散”③而转

---

① 张载：《太和篇》，收录于狄百瑞、陈荣捷和伯顿·沃森编：《中国传统资料书》，第467页。

② 唐君毅：《张载的心灵哲学》，*Philosophy East and West* 6, July 1956，第123页。

③ 张载：《正蒙》，见陈荣捷：《中国哲学资料书》，第503页。

化。张载写道:"气之聚散于太虚,犹冰凝释于水。知太虚即气,则无无。"[①]因此,"太虚"是宇宙创造力和生产力尚未展现的一个方面,"太和"则是已经展现出来的一个方面,二者并非截然分开的两个事物。

究极而言,张载将"气"等于"太虚",克服了任何的二元对立,包括何者产生以及何者被产生之间的二元对立,以及"体"和"用"之间的二元对立。他写道:"若谓虚能生气,则虚无穷,气有限,体用殊绝,入老氏有生于无自然之论,不识所谓有无混一之常。"[②]理解这种根本的统一性,就是唐君毅所说的张载将"气"等于"空"的纵向方面。

张载综合思想的横向层面:伦理学意涵

唐君毅说,横向的方面就是"气"本身的"空",这一点说明事物不停交感和产生的事实。转化依赖于万物的互相渗透和"交感"[③]。除非万物的"气"是空的,否则这种"交感"的现象不会发生,因为"空"可以成为交互主体性的基体。因而,通过与气的"空"的共鸣,物和人可以独特地展现于彼此面前。正如唐君毅所述:"当一件事物与另一件事物交互作用时,它总是利用其空来包含他者和摄入他者。"[④]空间或者空是交流得以产生的途径,变化因此成为可能。生化的产生是由于通过空可以"散播气并将其自身扩展到他物之中"[⑤]。张载将气的聚散表示为"神"和"化"。通过这两个原则,气的变化既有连续性亦有间断性,既有创生的力量也有被创生的力量。如此一来,正是通过"气"自身的这种性质,创生和交流成为可能。

整个宇宙可以被视为处在一个生化的过程之中,这一过程本身具有展示道德特征的积极属性。[⑥] 张载是这样表述的:

---

① 张载:《正蒙》,见陈荣捷:《中国哲学资料书》,第503页。

② 引自黄秀玑:《张载的气概念》,第253页。

③ 唐君毅在此用的是怀特海(Alfred North Whitehead)的术语。参见唐君毅:《张载的心灵哲学》,第123—125页。

④ 同上书,第124页。

⑤ 同上书,第125页。

⑥ 《张载的心灵哲学》,第127页。

> 神，天德；化，天道。德，其体；道，其用。一于气而已。①

以一种类似的方式，人类亦有一种道德本性，这种本性体现在“义”与“仁”的德行之中。“义”相应于自然秩序之中的转化和区分，因为它使事物达至完成，与此类似，“仁”相应于产生和延伸，因为它意味着拥有同样的情感。宇宙秩序的丰饶在人类秩序的美德行为中有其对应物。

张载宇宙论的核心在于他的这样一种论断：人类的任务就是去理解和认同事物的转化。张载在根本上将这一点视为一种精神的过程。他写道：“万物形色，神之糟粕。”②知晓转化之理的人能够“承天地之业”③。他对人类角色的全面肯定，可以在《西铭》中找到。其中，他将人类和整个宇宙秩序联系起来：

> 乾称父，坤称母，予兹藐焉，乃混然中处。故天地之塞，吾其体，天地之帅，吾其性。民，吾同胞；物，吾与也……生，吾顺事；殁，吾宁也。④

张载的伦理学可以称为“神秘的人文主义”⑤，这是他对物理秩序中有关变化动态的理解的必然推论。他将聚合的同样过程视为“仁”的运行。变化具有成长和完成的巨大创造潜力。然而，他也认识到，存在一种互动的神秘，这种互动不可能被完全掌握。“一万物之妙者与。”⑥

对于张载而言，和谐人性和天道的关键是通过诚的实践。正如《中庸》所言：

> 诚者，天之道也。诚之者，人之道也。诚者，不勉而中，不思而得；从容中道，圣人也。诚之者，择善而固执之者也。⑦

---

① 《张载的心灵哲学》，第126页。
② 张载：《正蒙》，第505页。
③ 同上书，第497页。
④ 同上书，第497—498页。
⑤ 托马斯·贝里用这个短语来描述儒家传统的精神面向。
⑥ 张载：《正蒙》，第507页。
⑦ 《中庸》，第20章，见陈荣捷：《中国哲学资料书》，第107页。

"诚"和"明"是一种精神践履的两极，这种精神践履包括一个人"养性"与"格物"的功夫。在这种平衡内与外的智慧的过程中，张载区别了"性"与"命"。他说：天赋之"性"不为"气"之浑浊所蔽。"命"则是由"天"所定并渗透于人性之中。成圣的目标之一，就是"尽人之性"从而"立人之命"。通过这种方式，一个人就可以与万物为一体。

张载思想中这些区分的意义在于：他坚持孟子传统中性本善的观点。但是，为了说明"恶"，他又设置了"天命之性"和"气质之性"这两种"性"。前者是原初本性，后者是物质之性。恶的产生是由于"气质之性"的失衡，而"气质之性"的失衡则是"气质之性"与气混合的结果。气产生于太虚中其未分化的状态，分化则产生于显形之后。由于这种不可避免的过程，必然出现冲突和对立，因此有恶的存在。张载认识到，气质之性虽非恶本身，但却具有在人的行为中产生恶的潜质。不过，通过道德修养来恢复人的本善之性，却是完全可能的。确实，通过广泛地学习，"大其心则能体天下之物"，一个人就能够克服任何趋向于恶的几微。张载指出，"为学大益，在自求变化气质"①。同样，张载也发现，正是"心"，可以和谐人之性与情，所谓"心统性情"。不过，这种心的学说，要到后来的新儒家学者才使之充分发展。

总而言之，张载有关"太虚"的学说为解释事物的统一、不断互动以及相互渗透提供了一种形上学的基础。这同样也为理解人与人之间的互动提供了一种伦理学的基础。通过自然秩序中的丰饶和人类秩序中的道德行动，变化才能够由于空间和空成为可能。正如陈荣捷指出的，恰恰是这种条件，允许万物实现其自身的真实性和完全的存在。因为"只有当实在是空的时候，气才能运转，而只有气运转起来，万物才能相互影响，相互渗透，相互认同"②。正是由于"气"的"空"，人与自然以及人类彼此之间的认同和交流才成为可能。

---

① 张载：《正蒙》，第516页。对张载有关恶的学说的澄清，我受益于陈荣捷在他的《中国哲学资料书》中的评注以及他的文章《新儒学对恶的问题的解决》("The Neo-Confucianism Solution to the Problem of Evil", in *Neo-Confucianism, Etc.: Essays by Wing-tsit Chan*, comp. Charles K. H. Chen, Hanover, N. H.: Oriental Society, 1969)。

② 陈荣捷：《新儒学对恶的问题的解决》，第102页。

罗钦顺和气哲学

罗钦顺是明代中期最著名的新儒家学者。在其生命的尽头，他编辑了有关气的哲学的著作，并在1528年将其出版，这就是《困知记》。[①] 在这本充满思索的学术著作中，罗钦顺追随张载，论述了气的重要性，将气作为实在统一的基础以及自然界变化的根源。他有力地反驳了朱熹的理气二元论，因为他试图保持世界内部的气的重要性。他希望既避免朱熹学派潜在的超越主义(transcendentalism)，也避免佛教禅宗或王阳明学派的主观理念论(subjective idealism)。罗钦顺强调将人类世界视为统一的气的实在的一部分。获得有关世界和人心的知识，是个人道德修养的一部分。这样，罗希望同时保留统一性和多样性，并建立一个自然与人心既同一又有区分的形上学。这些显然是哲学中的永恒问题，但是，罗钦顺不免令人踌躇的讨论对中国新儒家思想的进展有重要的影响，同时也影响了日韩两国新儒学的发展。对于形上学、伦理学、认识论和经验主义，其含义始终是有意义的。

形上学：气一元论

在试图解释宇宙的演化及其不停的变化时，罗钦顺提到了气的统一性的力量：

> 盖通天地，亘古今，无非一气而已。气本一也，而一动一静，一往一来，一阖一辟，一升一降，循环无已，积微而著，由著复微。[②]

这种气在季节变迁、自然生长和人类生活的道德关系中有其各种表现。不过，罗钦顺坚持认为，在这种多样性和转化的过程中，“千条万绪”“纷纭

---

① Irene Bloom 译：《困知记》(*Knowledge Painfully Acquired*, New York: Columbia University Press, 1987)。

② 《困知记》，第58页。

轇轕而卒不可乱”。[1] 这种秩序就是“理”，但理不是与气可以分开的东西。罗钦顺反复声明：理和气不是不同的事物。的确，他指出，他希望理和气回复到原初的统一状态。[2]

在不断的聚散过程中，气运行于整个宇宙，正如同阴阳的盈缺。基于张载的《正蒙》，罗钦顺描述了这个过程：

> 游气纷扰，合而成质者，生人物之万殊。[3]

在另外一篇中，罗钦顺承认他试图在理气关系之间所作区分的微妙性。他写道：

> 理须就气上认取，然认气为理便不是。此处间不容变，最为难言，要在人善观而默识之。[4]

伦理学：人性为一

罗钦顺一元论的含义在于：他拒绝接受人有两种性，即原初之性和气质之性。宋代新儒家学者如张载等人，常常持有这种二元的人性论，以之作为解释恶之来源的工具。

罗钦顺则坚持认为，在古典儒家传统中，人性为一。他相信“人物之生，本同一气，恻隐之心，无所不通”[5]。由于气，人类和万物统一为一体。“人呼吸之气，即天地之气……天人本无二，不必言合。”[6]罗钦顺根据程颐“理一分殊”的说法来解释多样性。他观察到：“盖人物之生，受气之初，其理唯一，成形之后，其分则殊。”[7]

---

① 《困知记》，第 58 页。
② 同上书，第 109 页。
③ 同上书，第 127 页。
④ 同上书，第 134 页。
⑤ 同上书，第 84 页。
⑥ 同上书，第 161—162 页。
⑦ 同上书，第 65 页。

伴随着拒斥原初本性和气质之性的二元论，罗钦顺也拒绝在天理和人欲之间制造的一种对立。因此，人类的情感和欲望被视为人性的合理组成部分。人的情感和欲望值得加以修养并适当地表达。

认识论和经验主义：格物

就知识而言，由于对气的强调，罗钦顺强烈肯定感性知识和经验的重要性。他并不认为这些知识比那种来自文本或者历史的道德知识较少合理性。因此，他肯定在世界中"格物"和"穷理"作为获得知识的方法的必要性。虽然"格物"这个说法出自儒家经典《大学》，但它要到程朱学派那里才变成一种核心的观念。并且，只有到了罗钦顺这里，儒学扩充到经验领域的基础方才得以打下。这一点，恰恰也发生在17世纪日本的贝原益轩的思想中。

贝原益轩和气一元论

对于罗钦顺和贝原益轩而言，气一元论是一种自然主义的明确表达。那种自然主义有助于解释宇宙变化的动力。对于一种统一的人性论来说，这种自然主义构成一种基础。它是对人的情感的一种肯定，一种研究自然世界的原理。① 与朱熹理性的形式主义相反，无论是罗钦顺还是贝原益轩，均尝试穿透过程之中的模式，并试图阐明自然和人类生活中更新和再生的性质。他们希望避免强调"心即理"的王阳明的主观立场。他们都坚持认为应该"穷"、"格"自然界气之中的"理"。正因为"理"是"气之理"，贝原益轩认为，其自身之中有"常"有"变"，因而没有哪个是优先或是绝对的。试图对"理"的"常"和"变"有一种明确的理解，这种愿望是其《大疑录》的基本主题。

贝原益轩察觉到，需要表明一种有生命力的、动态的和自然主义的宇宙论，这种宇宙论反映着宇宙之中丰饶和生产的实际状态。当充分了解到这种生产力的伟大根源和运作的时候，人类就能够与生命的持续进程

① 这个部分的很多内容引自拙著《日本新儒家的道德和精神修养：贝原益轩（1630—1714）的生平与思想》以及我尚未发表的翻译的贝原益轩的著作《大疑录》（*Record of Great Doubts*）。

保持和谐，也就可以实现其与宇宙之间的根本的连续性，从而激活人性道德行为的动态的潜能。正如天地生万物一样，通过其道德和精神修养的功夫以及对自然的探究，人类就能够实现其基本的生命感应能力。

贝原益轩的形上学：理气同一

贝原益轩为一种自然主义作出了论证。这种自然主义将宇宙视为“气”的运行所导致的不断的形成和持续。这种物质形式之上的主要能量是阴阳的聚合，而在物质形式之中，它则成为具体的对象。这个不断的生成和转化过程可以被视为一个统一的有机整体。对于贝原益轩来说，二元论不能充分表示这个过程，也不能为在这个过程中理解人性和人的行为提供令人满意的基础。

在《大疑录》中，贝原益轩写到，他不同意朱熹有关理气关系的看法。在《大疑录》中，他分辨了构成太极的气的两种形式。其中一种是它分化为阴阳之前的原初的气，另一种则是在其分化为阴阳之后的气。阴阳的流行称为理，也被称为道。尽管如此，作为原初的气的太极和作为道的阴阳，则是同一种动态的气的两个方面。正是这原初的气构成了生命的起源、生长和转化。这意味着道是一种持续不断的创生，并非出自于“空”。

贝原益轩想在任何与佛教或道家有关太极宇宙论的空的理念之间作出一个明确区分，因为他担心这会导致寂静和消极，从而取代对世界的伦理参与。因此，贝原益轩追随张载，将太极等同于原初之气。这与朱熹将太极等同于先于气的理是相对的。贝原益轩认为，朱熹将理气视为两种不同的实体，理等于形而上之道，而气则等于形而下阴阳。贝原益轩担心，这会导致将道与具体的实际分离开来的抽象化，也会导致理和气的截然两分。贝原益轩希望避免这种二元论，因为他觉得这可能会导致一种理念论，这种理念论要么低估了这个世界，要么专注于生命的否定而不是肯定生命的伦理实践。

贝原益轩利用相同的论证来反驳罗钦顺在《困知记》中所持的二元论。程颐说“理一分殊”，而罗钦顺则认为“理是气之理”。通过这些，贝原益轩肯定实在的统一的、动态的和创造的本性。这种实在同时包含了统一性和多元性。因此，贝原益轩认为，“理”不应当被视为与“气”相分离或者先于“气”。

贝原益轩总结了他对于阴阳运转之道的论证。阴阳的运转是生命产生和转化的基础：

> 圣人以阴阳为道，不离阴阳而言道。宋儒以道在阴阳之外，而为空虚无力之物。彼以万物之根为太极之奇迹。然此非圣人之道。圣人之道即生之理与天地之长。谐和阴阳之气即无尽之宝藏。①

贝原益轩觉得，他正转向于古典儒家思想的基本精神，即对人类和自然亲密关系的表达的关注。贝原益轩强调了生命过程的首要性，因为这种过程理解和调和着这种生命运行，而这种生命运行为道德和精神修养提供了基础。他的努力在于回到一种简单和自然主义的形上学的气一元论形式，这与他在伦理实践中对自发和诚意的关注是相并行的。

伦理学：人性为一

贝原益轩的一元论和自然主义立场的结果，可以在其人性论之中看到。追随罗钦顺，他声称，由于理气是一，所以不应当像张载和其他宋儒那样在本然之性和气质之性之间作出区分。贝原益轩觉得，一个人不能论证天赋的本然之性和气质之性的相分。和孟子一样，他坚持认为，每个人均潜在地是善的，因为他们有四端之心，而四端之心可以培养成为美德。由于混杂于每个人之中的气的不同，从而出现了性质上的差别。

在其对情感予以肯定而非压抑的努力中，贝原益轩人性论的含义是显而易见的。他对精神训练的讨论，经常聚焦于获得一种表达情感的平衡的方法。

贝原益轩特别强调的是“诚”而非“敬”。在他看来，宋儒对于“敬”的过分强调，有时会导致艰苦和人为的实践，这种实践丧失了与气的能动的形上基础有关的伦理道路的创造性。他批评宋儒强调抽象概念，那是以

---

① Kaibara Ekken, “Taigiroku”, in *Kaibara Ekken, Muro Kyuso. Nihon shiso taikei*, vol. 34 (Tokyo: Iwanami shoten, 1970)，第54页.

牺牲身边更基础、更有活力的东西为代价的。在贝原益轩看来，宋儒倾向于变得过于苛刻和狭隘，因而使人类关系变得萎缩、干枯，缺少和谐和同情。而修身意在消除自我和他人之间的疏离，为的是使一个人的心能够包容万物。

人和所有生命形式的终极同一，反映了气的流通的动态过程。正如气是自然秩序中产生生命的气，“仁”亦是道德秩序中的创造性原理。贝原益轩写到，生之理和仁之理是紧密相连的：

何谓天地之心？生而已矣。天地之大德曰生。何为生？朱子曰：天地不为它事，生万物而已。此即生也。易言之，天地以生物为心。①

正是对“气”和“仁”的创造力量的这种理解，塑造了贝原益轩所有的伦理学文章，并成为道德和精神修养的潜在主题。同样，对于贝原益轩在自然世界中格物的兴趣，这种理解也提供了基础。

经验主义：格物

贝原益轩认为，一个人只有了解了自然的各种过程，才可能充分地理解人道。观察和记录自然的不同方面，可以成为更完整的人类生活的基础。因此，他的经验主义与其伦理学是彼此相关的。

尽管贝原益轩自己并没有清楚阐释他的经验主义研究和气哲学之间的关联，但是，他对现象世界之内绝对者的肯定（气之中的理），却显然为探究气中的“理”奠定了一个理论基础。在这个意义上，他意欲区分和描述植物、鱼类和贝壳的不同种类，将其看做理解实在本身统一形式和潜在原理的动力。格物意味着寻求变化之中的模式，发现隐藏于流动之后的原理。虽然这种理解可以在朱熹的传统之中得到诠释，不过，新儒家学者经常将格物指向描述文本尤其是经典的道德意义。而在贝原益轩这里，格物的动力转向自然世界。万物在其自身领域之内均可见：植物学、地形学、农学、医学、算学以及天文学。在这种扩展了的格物概念之下，出现自

① *Jigoshu*, *Ekken Zenshu*, 3:182—183.

然科学和纯科学、理论探索和实际观察,以便确定其“理”。这便是贝原益轩“实学”的一部分。

无论在内容上还是方法上,贝原益轩对实学的兴趣是饶富意涵的。委实,他将这种格物作为修身的另一个方面,同时也将其作为与宇宙中的生命力相关联的一种手段。例如,考察植物或者农业的方法,就是理解自然给予生命能力的方法。与此相类,不承认一个人是滋养生命并鼓励仁性的,那么,医学研究和实践就是毫无意义的。

贝原益轩的经验主义及其对物质世界的肯定,植根于其气的形上学,是其伦理学的进一步阐述。要看到这些不同组成部分之间的彼此关联,就要承认气一元论是支撑其整个思想和实践的一贯之道。

结论

从“气”在《孟子》中的早期表达,到后来张载对“气”的形上学阐述,气哲学在中国儒家和新儒家思想中拥有非常重要的历史。随着16世纪中国的罗钦顺和17世纪日本的贝原益轩将气哲学更为充分地表述为一种气一元论,这种气哲学为一种现世的精神性(this worldly spirituality)提供了丰富的形上学的、伦理学的以及经验主义的基础,那种现世的精神性则以其整全和全面的性质而著称。当我们寻求观察物质以及我们与物质的关系的新视角时,这种丰富和精细的有关气的哲学或许会和它在明代的中国以及幕府时代的日本一样,在我们自身的时代发生作用,因为它为理解物质和能量之间内在的统一提供了一种宇宙论的基础。

哲学的反思

儒家人格中宇宙论、生态学和伦理学的三位一体

成中英

在晚近的哲学文献中，存在一种对环境伦理学的探寻。这种环境伦理学无疑是由一种日趋增强的生态危机意识所产生的。对于西方人本主义或人本主义伦理学的环境恶果，哲学家和伦理学家都曾直言不讳。[①] 一些批评者将人本主义或个人主义直接看做以人为中心的理性主义的体现，看做"人类中心主义的自私"或"人类沙文主义"的一种形式。那种"人类中心主义的自私"或"人类沙文主义"只寻求在满足人的利益和关注中那些善的和有价值的东西，并将道德仅仅局限于人类参与的行为之中。[②] 不可否认，在取向和目标设定上，人本主义既可以是道义论的(deontological)，也可以是功利主义的(utilitarian)。但是，在人本主义之中，不论是道义论的伦理学还是功利主义的伦理学，其最终目标都是人的善和人的满足，无论是个体的人还是集体的人。因此，人本主义可以被看做实现人类"种群自私"的一种手段，或者可以被看做人类在自然世界中的利益代言者。可以指出的是，人本主义伦理学由于能够将黄金法则、康德的"绝对命令"，以及一些博爱法则整合为其自身内容的一部分，无须被看成是排他性的人类中心取向的(human-centered)。人本主义伦理学可

---

① 自1979年起，许多环境伦理学著作相继出版。由K. E. Goodpaster和K. M. Sayre编辑的《21世纪伦理学和问题》(*Ethics and Problems of the Twenty-first Century*, Notre Dame, Ind.: University of Notre Dame Press, 1979)，似乎强调对伦理学理论和环境卫生社会系统中的特定实践问题之间的分界点的研究。

② 参见R.和V. Routley:《反对人类沙文主义的必然性》("Against the Inevitability of Human Chauvinism")，出处同上，第36—59页。

以被扩展至所有能够根据这些道德法则来感知痛苦和快乐的生物。[1] 它甚至可以通过一种情境更加具体地予以说明，即为了决定如何对待蠕虫，一个人可以将自身想象成为一只正在蠕动的蠕虫。或者，一个人可以要求自己以将其他生命形态视为目的而非手段的那种方式来行为。再或者，一个人也可以仅为了保护动物的自然生命活动和进程而决定去爱所有的动物。这将是构建如何对待鸟兽的伦理学的一种人道社会的途径，但是，它没有回答人本主义伦理学的人类中心(human-centeredness)方面的问题，也没有回答为什么人必须将那些普遍的道德法则扩展到动物王国的问题。

显然，发展有关道德的各种人本主义法则时，是打算把这些原则应用于人类世界的。在将人本主义的伦理学扩展至动物王国和其他生命形式时，显然但也含蓄地假定了，为避免人类中心主义道德的不良影响，防止人本主义造成生态崩溃，这种扩展即使不是充分的，也是必需的。稍加反思即可知，对人本主义伦理学的这种辩护，虽然比起其他基于生态危机意识上的考虑更为整体和全面，却仍旧派生于对人类福祉的隐含的功利主义考虑。

揭示人本主义或人本主义伦理学扩展的、隐含的功利主义考虑，就意味着取消这样一种扩展在伦理上或道德上的有效性。人们可以设想，如果环境要求我们人类为了更为精致复杂的功利主义考虑，放弃或撤回这种扩展，那么，在伦理思想和道德行为中，我们最终仍然坚守的是人类中心主义，它或者以对自然界和我们的环境有益而告终，或者相反。

有鉴于此，必须提出三个非常基本的问题：是否存在一种对人本主义的不同阐释或理解，可以缓和其人类中心主义的倾向？是否存在这样一种标准，基于对自然界和人类的同等考虑，而非仅仅基于对人类物种或人类世界的考虑之上。根据这一标准，自然界存在物和人类世界存在物得以被平等适当地对待。如果任何这样的标准存在，一个人当如何应用这一标准，以期能在自然界中道德地行动，并发展出一种能够保护这

---

① 参见 W. K. Frankena:《伦理学与环境》("Ethics and the Environment")，见《21 世纪伦理学和问题》，第 3—20 页。

一标准的伦理态度或习惯？在这篇文章里，我打算从一种在哲学上深化了的儒学—新儒学的(Confucian/Neo-Confucianism)观点来探讨这三个问题。

包容性的人本主义：宇宙伦理学和生态宇宙论

在过去两千五百年的人类思想历程中，曾产生过两类截然不同的人本主义：一种是"排他性人本主义"(exclusive humanism)，这种人本主义拔高人类这一物种，将其置于宇宙的主人和统治者的位置；另一种是"包容性人本主义"(inclusive humanism)，这种人本主义强调作为其存在理由的它所具有的协调能力。西方自进入现代，基本上是在"排他性人本主义"这一路线上行进。虽然我们无须把笛卡儿的理性主义看做"排他性人本主义"的原型，但他的理性主义哲学，无疑为西方现代的人本主义奠定了坚实基础。

笛卡儿开创了一种本质主义自然神思想，它为我们提供了关于外部世界的知识的唯一基础。拥有这种知识即意味着运用它去征服自然。并且，这里不存在任何伦理约束来限制我们在拥有外界知识的基础上如何去开发和利用自然。笛卡儿的心物和身心二元论，事实上进一步为心对物、心对身的统治发展出了逻辑基础。传统的天国中的造物主—上帝(Creator-God)也将他的统治权转交给了地上的人。与文艺复兴时代的人不同，现代的理性人是一个从黑暗世纪的禁锢中解放出来的自由精灵，他有能力去品尝权力的甜美果实，并喜欢通过发明展示他的智力，通过工业体现他的机巧，来体会统治感。借用尼采的隐喻，现代人就像一个经历过浮箱运送后，刚刚被放出来的小狮子。因而，现代科学和现代资本主义的同时兴起就如同狮子的利爪，为现代的游戏者和捕获者提供了武器。通过笛卡儿主义的知识视野，这两者联结为权力或统治。在这种意义上，现代西方的人本主义无非就是追求权力、追求统治的世俗意志，理性主义的科学任由其处置。事实上，对权力的着迷导致为了追求价值与真理，知识和权力(快乐和自我赞颂)之间的一种浮士德式的交换，这种交换可能导致人类自身意义和人类自由的最终毁灭。

正是在人类的这种发展中，自然界丧失了它的魔力和它对人而言的内在道德价值。自然界远非现代人的心灵家园，而只是一个可供熟练的射手追逐捕获其财产的狩猎场。因此，不是科学和理性剥夺了自然对人而言的道德价值和内在意义，而是作为造物主的权威代理人，中世纪以降的人类完成了这一点。但是，与上帝不同，现代人性缺乏上帝的善。这种人本主义因而以人为中心，并排除了与世界其他存在物的任何真正的联系或内在的关联。这种统治的排他性导致了技术的加速发展以及对自然资源的日益控制。同时，它也是内在于一个不可战胜的人类权力欲望中的能力与才干的证明，这种权力欲望由工具合理性的成功运转所支持。在这种排他意义上的人本主义，只不过是经由作为征服破坏工具的科学和技术武装起来的现代人的个人主义身份的伪装而已。

然而，还有另一种人本主义，即"包容性人本主义"①。正如这个术语所暗示的，这种意义上的人本主义集中于作为自我转化（self-transformation）和全部现实转化之代理的人。因为一个人的自我转变植根于现实中，现实的转变又植根于个人中，所以在人和现实之间不存在分裂或分歧，却总有一种潜在的联系。如何构想和安置这种潜在联系是形而上学需要完成的任务，这不单要靠想象，还要依据这种有机联系的深层意义和广泛经验，来定义作为现实的人是什么和作为人的现实是什么。关于这种联系，既没有作为主体的人与作为客体的自然界之间的本质矛盾与冲突，也没有作为实体的人与作为另一实体的自然之间的任何矛盾和冲突。事实上，人和自然在整个实在的连续统一体中相互拥有。因为为了使人与自然间的相互转变得以实现，整个实在（人和自然均是它的一部分）必须被设想为变化与转化的一个动态性和创造性的过程。应当清楚，正是转变的现实性和创造性提供了必要的潜在联系。因此，我们可以看到，包容性人本主义是一种把人看做在现实之中，为了现实，并且来自现实的一个自我实现的创造过程的观点。

在包容性人本主义中，需要马上着手处理的是对于自然，甚或整个实

---

① 在早期文章中，对于我此处用"包容性人本主义"想要表达的意思，我使用的是"内在的人本主义"，并用"外在的人本主义"表达此处"排他性人本主义"所要表达的意思。

在的基本认识和理解。不管是在运动的宇宙模式之中，还是在万物的整体模式之中，都有一个相互连接或相互关联的存在背景作为标准。这意味着，不仅每一现实都是人类存在和万物的共同资源或共同场所，而且由于这个现实资源或现实场所，每一事物均具备内在价值，这种价值是在以下意义上而言的，它能够在事实间形成一种相互丰富或相互增强的关系，它有助于整体的统一和现实事物的和谐。这就是说万物和谐的一种理想方案必须始终是人类行为的基本考虑。在万物间的关系发展中，这必然会导致一种自然的张力。这里既没有与世界分离的超验的上帝，也没有把权力授予自然界中作为上帝的代表的人。因为上帝不需要这样的代表。人类从其存在之初，就已经与世界上的其他事物一道，参与到了转化权力的分享之中。

当一个人意识到他或她的责任和位置时，人和自然就已经本质地联系了起来。它被当做人类个体对存在的内在感知。在变迁中它或许会被遗忘，但永不会消灭。虽然在一些历史环境中，一种突发的对权力的欲望，寻求自我主张、自我增强，或者自我颂扬，会导致人类自身的内在断裂和对存在共同来源之感知的丧失，并且，虽然这种丧失不可避免将会导致对征服和占有的无休止的斗争和争夺，这种对存在的内在感知却始终可以被培养和恢复起来。这种经常存在的存在之感知的再度出现，就是从排他性人本主义向包容性人本主义的转变，包容性人本主义并不以人为世界的中心，而是一种寻求世界上的人和物之间或之中的模式。因而我们开始明白，对于包容性人本主义而言，其决定性精神在于求和谐的意志——将求权力的意志转变为友爱和支持精神。如此人类就代表了创造性的转化、内在关联、相互协调以及世间万物的整合或相互认可之道。人的整个创造性转化的过程恰好与世界的创造性转化过程相啮合。对于一种尽心竭力的努力来说，没有永久的得失，只有人类最好成就的动态平衡、潜能和现实的动态平衡、积极与消极的动态平衡。包容性人本主义也可以叫做“教化的人本主义”或者一种“以教化为目的的人本主义”，它基于土地耕耘的隐喻，所以它生产对人和土地均有利的果实。与此相对照，排他性人本主义是一个人出于对客体化世界的异化感，争取对土地的统治权和对地域权利的拥有权，或许最好描述为一个游牧部落陷于永恒的追逐。

为了达到和谐,包容性人本主义的基础要求把自然包含进来,所以道德行为的目标就不能仅限于人类世界,它也不能完全衍生自人类的关怀。这世界上的任何事物,有生命或无生命的,都具有这种作用,因为任何事物都能成为最佳之可能和谐不可或缺的一部分。如果考虑到时间和地点,人类和自然,现在和未来,这里和那里,这种最佳和谐就可能被实现。人类世界和人类关怀可被看做更大更广的现实在创造活动中的表现。据此,这种承担性伦理学就不得不是一种宇宙伦理学和宇宙创造性变化伦理学。这意味着,作为人类,我们必然始终把自然现在和未来的和谐记在心中,以此视野进行思考,行动,作出计划和决定。因而,这种宇宙伦理学也就是一种生态宇宙论,它将创造性的存在、和谐的创造性与转化的和谐三者的价值并入到一个整体之中。

在我就《周易》的形而上学基础所作的早期研究中,我把这种生命宇宙论称为整体的"本体宇宙论",以显示变化和现实(或过程和现实)的和谐统一。[①] 由于现实包含了人类价值的源泉,这些价值必须被看成是宇宙的内在价值,所以当生命创造性的本体宇宙论在世界生命过程和生命形式的自然环境中呈现自身之时,它同时就是生态学,也是人类伦理考虑和道德行为的基础。因此,本体宇宙论也就变成了大概的生态伦理学,或者说是基于把自然现实看做创造性变化的伦理学。

很显然,包容性人本主义标志着宇宙论现实向价值论转变的出发点。而这应归功于在克服障碍和误解,以便实现动态平衡以及存在、生成和无(nonbeing)的和谐之不懈努力中,人类的参与、反思、改革和创新。

如果笛卡儿可被选做西方排他性人本主义的创立之父,阿尔弗雷德·诺斯·怀特海就可以被看做是西方包容性人本主义的代言人。由于儒学基于与包容性人本主义完全相同的原则,我们可以看看儒家如何与

① 参见拙文《作为非形而上学的中国形而上学:儒家和道家对现实自然的洞察》("Chinese Metaphysics as Non-metaphysics: Confucian and Daoist Insights into the Nature of Reality"),见《理解中国思想:哲学的根源》一书(*Understanding the Chinese Mind: The Philosophical Roots*, ed. Robert Allinson, Hong Kong and New York: Oxford University Press, 1989),第167—208页。

宇宙万物一道同时建立了人性的社会与和谐的宇宙。

本体宇宙论：儒家三位一体的内核

儒学是包容意义上的人本主义。通常儒学仅被理解为人类中心主义或人类关系中心主义，并且一般仅被认做是道德和伦理哲学。其“仁”（仁慈/人道）的伦理被认为缺乏理性和超验的基础，然其“礼”（礼仪/得体）的伦理被轻看为调节社会关系的有教养的习俗或意在优化社会功用的行为准则。甚至其“义”（正义/公正）也只是大体上被理解为在人类和社会环境中行为正直的事情。我并不想以幼稚的误解为由把这些理解打发掉，但是因为它们统统建立在不完全和表面的理解上，所以仍然是被误导了。这种误解之所以会产生，是由于没有意识到作为儒家伦理学基础的潜在的本体宇宙论话语。即便是在看起来似乎主要由德性伦理及其政治效用组成的《论语》这样的古典儒学那里，一个人也不能忽视其广泛潜在的本体宇宙论话语，这些话语赋予孔子及其后继者的价值和理想以活力和精神。及到宋明新儒家著作中变得非常清晰之时，古典儒学便将其自身——因而应该看到——呈现为一个包含了现实和人类各个方面的全面统一体。这一点是非常明显的，如果我们能够意识到，在《周易》的象征符号和正文里，相关的本体宇宙论观点是暗示性的，而在《周易》的《易传》里，它却变得十分清楚。所以我建议，我们不应该将对儒学的理解仅仅建立在儒家的《论语》上，甚至也不应该仅建立在“四书”上。将儒家的道德学和伦理学与其本体宇宙论联系起来是非常重要的，本体宇宙论在《周易》和其他著作的注释中都有提及。①

① 虽然有学者声称老子对《易传》的道家影响，但很可能是道家和儒家分有了一个共同的本体宇宙论世界观，这种世界观派生于已过时的《易》的世界观点和其在占卜中的运用的传统。更详细的说明参见我的《全的本体论解释学：全面/反思的考察》一文（“On Ontohermeneutics of Quan: Comprehensive/Contemplative Observation”），载《国际〈易经〉研究期刊》（*International Journal for Yijing Studies* 1, 1995），第156—203页。即使道家和儒家在本体宇宙论世界观上分有了共同的哲学起源，但是这并不意味着它们的伦理、道德和政治态度必须相同。事实上，许多因素都对儒道解释相同本体宇宙论并从中产生它们特殊的生活政治途径的方式产生了影响。除此之外，可能是《易》文本中的内在“本体论分歧”导致了儒道伦理学和政治学之间的分歧。

除了获得对儒家广泛平稳的理解的需要外，研究这些著作还有另外一个重要的理由：除非我们把儒家伦理和道德理解为实践和实践理性，否则我们就无法把这种伦理学和道德完全理解为一种与形而上的和本体宇宙论的资源及基础连成一体的论说。“天”是指向价值的道德关怀的中心；“道”是德（内在权力/德性）和“仁”的基础；“性”（自然/本性）和“命”（命令/命运）揭示了作为道德存在物的人类个体的现实对立经验。当我们把《大学》、《中庸》、《孟子》以及《荀子》全部纳入考虑范围时，这一话语就会变得更为完整，更具有体系性。一旦我们与《中庸》相遭遇，我们就完全有理由回溯到《易传》，它以不同于道德和伦理的方式，赋予儒家之道的本体宇宙论一种完全的揭示。但我们还必须注意《中庸》（以及《孟子》）与《易传》之间存在的细微区别：《中庸》所关注的是道在一个人，甚至一个人类社会其实践与道德的活力，但是我们发现《易传》非常强烈地再现了道如何运转，世界如何展开，以及人类如何与道德天命和创造任务一道出现的生动叙述。我想强调的是，根据这种话语，我们不仅看到了关注《易传》式的本体宇宙论，作为实践的儒家伦理学的更为完整的画面，而且我们还意识到，除非我们拥有这样一种本体宇宙论式的世界观，否则，我们就无法通过伦理学和道德学，对我们的生存和存在状态实现任何真正的变化和转变。

《易传》本体宇宙论式的世界观包含以下几个基本点。首先，存在着一个用之不竭的创造性源泉，它同一且未分化，但又始终准备着分化为具体和个别的事物。这种“太极”（最终极限）思想代表了对事物现实的动态统一的沉思性洞察：它把统一性元素与多样性元素，以及二者在发展、卷入过程中的动态关联结合了起来。关于太极，最重要的一点是它是万物持续的源泉，并提供每一类型或每一个体标志的综合性及有目的的统一性。但同时，它也为作为类型和标志的事物的多样性提供动力支持。换句话说，太极既是万物的起点，也是万物的终点，它作为万物的起源，始终支撑了根植于它的万物间的联系。

于是在太极里我们可以看到一种本质的开始的力量，它能导致一种本质的完成及实现的力量，它赋予所有被发展被创造物以现实和价值。进而，太极可被看做在万物固化之前或之后的无区别的平衡状态。因此，它作为万物的终极层面而存在。除了作为创造的源泉，它也是事物和谐的源泉，并为万物间有区别的和谐提供基础。和谐或和谐一致性，在这里意指万物的互助与互补。和谐有助于促进一种更新的创造性和未来的发展。从这方面来讲，太极也可以说就是道，并与道一起，意指一个过程和作为万物全体的世界，这一世界从一开始就存在一种完全的平衡，以及无时不在的万物间的普遍和谐。和其他事物一样，人类正是基于这种完全的平衡之上，并被包容在这种普遍的和谐之中。但是，与其他事物不一样的是，人类从其他事物中绽出，在运用文化和艺术去创造平衡和和谐的更高序列的这种潜在能力中去体现太极和道。

《易传》有言："一阴（阴暗）一阳（明亮）之谓道，继之者善也，成之者性也。"[①]这一陈述强调的是在通过太极创造世界万物的过程中，创造性的对立本性。那么什么是阴？什么是阳？无疑，现象地定义阴阳，阴阳可现实地在万物世界中来理解，也可以本体论地在万物的创造生产过程中来理解。阴阳的现象样式代表一种对立的统一、一种互补的全体，同时还是一种相互转化的自然过程。它是被我们的美感和对事物性质的感知所说明的完成和反复（也可能叫做创造的循环和再生）。同样地，我们也可以把这样的事物看做是阴阳的相互作用与相互综合，这样的事物是展现了相同关系和动态的性质和特征的集合。不仅事物是由阴阳相互作用而创造出来的，事物的所有分化和统一，也都可根据阴阳来解释，同一阴阳可以被分解在存在的不同层面上。对阴阳的相对性和多样性的理解，因此就是对事物自然过程的反思性解释的基础。同时阴阳也是一本体宇宙论原理，它表明了本体论和宇宙论的统一性和相互性。阳代表可见、明亮、变化或活动的宇宙论过程，而阴则代表不可见、隐藏和不变的本体论现实。二者的相互依赖和相互渗透产生了自然的现象实在。因此我们可以视阴阳为终极现实（太极）的两个不可分却可以相互转化的元素。作为终极无限源泉的太极，产生了创造有形事物的两个环节。这一过程在作为源泉之太极的统一交叠中轮流完成对有形事物的创造。

本体论向宇宙论创造性转化（反之亦然）的这种辩证法，确保了道永

---

① 朱熹：《周易本义·系辞上》，第5段。

不停息的创造活动，作为潜在过程/现实，道在对阴阳相互作用之动态的描述中被揭示出来。张载根据太极为这一相互作用过程提供了一个恰当的特征，它同时包含了阴阳对立中的统一和太极统一中的阴阳区分："一故神，两故化。"①

在这一关联中，我们需要阐明一个重要的命题，现实中的万物都是作为价值，为了价值，向着价值而产生的。所有实现的都是现实的，所有现实的都有价值。价值就是价值，不仅在于它是被创造的现实，而且由于它在事物的系统里有其固定的位置并能够被联系，被发展，被增强。价值也还与人有着特殊的关联；价值包含在一种感觉中，同样也包含在对物的感知性质中。这是快乐、认识、肯定或否定、探索、发展或重建的目标。由于每一事物都出自同一创造性源泉，在同一创造性过程中实现，所以每一事物都有价值。因此才有这一论述："继之者善也，成之者性也。""善"是自然的一种表现，因而可以作为理解世界整体自然的一个基础，或者作为一种理想的价值形式。要想给予价值以这种理解，就得等到人类发现事物和环境的真正价值，从而使他或她能够被纳入价值的创造性建构和重构之中。

根据事物的创造性的开始完成的对立过程，我们将明白"天""地"如何必须在道的创造性过程中，或太极统一的创造性实现过程中形成。在《周易》里，天地是阴阳最为基础的宇宙论具体化之物，其他具体事物皆是从它们衍生而来。在"八卦"系统或"五行"系统中，这一点都可以得到说明。事实上，我们可以在《周易》的整个象征系统中把天地设想为自然宇宙创造性演化的基础，设想为人类世界进一步演化的基础。我们将明白，在呈现太极统一的原始创造力时，天如何必须与地相连，太极的统一是经由阴阳这对对立要素体现的。这就是天的创造性能力和地的接受性能力如何起作用的过程，此时"乾""坤"就是"阴""阳"的宇宙论称呼。指出以下这一点十分有趣：在《周易》的符号文本中，乾/坤的名字是指天地的索引符号，暗示太极的原始统一和其阴阳对立性要素的创造性构造。因此，

① 张载：《正蒙》，第2章。我把"一故神"的"神"译成有创造力的，因为一是创造的源泉，是事物转变背后的动力。我把"两故化"的"化"译成能变化的，因为正是通过阴阳的交互作用，事物才得以形成和转化。《系辞》中，"神无方而易无体"同样表达了有创造力的意思。因此，创造没有限制，变化没有形式，表明创造和变化是如何深远和广大。

通向太极宇宙论之路并非独断的，而是逻辑的。我称太极宇宙论为太极的本体宇宙论和《系辞》中的道，它后来在周敦颐的《太极图说》（太极图的解释）中得到了进一步阐述。

当道家哲人老子谈到一生二，二生三，三生万物时①，很显然他心中有着太极生阴阳两极的系统图式。② 但是老子还说“道生一”，这是强调终极现实的动态创造力，终极现实仍然具备统一的形式。③ 如果我们把太极看做世界的源泉，那么作为一个整体系统，道在创造世界万物的过程中就与太极一样。但是当老子说三生万物时，三也被看做是第三，它是二相互作用的产物。我们可以把整个世界万物和生命形式看做来自于天地阴阳的相互作用。然而我们也可以把二看做随便两种力量或事物，因而把三看做随便三种力量，或者派生自两种力量或事物的第三种力量或事物。

显然，在这种语境中，人类是天地造物中最独特、最显著的第三。人类与天地一道组成了“三合一”，或者与整个宇宙一道构成“三元组”。关于这“三合一”的有趣之处在于，一个人能够做天地所做的事情，也即培育生命和助长万物。但是一个人却并不完全是天地，即使为了实现更高的价值序列，他或她具有了天地的德性。正是在这种意义上，像文化和艺术之类的人类创造物，应被珍视为人类创造力的产物。但是人类所创造之物必须有益于天地自然进程的连续性，而不能有害于它。因此，正是这种保全我们天地德性的精神，要求我们在任何时候都不应该背离这种德性，这种德性不是由自然赋予我们的，而主要体现在天地中。通过这种方式生态伦理学就可以建立起来，我将在下一章里解释这一点。

那么，在这种本体宇宙论的创造性生产过程中，人的位置在哪里呢？《易传》里是这样说的：

> （圣人，也即已经达到最高境界之人）与天地相似，故不违；知周

① 见《道德经》（严灵峰版），第42段。

② 老子曾说：“万物负阴而抱阳，冲气以为和。”同上书，第42段。

③ 这里的道是否等同于无极的观念还是一个问题。根据老子的说明，有无相互产生，所以最好把道看成是综合了有无两者为自身的两种功能的道。

> 乎万物而道济天下，故不过；旁行而不流，乐天知命，故不忧；安土敦乎仁，故能爱。①

朱熹在他对这一段的评论中说，这一陈述是有关“尽性”的。但“尽性”意味着深入广泛地去实践天地之道的“仁”。朱熹甚至评论体现天之实质的圣人的广博知识，以及体现地之实质的圣人对于世界的可取之处。② 在这种意义上圣人就不仅仅是作为父母之天地的子女，也是作为温和统治者之天地的合适代理人。③

代为天地的代理人，人类不因为有知识就为了自身的舒适和一己的享乐去征服使用自然。而毋宁说，广博的知识使得人类能够照顾其他生命形式，能够重视和保护自然。依据同样的方式，一个人能够建立与孟子所谓“仁慈的统治”（仁政）④相一致的统治方式。作为天地的子女，人类应该对世界中的其他生灵抱有更多的同情，因而不忍心看到牛羊遭受到痛苦。⑤ “尽性”的思想正是在这种意思上的应用。“尽性”是一种复杂的思想，狭义来讲包括实现个人的本性，而广义来讲，除实现个人的本性外，它还包括实现他人和世界万物的本性。因而：

> 唯天下至诚，为能尽其性；能尽其性，则能尽人之性；能尽人之性，则能尽物之性；能尽物之性，则可以赞天地之化育；可以赞天地之化育，则可以与天地参矣。⑥

谁是这“至诚”之人呢？他或她能够保全并展示天地的真正德性，因而不仅能够实现和完成他或她自己，而且还能实现和完成其他事物。正如下

---

① 《系辞》第4段；我的译法。

② 见朱熹：《周易正义》，写在他关于“仁”的文章之后，在其中他解释“仁”为心之德、爱之理，这与他在《正义》里的说明稍有不同：“仁是爱之理，爱是仁之用。”

③ 在其著名的《西铭》中，张载细致地发展了这种通向宇宙大家庭图景的父母式关系。

④ 实际上，这也是中国风景画的精神，其中自然代表快乐和平之地，友好的鸟儿、安静的花儿或植物与之相伴。事实上这也是源自《周易》世界观的道家态度。

⑤ 见《孟子·梁惠王》中孟子关于仁政的论述。

⑥ 《中庸》，22。

述《中庸》引文所表明的，“诚”同时包括“仁”和“知”（作为智慧的广博知识）两个方面：

> 成己，仁也；成物，知也。性之德也，合内外之道，故时措之宜也。[1]

也正是在这种意义上，孔子说：“人能弘道，非道弘人。”[2]

那么，现在很明显，人类在起源上就与天地相关联。如果天体现了生命的不断创造发展的精神，地则体现了永恒的接受能力以及爱的持续性，而人必须体现它们二者和谐融会的结合体，并应在思想、感情和行为方面应用合适的尺度。天是创造发展宇宙论的一种象征；地是包容和谐的生态学的一种象征；最后，人是二者的集合体的一种象征，因而生出价值综合与价值实现的伦理学。所以说，在儒家的圣人那里我们看到了天地人的三位一体，它是包含了宇宙论、生态学和伦理学的统一体。明了这三者的三位一体是建立和统一在道和太极的本体宇宙论上这一点是非常重要的。三位一体中各要素间的关系可以用图表表示如下：

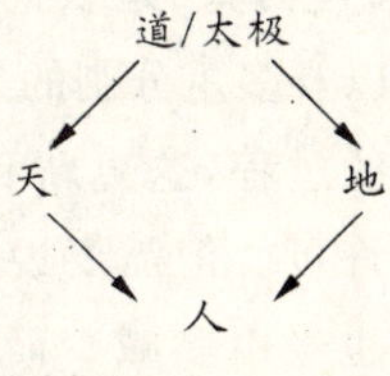

三位一体概念衍生自基督教神学，其中圣父、圣子和圣灵虽是统一体中的三个位置，却形成了被看做一个整体的三的组合。[3] 由于三位一

---

① 《中庸》，25。

② 《论语》，15：29。

③ 关于“位”的思想，参见我最近的文章《周易中“位”的哲学》（“Philosphy of Positions in the Chou-i”, *Orient Extreme*, *Occident Extreme* 18, 1996），第181—198页。在最近的一本中国刊物中，庞朴教授重申他的“一分为三”的哲学，他用此命名儒家的辩证法。他的著作《儒家辩证法研究》（1984年北京初版，1995年深圳海天出版社再版，更名为“一分为三：中国传统思想考释”）研究二从基础一的形成，以一为基础或趋向于一的二的统一。比起三结合为一或三位一体，他更强调一分为三。在我看来，我们应两者并重，而非执于一端。

体是历史上的救世神学，如何把它应用到宇宙论、生态学和伦理学上，是一个精微又有挑战性的问题。在《周易》对三位一体的说明中，如上述所解释的那样，我们可以把圣子看做理想的人，圣父是天（创造精神），而圣灵则是地（相互包容精神），或者是见证了神威实现的世界中介。正如我上面所说，除非超验的上帝的思想是一内在的思想（内在于地，内在于人，甚至内在于天），否则人类对地球的统治就将变为上帝名义下的统治。那么，人类将为其分离的自由所束缚，并将成为其孤立的自由意志的牺牲品。

最后，我想根据怀特海的有机宇宙论讲讲儒家宇宙伦理学和生态伦理学的本体宇宙论基础。首先，怀特海的开放的创造和创造的连续性，非常适合于《易传》本体宇宙论的永不停息的创造原理。怀特海用“多是一且由一增长而来”来描述的创造之发生方式，意指统一以及不同的和谐综合，这不同是指进到作为更新和价值之实现的新兴整体中的不同。作为创造发展的开放过程，一中多的综合既是经由一的增长，也是经由多的减少。根据“太极图”，这多被看做“一”的过程的动态平衡和谐的内在特征。在“太极图”里，一个创造相关过程展示了“一”的广泛和谐和动态转化，这一依据多的个体发生，可被描述为“一是多且由多增长而来”。这是在六十四卦的产生中阴阳的分割以及多重分割的过程。我们可以把这看做一个更新（novelty）和价值分化的过程，这更新和价值构成进到实际场合之具体现实的怀特海式可能性许可。但需要说明的是，尽管多是一并且经由一增长而来，但是，多是一也经由多减少而来。同样地，虽然一是多且经由多增长而来，但它也是多且经由一减少而来。这种“予和取”、“来和去”、“增和减”的内在平衡展现了作为更新价值之创造过程的现实的和谐平衡的丰富结构。

其次，怀特海的宇宙创造力从根本来讲，是按照上帝的最初本性与最终本性的对立性来构想的，这种对立性是终极创造力的两种方式。毫无疑问，这表明其与太极阴阳的对立性的强烈的相似性，根据太极的动/静和刚/柔，具体个别的事物从中产生出来。虽然有人可能会说，在怀特海那里，存在着相对于最终本性的上帝的最初本性的超越性，但是它也可以说成是关于整个开放式创造前进过程的一种内在形式。太极在静态中的最初的运动也可以被看成是代表了这样一种超越，但却是太极的内在力量，因此它既是一个内在源泉，也是一开放过程。同一可以否定自身从而产生不同，不同可以否定自身从而产生同一，因而我们同时具有同一的不同和不同的同一，这样一种事实说明内在如何能变成超越，超越如何能变成内在，并且在创造改变的行为中，超越和内在如何能同时存在。这是任何致力于思考创造力的心灵的努力都必须具备的辩证成分，它很明显地同时存在于《周易》和怀特海那里。因此，辩证地，作为天的上帝的最初本性和作为地的上帝的最终本性，不仅不能被分开，而且为包括人在内的世界万物的演化所同等地必需。所以人能够反思这种创造性过程，这种过程揭示了存在于人和世界创造过程之间的内在关系，并展现了人的创造力的源泉。

最后，我们可以看到，一种与《易传》相类似的潜在生态伦理学如何可以从怀特海那里被发展出来，虽然怀特海并未专门谈及这一问题。在他的《观念的历险》中，怀特海提到五种文化价值，作为人类文明成就的一个基准，它们是真理、美、冒险、艺术和和平。[1] 很明显这五个文明社会的标志作为我们评价的标准和目标，应用于我们的思想和行为，既是描述性的也是规范性的。重要的一点在于它们不能被孤立地看待，而必须联合起来考虑，因而每一个都受到其他几个的补充和限制，以便在具体意义上形成一个真正和谐坚实的价值统一体。这种和谐的价值统一体可称做"至善"，它从根本上定义了人类的创造力以及宇宙的创造力。而这也恰恰是现实源泉原初的善，它为发展的继承性阶段的创造努力所扩充——在《易传》里称为"继之者善也"。关于我们自身、他人和整个环境的行为，除了这种价值的综合，没有任何其他的目标和标准，这种价值针对现实的整体以及整个现实的未来发展。这就是"仁""知"的宇宙论生态学伦理学命令的本质，而《易传》和怀特海都表达了这一本质。

宇宙生态伦理学和道德决断

根据《易传》所理解的人在本体宇宙论框架里所处的位置，就环境和

① 怀特海：《观念的历险》(*Adventures of Ideas*, London: Macmillan, 1933)。

自然的取径，一方面，我们可以在儒家圣人和传统道者之间作出区分，另一方面，我们也可以在儒者和一个现代技术专家之间作出区分。

道者信奉自然和现实的自然自发行为，提倡追随自然的自发性进程，视其为幸福生活的伦理道路。为达至“无为”或“自然无为”的状态，它阐明或被认做追随自然自发性的一种方法、一种普遍的理解样式。但是，它意味着一个人必须切断欲望和知识，以便不受欲望和知识的刺激，去做有害于人和自然存于其中的平衡状态。经过反思可知，这一不现实的目标不仅不能达到，而且它也不是道在世界上创造和运动所遵循的原则。如果没有生命的活力，也就不会有任何创造力。生命形式，包括自然赋予的欲望以及对求知和经验的本能兴趣，都是从生命的活力中而来。

和其他生命形式一样，人也从属于道的创造；但又不同于其他生命形式，人还被赋予了更大的知识能力和更大的行动能力。因而，对于人而言，所谓的自然，并不是指他或她应过一种与动植物相同的生活，而是应当达到一种与他或她知识行动能力相配的价值状态，但要在未曾扭曲、破坏、无视或妨碍他或她与自然间的，以及自然事物之间的更大和谐和平衡的前提之下，人应该拥有这种智慧去实现这一点，并应该始终力求去发展这种智慧。这是一种综合性智慧，它同时包含了思辨理性——知道和理解人和环境的关系——和实践理性——以行动去保持人和更大的自然界间的关系。如果人能做到这一点，他们也就能够扩展其知识，保全其重要的欲望。①

在《道德经》的许多地方，老子预想了追随自然自发性（自然）的更加文明的样式。他谈及圣人的“无私”，这种“无私”通过他人实现而达成了自我实现。② 他也说到道家的“无为”原则，像“生而不有，为而不恃，长而不宰”③。这条“无为”原则建立了趋近自然自发性的新途径，它可被广泛应用于人的创造力，明确应用于环境伦理学。为了人去反思他们的所想

---

① 一个人也许会无视创造力的源泉和宇宙的全面平衡，因而不考虑事物的源泉和相互关系而去行动。这就造成了一种反自然的冲突混乱状态，这种状态必定与一种自我失败、自我破坏行为的循环连在一起。因而说，人类创造力问题并不单单是一追随自然，而是一参与到自然创造进程中去的问题。它是探索自然，而不是打乱自然的基本平衡，不是妨碍自然的自然作用。

② 见《道德经》，第7段。

③ 同上书，第10段，第51段。

所知的外延和内涵，反思他们行为的动机和后果，“无为”的广泛应用对于人来讲就十分重要且必需。

第一类型的反思可被称为“质疑知识的正当和深度”，第二类型可称为“质疑行为的正当和深度”。只有当知识和行为的正当和深度问题被提出时，我们才能依照价值，获得关于知识和行为的一种批判性评价。这样的考虑要求给出一种有关事物本性和自然界的全面长期视角式的理解。他们特别要求一种对于人类生活的内在自我和最终目的的强烈批评。正是基于心里有这样的考虑，任何科学知识都必须经由一种超越知识的现实和价值系统的视角进行考察。同样地，任何行为也必须经由一种必定超越行为的视角进行评价，这一视角把在整体系统或过程中的事物之相互作用、反转、平衡和和谐状态统统纳入考虑范围。把这种理解存于心中，很明显，道和太极的本体宇宙论为这类评价和反思提供了一种有意义的基础模式。

一方面，天的宇宙论应当为人的创造力提供一种模式，在这种模式中，文化和科学活动必须有助于人类物种以及自然整体生命的保全。因为如果人类生命不被保存于自然持续创造力的基础之上，其生命便会被缩短。另一方面，地的生态学应当为人类无为和自然自发性提供一种模式，在这种模式中，一个人必须反思他的创造性行为，如此他便可最终达至一种真正的价值实现。最后一个要求，为了在一个平衡和谐的全面语境中把知识与行为合并到一起，人的伦理学必须将天地的智慧结合起来。知识是否担保了行为，行为是否证实了知识，不是单纯基于简单知识和行动层面的考虑，他需要对天的宇宙论和地的生态学的反思和洞察。正是在一种宇宙生态伦理学的综合智慧基础上，我们才能通过实现作为天地融合之生命的价值，来实现我们作为人的生命。在这一点上，道的道者和太极的儒者通过相互支持一致、互补起来。关于人类创造力反思的概念图式可简示如下：

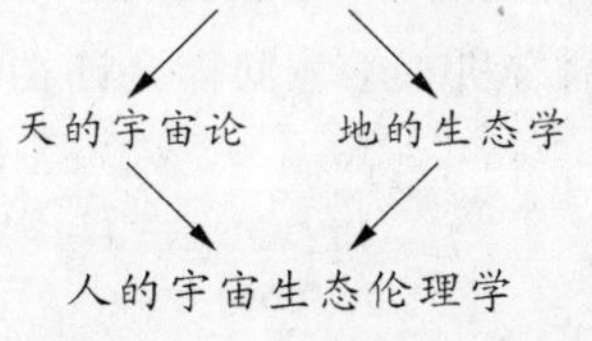

现在我想转向科学技术的发展问题。科学技术的发展不同于人类知识行为。现代科学照亮了人在自然中的位置,但它无须决定人的命运或定义幸福生活应该是什么样子。事实上正是技术把人类生活和人类社会导向了不可预测阶段。也正是基于工业的技术引发了环境危机。必须要提出这样一个问题:我们是否应当把技术看做是人类文化的一个有害行为,它从一开始就应当被废止?道家会如何回答这一问题似乎很显然:老子把现代技术看成不仅可被用于战争和破坏,而且还会导致"驰骋畋猎,令人心发狂"①意义上的"危害性武器"(凶器)。庄子同样表达了对技术的否定,它是助长"技巧之心"(机心)的手段,而我们应当阻止这种"机心"落地生根。道家关于技术的观点是其坏处大于其好处,因为它破坏了人自身的纯洁和天真,并导致了追逐知识、追逐欲望等的恶性循环。虽然海德格尔的看法可能与此不尽相同,但他关于技术的批评却可被解释为关注人对存在的本体论疏离。因此,技术不单能够破坏人类的环境,它实际上还能阻碍人在本体论上的完整性和真实性。

根据道和太极的本体宇宙论,人的创造并不仅仅局限于一个活动层面,而是建立在宇宙论和生态学的创造基础上。在这种意义上,自然界和文化世界共同构成了一个连续统一体和一个内含主权式等级序列。鉴于人类创造力活动在宇宙论创造力视野中考虑到了平衡、可持续性、和谐和一种健康的建设性的可逆循环等价值,就不存在对人类创造力的限制。这意指任何技术发展都必须在允许知识价值、部分整体、过去未来和人类个体与自然界的相互作用的框架下完成评价和理解。正是基于这些考虑,我们可以说儒家通过运用他或她的能力,按照宇宙生态伦理学的命令去思考行动,把人类价值作为一整体来保全。正是有了这种理解,《易传》才说"开物成务","备物致用,立成器以为天下利"——这样的论述可理解为以科技为导向的和前科技的。② 也正是由于对人类和自然的现状具备了同样的理解,怀特海的有机哲学才同样允许在可能和现实交替的开放

① 《道法经》第12段。
② 见《周易·易传·系辞上》,11。

性创造性背景中的科技发展，以及在预期时间进程里人类关于重要价值之实现的自我反思。①

《庄子》建议，在拥有“真知”之前，必须先有“真人”。但什么是“真人”？什么是“真知”？庄子认为“真知”指同时知晓天的作用与人的作用。那么，如果不在自己心里建立起一个创造视野和一种创造态度，一个人如何能够拥有天人的知识？事实上，庄子把“真人”描述成一个不用他的心妨碍道，不用他的成人协助天的人。更进一步说，“真人”是一个视天人为一体的人，其间没有任何天与人的对立（天人不相胜）。② 它强调了以下事实，“真人”和“真知”互为基础，互为前提，密不可分。但是这里还可以意指另一种意义的知识和人。为了改变知识及其运用，你必须改变拥有知识的人。同样地，为了改变人，你需要改变他所拥有的知识。迫于环境破坏的危险和当前环境危机的紧急，发展真知，培养真人就当然不是一个太强的要求。我此处的分析已经证明了力举真人和真知的必要性。对于宇宙论、生态学和伦理学三位一体的理解就是这样的一种真知，而三者在已实现的儒家人格中的宇宙生态伦理学的结合就是这样的一种真人。因为拥有真知的真人便拥有一种实践智慧，他可以为工具理性所调和，但是，他却植根于本体论和宇宙论的思辨反思理性之中。③

---

① Cf. Joseph Grange:《怀特海和海德格尔关于技术之善》(“Whitehead and Heidegger on Technological Goodness”, *Research in Philosophy and Technology: Technology and Everyday Life*, Greenwich, Conn., 14, 1994)，第161—173页。

② 见《庄子》内篇《大宗师》，台北：三民书局，1974；我的英译。

③ 除了儒家，就连亚里士多德也可以被解释成视作为人类生命一部分的“理论理性”（沉思永恒事物）植根于“实践理性”（这个词不是指理论的技术性使用）之中。很明显，对于亚里士多德而言，人必须将理论或哲学与实践结合起来，以便做正确之事。见 Richard Kraut:《亚里士多德关于人类的善》(*Aristotle on the Human Good*, Princeton: Princeton University Press, 1989)，第2章和第5章。

现代新儒家生态观的主题

白诗朗

(John Berthrong)

导 论

对于儒家学者来说，这是一个艰难的世纪。尽管现在它看上去像是一个世界的损失，但是狄百瑞已经提醒过我们，在20世纪初的中国，儒家传统仍然主宰着教育系统、王朝的国家公务和家庭礼仪。[①]至此之后，中国精英文化中明显的儒家主导性被一扫而空。直到1949年，当毛泽东宣布中国人民已经站起来了的时候，儒学看上去就是那些奔向现代化的中国人民将要弃之于垃圾堆里的东西中的一件。在20世纪60年代中期，甚至伟大的思想史家约瑟夫·列文森(Joseph Levenson)也悲观地同意这种看法，认为在现代中国，儒学唯一的栖息之所就是收藏在思想遗迹的博物馆里。现在很明显的是，这种看法错了。在整个东亚，儒家传统显示出了新的生命迹象。然而，在其复兴中，儒学同样面临着新的挑战，其中最为严峻的挑战之一，就是20世纪末期的生态危机。

这个正在复兴的儒家传统现在被称为现代新儒学(New Confucianism)，为的是把这个现代运动与从孔子、孟子、荀子的古典儒学

---

① 参见狄百瑞：《儒家的困境》(*The Trouble with Confucianism*, Cambridge, Mass.: Harvard University Press, 1991)。狄百瑞做了一件杰出的工作，既为儒家的复兴搭好了舞台，同时也指出了在任何这样的尝试中的困难之所在。

(Classical Confucianism)到伟大的宋元明清的新儒学学者(Neo-Confucianism scholars)区别开来。自从与西方现代性遭遇以来,现代新儒学就面临着一系列新的挑战。作为世界上众多历史性的伦理宗教运动(ethico-religious movements)的一个例子,儒家学者必须与知识社会学家彼得·伯格(Peter Berger)所说的由第二轮工业和科技革命带来的,在现代东亚出现的新角色和知识的挑战达成妥协。这个复兴很大一部分指向这样一个任务,即找出儒家学者在东亚社会的现代化过程中需要扮演怎样的角色,然后决定这个传统愿意与其他文化和哲学传统全球性地分享它的哪一部分。为了完成这一使命,新儒学必须像钱穆、唐君毅、梁漱溟和牟宗三那样的思想家们所做的那样,回顾什么是必须从内部得到更新的,什么是需要从外部资源添加到这个传统之上的,以及什么在现代世界里是不合时宜的,从而必须从这个传统的历史目录中被拒斥或抛弃的。例如,新儒家一致地拒斥对妇女在现代文化形成过程中所起作用的传统的局限看法。新儒家的第一代(从 20 世纪 20 年代到 90 年代)大都通过对整个宋明清的新儒学遗产中的精华进行重新排序和一种哲学复兴式的补充来完成这种振兴。

但是,在儒家学者看着他们的传统世界遭到毁灭又继而复兴的时候,世界并没有停滞不前。新的问题涌现出来,其中最为紧迫的一个关注是生态危机的问题。这甚至没有列入晚清儒家传统的议程,只不过儒家对承认需要保存自然资源的经济政策的持久关注被保留了下来。在这里,传统的儒家学者可以赞许地引用孟子和荀子对关注人类耕作自然世界的义务的反思。然而,如果儒学想要在中国和全球的思想生活中扮演一个积极的角色,它就必须学会如何面对新的问题以及传统的课题。虽然很难想象一个不认真思考个人修身和社会伦理的新儒学,但是,现在也同样不可想象一个不涉及国际人权问题、妇女角色转变问题以及生态危机问题的新儒学。问题的症结在于,与许多其他全球轴心时代的宗教一样,传统的主要关注集中于人类生活及其拯救,而现在的知识和道德危机的基础则是去发现如何保存儒家的修身和社会伦理的精华,以及作为生态反思的阵地如何把它扩展到关注自然的新领域。

这篇文章只是一个适度的尝试,开始思考什么才是儒家对现代世界的生态危机应作出的恰当回应。新儒家需要问的是：对生态进行思考的传统内部资源是什么？它们如何才能与生态危机联系起来？儒家对人类关联的社会性的洞见怎样才能扩展到可以包容一个保存自然的积极视角？进一步而言，新儒家意识到他们需要在全球哲学的视野内来思考这些问题。就像伟大的宋代新儒学复兴是受到佛教思想对中国文化的强烈冲击的刺激一样，同样，现代新儒学运动也受到了与西方现代哲学对话的影响。有趣的是，这种新的相遇正是基于一种共同的感知，那就是：为了解决由今天的生态危机引发的人类生存的深刻问题，所有人必须一起努力。这篇文章想要做的就是，看看儒家传统中的那些主要条目在回应生态现状时将扮演怎样的角色。

本文将会讨论儒家累积的传统的性质问题，并会探究新儒家如何应对生态危机的问题。无论如何，必须回答这两个历史的和哲学的问题，将来任何的儒家生态学必须建立在这个传统可接受的要素和主旨之上，并建立在有义务寻找一种儒家的方法来建构一门负责任的生态学的理想型(ideal type)之上。这样一种生态学的视野必须植根于传统的主体内部，并且，决不应当仅仅是对从儒家思想史中胡乱抽取出来的条目的某些特别处理。

比　较

在范围上哲学与宗教研究正变得更加具有全球性，因此，建构比较哲学和神学的筹划正在形成，来自历史文化区域——北大西洋世界与西、南和东亚——的思想家们已经注意到相互之间的历史与兴趣。[①]当然，大多数哲学家和神学家正变得越来越具有世界包容性，他们强调这个历史事实，即在第二个千禧年的末期，儒家学者们在学习柏拉图、亚里士多德、阿

① 可以举出一个很好的例子，因为在过去的四千年里，欧亚形成了一个有不同程度的思想接触的文化世界。在一些时期里，诸如罗马帝国时期和汉代，有大量的贸易来往，(人们)甚至还有对其他文化的一些知识。在第一个千年的中期，佛教的黄金时代算是另一个例子，那时候人、物和观念在欧亚大地上流动。与这种持续的交流相比，在16世纪欧洲的势力扩展之前，撒哈拉以南的非洲、日本以北的太平洋和美洲的角色显得不那么持续或者说思想上不那么丰富。

奎那、康德、黑格尔和田立克，而过程哲学家、实用主义者、欧陆哲学家和分析哲学家以及解构主义者正在学习印度教、儒学、道家学说和佛教。一些多元主义者像沃尔特·华生(Walter Watson)和大卫·狄尔沃斯(David Dilworth)，甚至在亚里士多德四因说的基础上概括出一种解释学，它尽可能多地把世界上的哲学考虑进来，编成了一个标准规模的学术专论。①

这种对世界哲学和宗教真正的全球性研究的包容，使得比较甚至比以前更困难了。一个人仅仅是由于对来自一个大的哲学传统——诸如西方哲学或东亚的儒家传统——内部的共性和差异的所谓简单承认，即可以清楚地宣称一个理论立场的本质，这种时代已经一去不复返了。至少，这些相互勾连的欧亚传统的巨大装置已经分别控制了它们自己内部的经典与话语形式，并允许一种基于思想家们构造的共同哲学词汇的比较。当哲学和神学的范围扩展到包含西方的、印度的、伊斯兰的和东亚的思想形式的时候，作为稳定的生活形式的各种本质或是严谨的系统，便有了一种焦点转换的方法。尽管我们不再能够从容不迫地提出一种传统的永恒的本质，但是，我们仍然能够表达原初立场的大纲，把作为世代之间共享的一些共同特征的集体的思想叙事(collective intellectual narratives)的哲学大纲呈现出来。这里有足够的家族相似性(family resemblances)，如果我们稍有全球哲学的能力，这种家族相似性即可让我们在阿奎那之外辨认出朱熹的一段典型的文字。

在另一篇文章中，我已经对一种儒家自我理解的观点钩玄提要。儒家的自我理解并不倚赖于任何特定的哲学联系，而是集中于儒家的自我认同，作为一种功能，这种自我认同包容一套确定的经典，以之作为对"做一个儒家意味着什么"这一问题的核心关注。② 正是在宋朝的时候，这一套儒家的经典才最终确定为十三部官方法定的经典。通过聚焦于作为儒

① 参见沃尔特·华生：《意义的结构：新多元论的基础》(*The Architectonics of Meaning: Foundations of the New Pluralism*, Chicago: The University of Chicago Press, 1993, with a new preface)；以及大卫·狄尔沃斯：《世界视野中的哲学：主要理论的一种比较的诠释学》(*Philosophy in World Perspective: A Comparative Hermeneutic of the Major Theories*, New Haven: Yale University Press, 1989)。

② 包含在《东西方哲学》(*Philosophy East and West*)杂志的专门一期(48, no. 1 January 1998)中，它探讨了日本儒家传统的宗教向度。Peter Nosco 是客座编辑。

家认同(Confucian identity)的构成性特征(constitutive feature)的经典观念,我提出一个工作假设(working hypothesis),它将包括不同的思想家如孔子、孟子、荀子、董仲舒、伟大的唐代注释家、宋代哲学家(如邵雍和朱熹,诗人苏轼)、明代活动家和思想家王阳明以及刘宗周,还有伟大的清代考据学思想家戴震。不过,至少在宋代,就像对他们的关注各有不同一样,那些道德哲学家们自己也的确各有其选择的主题或者哲学特征,这些不同也使得他们的话语形式各自有其特定的风味。就此而言,我只是想说,当阅读朱熹和圣·托马斯的著作时,任何受过教育的人都能够辨认得出双方在风格、内容和文体上的不同:一些主题,诸如上帝的性质,会告诉你这是出于阿奎那,而朱熹则会关注于解释心与理所发挥的作用。尽管我相信儒家不是一个系统化的教义传统,但是,较之一些西亚的神学传统甚至是一些中国的佛教教派如华严宗和天台宗,儒学仍有一系列的特征可以显著地表明宋代的儒学道德哲学家是如何阅读其经典著作的。

虽然我认为所有的儒家学者都根据他们将共同的经典理解为儒家团体中成员资格的必要条件来定位他们的思想,但是,这一点并不总是建立儒家认同的一个充足理由(sufficient reason)。①儒家传统的现代学者,如张灏、刘述先、杜维明和狄百瑞,他们指出,必须认识到儒家传统还存在另外一个向度,即作为一种哲学、一种文化话语的形式以及一种生活方式,正是这些东西使儒学具有其自身的特征。这就是儒家之道内在价值的元素,在人性的思想的、道德的、社会的、技术的、艺术的以及宗教的生活中,正是这些元素构成其独特之处。简言之,这就是儒家学者所承认的使其整个传统作为一种获得体现的(embodied)生活方式,而不是仅仅是工具价值的所在。对于任何追求生活的道德、思想或精神方向的人来说,它是价值或者说卓越的指示物。如果得到恰当的理解,正是这种东西能够转化信奉其教诲的人。这个价值的过程是什么,以及如何来实现它,体现在作为一种修身方式的儒学话语的起起落落之中。进一步而言,这个终极

① Sarah A. Queen 近来提出,正是董仲舒第一个赋予了儒家传统一个清晰而连贯的经典思想,以之作为定义儒家认同的方式。参见 Sarah A. Queen:《从编年史到经典:董仲舒的春秋诠释学》(*From Chronicle to Canon: The Hermeneutics of the Spring and Autumn, according to Tung Chung-shu*, Cambridge: Cambridge University Press, 1996)。

源泉和最高价值的过程被称为儒家传统的宗教向度或者说对天、地和人性的终极关联的超越性信仰(transcendental faith)。张灏写道:“儒学不是像一些现代学者所认为的那样是一种世俗人文主义(secular humanism),因为它的入世特征植根于一种超越性的信仰,这种信仰关注‘天’或者‘天道’。”①

张灏有关这个问题的诠释特别中肯,因为他从未被视为新儒家哲学复兴中的一员。恰恰是这种哲学复兴,试图辨别出一种独特的儒家宗教性(confucian religiosity)的意义。虽然如此,张灏清楚地表明了对于他而言显而易见的这个传统的超越性指涉。“儒学最重要的关注也许是如何在这个世界上实现人性,但是,这个关注是在超越性的意义上得到规定的。”②在其最基本的现实中,传统的价值存在于作为人对天道的把握这样一种终极之中。不过,正如孟子早就意识到的那样,如果没有人的努力,作为儒家修身的任务,对终极的把握是不会发生的。同样,孟子也意识到,如果不是设定于作为整体的自然之中,这种充分实现人性的人的努力也是无法进行的。无论是对于孟子还是荀子来说,他们对人类植根于自然的认识,产生了可以适当地叫做对人与自然互动的儒家保护主义(conservationist)的观点。因此,之所以要不嫌麻烦地去读经典,是因为它保存了圣人的教诲,我们可以从中得到答案。不过,除非一个人被它深邃的意义所转化,否则,这些教诲仅仅只是文字而已。各种哲学与宗教常常都既描述现实,又基于它们对现实的描述而提供一种确定的取径。

在最近的一系列讲座中,杜维明指出,一个人不能把传统局限于文本中,即使文本对传统发展的历史理解是至关重要的。正如杜维明所说,在儒家传统内部有一个学派,很像佛教里的禅宗,提出在文本之外传道,提出一种不需要对所有文本进行学院式的解释的那种“以心传心”的学说。这就是杜维明所说的传统的“言外之意”(extralinguistic referent)。正是这

① 参见张灏:《儒家经世思想的知识遗产》(“The Intellectual Heritage of the Confucian ideal of *Ching-shih*”),收录于杜维明编:《东亚现代性中的儒家传统:日本及四小龙的道德教育及经济文化》(*Confucian Traditions in East Asian Modernity: Moral Education and Economic Culture in Japan and Four Mini-Dragons*, Cambridge, Mass.: Harvard University Press, 1996),第73页。

② 同上注。

个“言外之意”，其他人称为传统的超越向度，必须在心中得到实现，并且，不仅仅是为心的理性所认可，即便理性与实践的统一并没有什么不当。事实上，正是这种道的理性与实践的融合，才是朱熹所论证的道学的本质。

牟宗三(1909—1995)是最为系统的新儒家哲学家，他在宋明清思想的道德哲学传统圈内写作。牟宗三论证说，儒家所触及的任何思想形式至少有一个共同的根源隐喻作为其诠释的母体。牟宗三选择把这个根源隐喻叫做“忧患意识”。因为这种忧患意识的感受性，儒学总是被西方学者看做至少是一种社会伦理、一种有助于人类在文明中与他者共处的方式。用现代西方思辨哲学的术语来说，牟宗三有关忧患意识的理想型(ideal type)是一种基础价值论(fundamental axiology)的形式。在所有存在者的根基处——或者甚至是那些尚未形成的存在——都有一种对作为思想、行为和激情表达的价值的关注。任何东西都是作为一种行为、思想和情感模式的价值。这就是被称为对象—事件(object-event)的东西，它是有关人类关系性价值的创造的儒家话语的主题。就像我们将要看到的那样，正是因为这种有关现实的价值论观点，现代新儒家才能够把他们关于忧患意识的根源隐喻扩展到包含对自然以及人性的深刻关注之上。

牟宗三自己提出了一个四个特性的名单，作为一个包含了各类持久主题的大纲。他认为，对于作为一种积累的传统和一种对终极忧患意识的表达的儒家道统的任何信托的阅读来说，这些主题都是至关重要的。把这些特性看做是理想型，看做是儒家传统的历史发展中的意义系统的可变通的建构，那样或许会更好些。比如，尽管对人性特征的理解世代不同，但它仍然是传统内部分析和辩论的一个永久话题。儒家传统非常擅长旧瓶装新酒。事实上，瓶子经过这么长时间的修缮，以至于它有时很难被认为仍旧是一成不变的了。但是，它们还是瓶子，因此，它们还可以用来装思想的新酒。

由于牟宗三把他自己建构性的思想更多地认同于孟子、程颢、胡五峰、王阳明和刘宗周这一传统，所以，我选择在他所归纳的儒家传统的四个特征之外又添加了四个特征。其中三个来自于作为一个整体的古典儒家和宋明儒家传统的共同资源,更特别的一个特性来自荀子和朱熹。这个名单至少包含了宋以后哲学的主要走向,也包括现代新儒家知识分子。①正如我们将要看到的,这些核心的儒家主题中的一些直接与现代新儒家对生态学的论说相关。总的来说,这八个要素是:

1."天命":创造性自身(creativity itself),"道"的不息的创生(ceaseless generativity)是所有已是者或可能是者的象征。

2."仁":创造性自身的体现,对他人的一种原初关注(primordial concern),在恰当的人类伦理和社会行为中的体现和具体化。

3."心":作为任何活着的人之中忧患意识的经验统一的所在而活动着。

4."性":人性的形式结构,包括心的修养,因此它积极地创造和参与道的宇宙创生之中。

5."道问学":"追寻探究和学习",为的是"穷理",它也作为一种批判理性的手段用来辨别人类行为与道的合适形式之间的符合性。②这就是《易经》所说的"泛观"事事物物和《大学》所说的"格物"。

6."礼":作为礼仪行为或教养,它是人类以一种人道的方式来彼此打

---

① 在其《儒家理想与现实世界:对当代新儒家思想的一个批判性评论》一文中,刘述先对儒家主题提出了另一个大纲,这篇文章收录于《东亚现代性中的儒家传统:日本及四小龙的道德教育及经济文化》,第104—105页。刘述先的名单更广泛一些,因为他处理的主题范围更广,包括政府、政治、心理学、教育和经济学。但是,刘述先受牟宗三对传统的阅读影响如此之深,以至于在他更长的名单里支持了我的大纲里给出的基本的八个条目,尽管在累积的传统的细节上他的名单更为深入细致。

② 1996年3月10日,在美国麻省坎布里奇面向21世纪波士顿研究中心举办的有关文化中国的演讲中,杜维明提议,儒家对"理性"的典型解读可以被叫做"类比理性"(analogical reason)。以此,我用杜维明的讲法来意指一种功能性的批判理性,而不仅仅是一种技术理性的形式。这种理性服务于其他核心的儒家关注和德性。

而另一种获得儒家对"理性"运用的方式是借用"玄妙的才智"(metic intelligence)或智力这个术语,这是Lisa Raphals在她对中国和古希腊知识过程图像的研究中提出的,Raphals写道:"玄妙的才智作用于一种特殊的扭曲,其中未被明言的假设是,实在与语言都不能被'理性的'术语直接理解,而必须通过敏锐感、迂回甚至狡计去接近。"(Lisa Raphals, *Knowing Words: Wisdom and Cunning in the Classical Traditions of China and Greece*, Ithaca, N. Y.: Cornell University Press, 1992,第5页)在这里,Raphals试着要梳理的是中国哲学家和一些古希腊的思想家是如何运用这种巧妙的思想的,这尽管不是亚里士多德所说的明智,却接近于明智。虽然很多人建议说中国思想与明智有亲缘性,但Raphals认为,这种处境需要更多的思考,甚至需要对一种特殊推理亦即所谓"玄妙的才智"作新的定义。

交道的方法和共识。

7."气":作为能量物质、动态的力量,它是所有物体和事件从中得以体现回归于其中的东西。

8."至善"或者说"和":最高的善或和谐,它是人性的平和与完满,它来自伦理生活的适度实现。

牟宗三论证说,以上这些特征的每一种都与一部或一些特定的经典相关。在这一点上,他与我们的看法一致,即至少部分地界定传统的东西正是这些经典。因此,"天命"所凸显的创造性的特征,在《易经》和《中庸》中得到了最好的表达。具有启发意义的是,牟宗三使用"天命"而非"道"或"天道"作为创造性的原初特征。这说明了一点,即王阳明所不断强调的,"理"也必须是规范,而无知之行和无行之知是没有任何儒家意味的空洞陈述。或者换句话说,作为没有一个为道德关注所指导的目的的随机行为,创造性是空虚的。创造性是一种以善为目的的使命。在"天命"的基础上,可以有一个强势的主张,即所有的儒家思想都能够被凸显为一种基础价值论(fundamental axiology),这种价值论体现在语境和时间的艺术中。

作为创造性应当在其中规范性地体现人生的特定方式,"仁"是《论语》一书的主线。至于"心",在牟宗三看来,其根据最明显的经典文本是《孟子》。此外,尽管根据牟宗三的提议,我会把《大学》补充进来,因为《大学》提供了很多有关人性如何被理解为一种修身过程的细节,但"性"的支持文本也仍旧是《孟子》。虽然牟宗三从来没有赋予《大学》以多么优先的地位,因为在他看来,这部经典与荀子和后来的朱熹有关,但是,我们需要记住的是,在牟宗三最后一个公开演讲中,他自己指出,现代的儒者需要找到一条道路,以便把荀子对于传统的批判和理性的方法重新整合到儒学现代变革之中。

根据朱熹对《中庸》和《大学》的诠释,以"穷理"为目的的"道问学"的第五个特征,聚焦于"格物"的理念。虽然牟宗三认为朱熹误读了孟子和《中庸》这条儒家的主线,然而,朱熹却是既怀着极大的虔诚来阅读文本,同时又坚持认为这些文本包括了在儒家之道内部对理性批判运用的角色和反省的肯定。按照成中英的建议,《易经》"泛观"的特点是儒家传统可以发现批判理性之运用的另一个地方。作为对通过学习和探索的自我修身的反省,"泛观"和批判理性巧妙地构成了有关理性本身的儒家理解。

至于第六个特征,仪式行为或教养,诸如《周礼》等各种各样的礼仪文本定义了"仁"如何被理解为礼仪行为和通常的社会教养。在每一个特定的方面,很难想象没有诉诸礼仪行为和社会伦理的儒学。在很多方面,较之道家和佛教的修身形式,礼仪行为的领域都可以通过儒家社会行为和个人生活的核心而得以确定。无论有多少宋、明、清的士人可能将实践儒家的静坐作为一种沉思的方式,当他(在晚明的时候甚至是她)从这样的修身中被唤醒的时候,他仍被期望是一位儒家礼仪的大师。当然,在古典时期,正是荀子最强烈地论证"礼"作为一种纠正我们人类紊乱的自私倾向的手段的中心地位。在清代,考据学派的学者们重新燃起了对荀子礼学的兴趣,并把礼学作为最能够体现儒家之道的方式,而不再求助于道家或佛教。

更为困难的是确定汉代以前哪一本儒家经典最好地论述了作为一种物质能量的"气"的作用。当然,《易经》中的许多层面构成了儒家有关"气"、"阴阳"和"五行"话语的哲学基础。《易经》不仅是儒家思想的支持文本,同时还是所有有关这类主题的中国思想的支持文本。在他们关于"气"的专论中,张立文和他的同事从先秦时期开始,从《左传》、《国语》中选择了有关"气"的文献,《左传》和《国语》都是儒家传统的主要历史文本。并且,他们从《管子》中选了很长的一段有关"气"及其广泛运用的文字,作为一章的结束。①在《左传》中,我们找到了一个六种"气"的名单,其中所有的"气"都指示着代表了物质能量所必需的、给予生命性质的自然元素。在《国语》中,我们可以读到"天地之气",它进一步扩展了气的作用,把它作为一个关键的哲学概念。物质能量的特征最早具体地可见于经典的历

---

① 虽然《管子》从未被作为儒家经典的组成部分,但是,现代学者意识到它对物质的调和聚集包含了孔子之后所有主要思想运动的因素。例如,医学论文对儒家和道家同样重要。也许,正是在《管子》的原初文本中,我们能够最清楚地看到"气"是如何成为物质能量的特性的,这在后来的儒家传统中起到了重要的作用。参见张立文等:《气》(北京:中国人民大学出版社,1991),第18—43页。

同样重要的是要记住,我们对儒学和道家的标注仅仅是到了汉代才被发明出来的,那时的学者试图把他们继承下来的汉代之前的古典时期的思想加以阐释和系统化。一些文本,诸如《管子》,之所以被叫做是调和论的,是因为它们与汉代历史学家认为的各种古代学派所涉之道并不合辙。

史部分，这样说或许比较恰当，因为累积的儒家传统总是要艰难地指出历史变得何其重要：正是在历史之中，儒家理论的实用性才能找到其道德的目标。

为什么很难找到一部有关“气”的支持文本，至少有两个一般的理由。首先，怀特海将形而上的概念界定为那些我们的意识中从来不缺的普通观念，在这一意义上，在所有的中国哲学概念中，“气”也许是最“形而上”的。或者，正如怀特海在修辞的意义上所说的，对于任何一个宇宙时期来说，这些概念是如此的根本，以至于在任何一个可以想象的世界中，这些概念从来都不缺乏。由于真正的形上学概念的普遍性，怀特海不屑于主张他只能确定那些来自人类思想的有限视角的观念。怀特海常说，有关第一原则的教条主义显然是思想失败的一个标志。我们能够做到最好的可能，即便是对于这个宇宙时期，就是健康地接近这些普遍的观念，并对其终极性(finality)保持一种健康的怀疑主义。①怀特海指出，哲学与科学充斥着捕捉绝对者的失败的尝试。

怀特海的意思是，通常情况下，我们通过差异的方法来认识世界，将那些不可通过我们普通学习方式获得的东西作为形上学的概念加以保留。怀特海自己举的例子是关于一头大象的比喻：有时候我们看到大象，有时候则看不到。但是，鉴于其体积，无论它在场还是缺席，我们都能意识到。然后，我们将大象的在场与其缺席加以比较，从而得出大象与非大象的观念。按照怀特海的说法，与大象的观念相反，形上学的概念在我们意识的背景或前景中从不缺席，这和大象不同。真正的形上学概念总是在那儿，因此，对于以所有可能的世界为目标的形上学概念来说，我们从来不能对比在场与缺席。对于这一类无所不包的理念来说，我们通常认知和想象的方式就无法很好地发生作用。那就是为什么怀特海认为，对于声称我们实际上已经发现了形上学观念的说法，我们应当保持警惕的原因。

在儒家思想中，“气”正是扮演着这样一种角色。它总是在那里，即便它不是对话与关注的焦点。对于宋代新儒家的各种宇宙论来说，情况尤

---

①　比如，怀特海曾经提出：也许有关认同、交迭、接触和分离的这些观念就像我们将要获得的那样普遍。他承认，他个人不可想象任何宇宙时刻不被这些抽象的考虑所统治。

其如此。当然，在他们建构其宇宙论时，儒家学者们能够也确实谈到了气，但是，他们仍将“气”的普遍性视为无须解释的理所当然，之所以无须解释，仅仅在于“气”被假定为是显而易见的，或清或浊，或者是稠密的，尽管“气”的特殊分布也许还在讨论之中。

在有关儒家的定义性特征的名单中，“气”并不总是被提到。这一点的第二个原因是历史的。与古希腊思想非常类似，从周初以至汉代，古典儒学话语一开始就结合了不同形式的宇宙论和伦理学的反思。与此处论旨有关的一点是，对于我们界定为宇宙论的那些东西，包括对“气”、“阴阳”和“五行”的反省，早期儒家特别是《论语》中所描绘的孔子并没有明显的兴趣。孔子着实关注的是那些有关伦理行为、礼仪、好的政府、教育和修身的问题。然而，随着传统的发展，后来的儒家像孟子和荀子则利用早期宇宙论者的著作，以便捍卫儒家之道统，反击其他学派。随着从周到汉的变迁，前汉思想家对于宇宙论的思辨有了益发同情的兴趣。伟大的董仲舒被赞誉为最终将周代的道德思想与整个中国式的宇宙论思维的一般背景相融合，形成了被称为汉代儒学的东西。在许多方面，这为后来中国思想的各个流派既提供了哲学词汇，也提供了一种泛中国式的宇宙论。那种宇宙论被认为是世界运行的方式。

我们需要强调的是，在道德的和宇宙论的这两者之间，关于这种思想视域的融合，并不存在矛盾之处。现代学术已经显示出，存在一种一般可被接受的概念系列，它们是先秦所有学派的共同财产。例如，“道”本身的观念就是一个最好的例子，先秦所有主要的学派都以这种或那种方式来使用“道”这一概念。当然，《道德经》的编定者对道意味着什么[①]的说明以及孟子的教导使得对先秦中国思想的研究构成了所有后来中国哲学发展的基础。[②]在汉初，诸如“道”、“阴阳”和“气”一类的观念开始成为所有哲学流派的共同财产。汉代儒学的天才解释了后经典时期的普通宇宙论

① 道家使用的术语请参见 Michael LaFargue:《道与方法：对道德经的一个详尽论述》(*Tao and Method: A Reasoned Approach to the Tao Te Ching*, Albany: State University of New York Press, 1994)。他建议指派不同的编辑从我们现在称为哲学化的道家学派的更早的学说中汇编《道德经》。

② 在中国思想的这种发展中，主要的例外是佛教在中世纪中国的引入。西方的到来也见证了一个类似的对中国思想词汇的新术语的增加。随着时间的流逝，佛教自身被吸收，反过来丰富了古代的中国传统。

是如何在细节上与早期儒家大师的价值论思索联系起来的。董仲舒认为，所有他做的一切，都是在解释像“仁”与“礼”这样的观念是如何与阴阳和五行联系起来的。这些宇宙论的观念要么补充了儒家伦理的规范，要么只是作为特定儒学价值于其中得以体现的世界的背景。

当然，在宋代邵雍、周敦颐和张载的著作中，有一种迷恋于传统的宇宙论向度的再繁荣。这些思想家为人们所铭记，是因为他们重新引入了“阴阳”、“五行”、“气”甚至还有含义模糊的“太极”(作为他们反思的宇宙论方面的至高象征)这个概念的重要性。即使是在清代考据学最严肃的时代，王夫之这位很难说是乐观主义者的儒家学者，尽管对宋代的宇宙论有更深的造诣，但还是把对儒家之道原初意图的系统叙述建立在了一个有关“气”理论的复杂阐释之上。王夫之论证说，他回到对“气”的思辨，是因为只有出于物质能量所有客观事件才能涌现，特别是那些以“礼”著称的复杂的人际交流。记住这一点很重要。王夫之走得如此之远，以至于发展出一套完整的有关“神”的理论，这种理论认为，“神”为不断的阴阳的发生行为带来了和谐。王夫之认为，如果我们不理解世界的性质，我们就不能成为我们命运的主宰和胜任的礼仪专家。

同样，或许正是在“气”论的大致范围内，现代新儒家会构建他们有关生态的哲学。例如，“阴阳”的观念总是与“气”相关。并且，对于根据大的生态系统来论证有关在人性与自然之间保持平衡的需要来说，这是一条道路。我们也应该承认，这个领域将会是一个整体，其中，现代新儒家既可以利用儒学的资源，也可以利用道家的资源。尽管当现代新儒家在诠释儒学时会信守儒家传统，但是，较之他们更为严格的一些先辈，他们也打算更为普世性地向道家和佛教开放。在这儿，例如，一种典型的论断认为，道家学者对人类与自然的关系可能比儒家更敏感一些，因此，现代新儒家需要向道家丰富的思想、艺术和象征主义敞开自身，以在儒家之道中恢复一种生态学的面向。

第八个特性有两个名称，“至善”(summum bonum)或“和”(和谐)，因为它给儒家的反思添加了一个最终的元素。这与牟宗三在其长期而有创造性的生涯的晚期所做的工作相一致。牟宗三最后一本建设性的著作是《圆善论》，出版于1985年。与怀特海在《观念的历险》结尾处所做的极为类似，牟宗三论证说，人生的目标应该是至善，或者是怀特海所称的“平静”(peace)的东西。在牟宗三的例子中，对于佛教天台宗和他喜爱的康德之间的对比，他进行了反省。这两种资源都使他思考对于人性来说什么是至善。用一个支持文本来说，《大学》第一句话即总结说，成人的最后一项任务就在止于至善。[①]与至善一道，还应当提出来的是“和”的概念，它是至善这一特征所蕴涵的东西的进一步具体化，是从至善的一般性到与他人生活在一起的和谐生活的具体化。没有“和”，“至善”将是一个空洞的呼声、一个抽象的概念。当然，对于“和”来说，其文本来源是《中庸》的第1章和《论语》第13篇第23章。[②]

《中庸》第1章教导说，“发而皆中节谓之和”。这是一种一个人不仅获得了人性的内在修养，而且能够与人之外的世界合宜地相处的状态。因此，经典教导我们说，和谐是为了人类的繁荣的道的最好或最完美的作用。在《论语》第13篇第23章中，“君子”的特点之一即是“和而不同”[③]。所以，“君子”处于和谐的状态之中，但却并不是漠不关心地与世界相一致。回到《论语》，任何儒家的特征或核心学说都可以找到坚强的根据。

这种有关核心特征的要略(synopsis)或者具有历史持久性的主题是否是对于儒家传统的本质性解读(essential reading)呢？[④]当然，这是在同一个层面上的，与其他人一样，牟宗三也知道这一点。事实上，牟宗三反复论证说，由于中国思想与现代西方思想的相遇，一个更系统、连贯和有

---

① 关于朱熹对这个文本的阐释的讨论，参见 Daniel K. Gardner：《朱熹与〈大学〉》，收入《新儒家对儒家正典的反思》(*Chu Hsi and the Ta-hsueh: Neo-Confucianism Reflection on the Confucian Canon*: Cambridge, Mass.: Harvard University Press, 1986)，第88—90页。

② 《中庸》第1章所谓“喜怒哀乐之未发谓之中，发而皆中节谓之和。中也者，天下之大本也；和也者，天下之达道也。致中和，天地位焉，万物育焉”。《论语》第13篇第23章所谓“君子和而不同，小人同而不和”。

③ 我对这一小段文本的阅读受到了 Arthur Waley 和 D. C. Lau 对孔子的翻译和阐释的指导。

④ 一些学者最近勇敢地提出，对传统的一个本质的阅读是在生态危机的今天我们真正需要的。例如，在《宗教与自然秩序》(*Religion and the Order of Nature*, New York and Oxford: Oxford University Press, 1996)一书中，著名的伊斯兰学者纳塞(Seyyed Hossein Nasr)就提出了这个观点。纳塞认为，现代西方思想的一个问题是：由于纯数学科学和非宇宙论的人文主义的兴起，它丧失了合理地对待自然的方式。顺便值得一提的是，纳塞提到，古典儒学与宋明新儒学是对自然的神圣性有其核心学说的传统。而我们这些西方人最好学会聆听这些核心的学说，如果我们想把自己从现代的愚蠢中拯救出来的话。在纳塞著作的脚注中，为那些对他对宇宙智慧的本质特征的阅读感兴趣的人提供了一个书目。

逻辑的儒家第一原则的陈述是我们最需要的东西之一。牟宗三认为，随着对系统、逻辑和认识论的关注，西方思想要求新儒家在这些术语方面对儒家之道作出一个更为集中的论述。他认为，这些哲学论说的术语是任何一种受尊敬的现代全球哲学和神学的一部分。然而，牟宗三的解读不是一种教条或封闭的诠释，因为它对其他儒家学者的增添和删减是开放的。作为一名有创见的思想史家，牟宗三知道，像董仲舒、邵雍、张载和王夫之那样的一些儒家学者对于宇宙论更感兴趣，而孟子、程颢和王阳明则更多地强调传统的人文和伦理向度。由于牟宗三对儒家之道随着时间分化出的各个具体历史分支的尊重，他或许会认为，哲学家可以以不同的方式来阐明这些不同的特性，尽管他认为其中的一些比另一些要更为主流。在牟宗三看来，传统就像是一棵大树，既有其主干，也有许多随着时空生长出来的其他的巨大分支。牟宗三论证说，尽管大树只有一个主干，并且，正是这个主干真正地支持着大树的其他部分，但是，更多生长出的分支却以其自身不同的方式体现着大树的美丽。

尽管如此，如果我们给儒家传统的特征再加上批判理性，希望将荀子承认并包括进来，作为这种思想风格的一个庇护者，并且，适度地承认儒学始终希望找到具体的方式在一种社会实践的方式和结构中去体现其伦理和社会的理想，那种社会实践的方式和结构表现于变化多端和创造性的“气”的母体之中，那么，对于宋以后的道德哲学家如何进行他们的工作，孜孜不倦地寻求至善[①]，我们就确实可以拥有一幅肖像画。但是，与作为系统话语的理性一道，在儒家传统内部，总是有一种对作为行动、激情和思想舞台的历史的关注。对于儒家学者来说，在相对于佛老虚空学说而认为世界真实不虚这个意义上，历史始终是哲学的原材料。大多数儒家学者认为，他们需要仔细关注世界的各种现实，为的是鼓励人类的繁荣。

看待这一短短的有关儒家传统基本特征的列表的另一种方式，是应用“内”、“外”的观念。如果我们接受牟宗三的主张，即他的观点代表

① 在这种关注中，我忽略掉的一个学派是清代的考据学派。然而，我将论证，在许多方面，他们也能以这个名单生存，如果我们理解的批判理性包括历史科学以及基础价值论更为思辨的形式。举例来说，很难想象任何清代思想家都不愿意从“仁”出发并以合适的“礼”为归宿。

了以孟子为儒家之道主线的一个现代的再诠释,那么,我们就可以说这是儒家传统要旨的内在因素。另外三个添加的特性,更多地是根据荀子和朱熹的眼光来选择的,可以代表传统的外部向度。并且,如果我们接受中国辩证思想的非化约性(non-reductive nature),我们就需要把儒家传统的内部向度和外部向度视为相互补充而非彼此敌对的。事实上,对于内部和外部因素的适当关注,保证了人类意识的内外两方面因素的一种和谐。在心的直觉以及广泛学习和切问近思所必需的对外部世界的观察之间,它提供了一种平衡。我们可以进一步论证说,对于认真对待世界的任何现实主义传统来说,这种综合都是必要的。正如孔子所说:"吾尝终日不食,终夜不寝,以思,无益,不如学也。"(《论语》第15篇《卫灵公》第31章)

当然,另一种分析罗列了这八个特征的名单的传统方式是把它们归为阴阳两极的范畴。如果我们接受牟宗三的说法,即前四个特征是孟子这条主线最重要的部分,那么,我们就可以把这四个特征称为儒家传统的阳性因素。剩下的三个则可以被看做是阴性的部分。这种做法有一些好处,如果我们还记得,在始终与儒家传统紧密相关的古代中医理论中,阴气有一种结构性行为的特性,这是根据曼弗雷德·玻克尔特(Manfred Porkert)的说法。玻克尔特的意思是,通过这种行为,阴气总是为实在提供一种结构,而这就被看做是阴的一种功能。[①]如果原则和形式是阳,那么,那些与物质能量更接近的元素在玻克尔特的意义上就是结构性的,因为它们为形式或原则提供了活生生的结构。这个类比是如何运用于物质能量和礼仪行为的,看到这一点还相对比较容易,而把作为反省和学习的批判理性巧妙地纳入阴阳的范畴中,这一点就更为困难了。然而,如果我们把"道问学"理解为"养心"("心"本身是"气"在人的分配中最精制且最具认知的部分),理解为为了承认和实现"理",那么,就"阴"的方面而言,批判理性在儒家传统中也是结构性的。

① 参见曼弗雷德·玻克尔特:《中医的理论基础:感应的系统》(*The Theoretical Foundations of Chinese Medicine: Systems of Correspondence*, Cambridge, Mass.: MIT Press, 1974),第9—54页。玻克尔特的观点是,"阴"是一种完成其他事物的东西,对其他事物负责任的东西。"阴"是对一种刺激的回应。因此,说"阴"是被动的不完全正确。更准确地说,"阴"是一种持续的东西。

生态学的关联

目前有这样一种意识，即我们这个行星的健康整个出了问题。在这种不断增长的意识的刺激下，信守人类各种伟大宗教社群的知识分子们如今正在参与生态的自我批判。在性质上，其原因既是实践的，又是宗教的。首先，呼吸空气或者试着看看任何一个大城市的天空已足以使知识分子们（宗教的或世俗的）相信现在是他们应该严肃地思考生态问题的时候了。第二，因为宗教都声称它们是满足任何需要的"生活方式"，因此，显然宗教最好关注生态的问题，因为若是生活的居住地被摧毁了，那么也就不会有什么生活方式了。这一点一直意味着一个真实的神学辩论。这一论辩是从林怀特（Lynn White）1967 年发表的《我们生态危机的历史根源》这篇经典性的文章开始的。其中，他论证说，通过宣扬一种作为非神圣领域或仅仅是为了上帝更大的荣耀而由人类控制的死的物质的自然世界这样一种观点，经典的基督教教义有助于培育导致现代生态危机的条件。①林怀特的文章孕育了一个小型的学者圈子，这些学者要么支持他的观点，要么力求发现基督教神学其实比表面上与自然更为友善。目前，其他的传统中也在进行着类似的尝试。每一个传统都在寻找自己的方式来回应对生态的麻木的指责，没有一个传统愿意处在为持续的环境恶化辩护的立场。

对轴心时代的宗教提出的负面和正面挑战总的说来有两类。第一类是，传统的基本假设是否使其成为亲生态的（ecofriendly）。例如，据称古代、中世纪和早期现代基督教都对物质持有一种观点，并认为世界在本质上是消极的，因为世界是堕落的源泉并且最终会被其他状态所取代。一个类似的例子是，佛教也不关心世界，因为它认为物质世界不过是幻象，它所追求的是从苦难中解脱出来而达到超越任何世俗关怀的涅槃。第二，即使对自然有基本敌意这一指责可以避免，例如就像那些对道家感兴

① 我发现，Roger S. Gottlieb 主编的《神圣的地球：宗教、自然与环境》（*This Sacred Earth: Religion, Nature, Environment*, New York: Routledge, 1996）是一本有关这个问题的主要论断的绝好的集子。例如，这本选集全文再版了林怀特 1967 年这篇短小的文章。它最早发表在《科学》杂志，155 期（1967 年 3 月），第 1203—1207 页。

趣的情形一样,但是,仍然存在一种紧迫的需要,去寻找那些可以被重新证实并扩展到处理当代生态危机的原则与实践。这里的理论是,现代科技已经改变了辩论的整个范围,因为在人类历史上,从理论上而言,人类第一次可以摧毁作为适合人类居住地的环境。

哈佛大学世界宗教研究中心1996年5月2—5日举办的佛教与生态的会议,论述了第二种策略的一个版本。在会议上,第一次论证佛教在本质上是对自然友好的传统,并且,对于一种仔细加工后的佛教自然哲学来说,它的一些根本教义,诸如佛性的普遍性,可以成为基础。与承认在佛教传统中没有什么是终极地反对自然这种看法一道,还有一种意识,即现代处境是独一无二的,因为现代科技在性质上与佛教徒所处的世界中的任何东西都不同。并且,也不同于现代的生态危机,这种生态危机要求根据当今现实来对传统进行一种新的回顾。然而,日本佛教丰富的历史可以提供一些例子,这些例子说明,保存主义的压力已经成为早期现代日本佛教敏感性的一部分。

跟随试图从内部复兴传统的第二种策略,代表一种改革后的理学系统哲学的现代新儒家论证说,在上述儒家传统的八点特征之中,并没有什么内在的反自然的东西。当提到这个事实,即儒家一直关注他们的哲学方法在人类领域内的运用的时候,唯一的告诫或许来自于传统的内外两方面。不过,儒家可以举出像周敦颐、张载、程颢和王夫之等人为例,将他们作为认真对待自然的儒家典范。而且,现代新儒家并不认为他们需要像他们的前辈那样,严肃地拒斥对自然的一种更深的尊敬和爱的道家倾向。现代新儒家论证说,在已过去的现代早期,许多宗派主义的争吵不需要限制目前对传统的转化,并且,就是否需要一个被表述和推荐为儒家之道一部分的更为普世的世界观来说,对付生态危机是一个最好的试验。

当然,需要指出的是,第一个特性,即作为宇宙的无限创造性的"天命",不仅应用于人类生活,而且包括所有已经、正在和将要在未来出现的事物。对于作为一种宗教的儒学的一个批评,就是它的终极超越性比较弱。但是,儒家在其最具道家意义的时刻,却总是对世界保持一种敬畏,或至少保持一种对世界之美的爱。在这个意义上,这种批评现在已经转化为一种力量。例如,在日本,建立在孟子基础上的儒家传统,已经发展出对自然的保存主义理论的一种捍卫，这种捍卫作为坚实的儒家学习和管理知识的一个有机方面，已为德川幕府的森林政策所见证。[①]在这种宇宙论和实用性的意义上，人性与自然之间没有本体论上的差异。[②]事实上，一个例子可以说明这一点，这种有关宇宙的基础性的说明，是基于把人性作为一个更大实在的一部分这样一种观点的。典型的儒家论断会很快去表达另一个原初的儒家主张，即天、地、人性形成了一个生活经验的统一体。在这个统一体之中，天地人的三位一体中没有哪一个会因为其他两个更重要而能被忽略不计。这确实是一个天、地和人性的有机整体，其中，每一个都必须在与其他两个的适当建构中发挥作用。正如成中英曾详细地论证过的那样，这是一种辩证的相互关系，不是偏好一些新而大的综合而否认或排除某一个元素。[③]

儒家关于世界的历久弥新的主张是现代西方学者所理解的儒家思想与美国实用主义和过程哲学具有亲和性（affinity）的另一个原因。在很大程度上，儒家学者是多元论者和现实主义者，他们也服膺于对现实的一种过程性（processive）和关系性（relational）的观点。这意味着对世界的一种封闭，但是，这种封闭却只是在这样一种意义上的，即世界是生物之间宇宙互动的唯一中心，并因此世界成为生物可以维持或毁灭他们自己居住地的唯一场所。正如《中庸》很早之前论证过的，也得到了像王夫之那样的人的再度肯定，那就是：正是自觉的人性在一种和谐的辩证之中完成了与天地的三位一体。从儒家观点的主线来看，无须在这种三位一体之外寻求支持，但是，这并不意味着世界是决定论的或者说不需要求助于“是”（what is）与“应当”（what ought to be）的比较。儒家的确通过成为以是去

---

① 参见 Conrad Totman：《现代早期的日本》（*Early Modern Japan*，Berkeley：University of California Press，1993），其中有一个对保存政策的讨论。

② 你可以论证说，这种对儒家传统的解读把它与 Justus Buchler 所说的“本体论上的对等”联系了起来。通过这个“本体论上的对等”，Buchler 的意思是说，我们不再赋予我们世界中的任何一种因素高于任何其他因素的特权。因此，梦想与观念必须被视为在本体论上与具体事物一样“真实的”。这就意味着，自然必须被看做与人性一样真实。参见 Justus Buchler：《有关自然复杂性的形而上学》（*Metaphysics of Natural Complexes*，2nd，expanded ed.，edited by Kathleen Wallace and Armen Marsoobian with Robert S. Corrington，Albany：State University of New York Press，1990）。

③ 参见成中英：《儒家与新儒家哲学的新向度》（*New Dimensions of Confucian and Neo-Confucianism Philosophy*，Albany：State University of New York Press，1991），第 185—218 页。

非的先知来生活，需要给这种稳固的儒家道德观添加的，是将其范围从一种典型的人的领域扩展到一种被参与的宇宙。

对另外八个特征的一个快速回顾也表明，虽然只有“气”的理论具体处理人与自然的关系，但是，八个特征之中没有哪一个可以被直接理解为是反自然的。事实上，另一个例子也可以说明这一点，那就是，所有恰当的人类活动的主要特征中的任何一个，都是忧患意识的一种表达，从作为“仁”的天命的体现，到积极的道德心的活动，到表现为礼仪互动的礼仪世界里通过一种广阔而全面的知识探求达到对人性的修养和阐明，莫不如此。虽然在其宇宙论角色中，“气”并不曾成为传统的一个主导的焦点，但是，它的确塑造了大量的自然诗歌与绘画、园艺与游记，以之作为对自然世界的美的欣赏。①

一位儒家的哲学家如今必须将人性修养的任务设想为一个更大的生态系统的部分，在这个更大的生态系统之中，为了作为人类繁荣自身的背景的整个宇宙，人类必须培养一种互惠的关注感。作为人类修身的范例，体现忧患意识的特殊任务必须扩展至将一种对人性意味着什么的恰当的关注感包括在内，为的是创造一个可持续的和平衡的生态系统。天、地与人性必须真正学会以传统中以往始料未及的一些方式合作。

儒家传统总是对追求体现道的人的经验感兴趣。修身的实践总是意在帮助人成为完整的人，有能力镇定自若地面对世界的考验。在这里，一种生态的感受性是否符合传统与现代儒家的经验呢？在此，“气”的美学向度的培养又一次成为寻找答案的出发点。例如，儒家学者经常写一些优美的游记(travel narratives)，这些游记集中地描述中国各地的景色之美丽和风景名胜地之纯净。试想，要是一个现代儒家学者去参观那些严重污染的城市会是怎样的心情？就像孟子曾经指出的，当一个统治者看到即将被用来祭祀的动物遭受痛苦时不能不有不忍之心，那么，自然地，这种不忍之心也会唤起同样的感情，或是为我们的意识播种下生态道德的种子。因此，对物质能量以及它如何与作为人类道德情感之所在的心之

① 游记的集子，参见 Richard E. Strassberg：《铭记的风景：中华帝国的游记》(*Inscribed Landscapes: Travel Writing from Imperial China*, Berkeley: University of California Press, 1994)。

互动的关联性反思，是为生态理论和实践寻找经验场所的一个期许之地。孟子的观点今天仍然管用，尽管它必须扩展至容纳超乎孟子丰富想象力的环境毁灭的尺度——虽然我们需要又一次牢记，正是孟子看到牛山的毁灭，不禁感叹中国北方无知的森林砍伐。

对于探索儒家自然哲学的一种当代阐述，我们可以并且应该说得更多。虽然这样一种自然哲学从未成为过去传统的一个主要兴趣（在这一点上，可以说所有欧亚轴心时代的宗教都是如此），但是，在传统内部，并非没有解决现代生态危机的资源。事实上，如果儒家真正关心人类的繁荣，那么，他们将会找到一条道路，有助于泛人类与泛自然的对话，这种对话就从世界上所有宗教和哲学的内部以及它们之间开始。一些新的特征将被关注；旧的兴趣点会被修整甚至被扫入传统的库存；将会探索与其他宗教和哲学之间的同盟；也许甚至会有对那些潜藏在美丽的洞穴和瀑布周围的道家祖先的价值的承认，尽管这超出了典型的儒家的范围。甚至孔子也曾经说过他希望暮春时节与友人“浴乎沂”。如果河流被污染，那么，孔子的渴望只能作罢。就像清代对宋明道德哲学的批评从不厌倦地指出，儒学应该也必须成为一种关心人类生活实践性质的传统，而现在，没有什么比我们解决生态危机的集体责任更具实践性的了。无论是为了它们自身还是为了人性，我们所有的河流都需要是纯净的。

附　录

在八个儒家核心主题基础上，还有另一种替代性的主题化的世界观大纲：

1. 忧患意识的根源隐喻等于一种基础价值论。
2. 形式等于关系性和动态的“天命”观念和“仁”。由于“仁”的关系性质，这是一个关联性的模式，它导向有关“客体—事件”（object-events）的多样性的第三种论断。
3. 关于自组织的“客体—事件”的本体论意义上的多元主义和宇宙论意义上的多元主义。
4. “客体—事件”是自我创造和持久的，它等于自为目的或者说自组织的世界观。只有这种世界观,别无其他。

5. 气为“客体—事件”自为目的和关系性的生成提供了一个动态能量的场域。正是在这样一种场域之中,“客体—事件”找到其持久的位置。由于“客体—事件”为“气”所连接并存在于“气”之中,因此,“客体—事件”如果不相互伤害的话,它们就必须彼此尊重。生态平衡的需要以及作为人性的责任唤起了这种忧患意识。
6. 关系不是静态的,或者经由一种更高的消除从而是辩证的,而毋宁说是在变化的平衡与不平衡之间的一种动态平衡。
7. 生命的终极目标是和谐,和谐是至善,这种至善既是为了人性,也是为了宇宙。

取向、自我与生态观

南乐山
(Robert Cummings Neville)

由于西方和南亚习以为常的"自我"概念,为了公平地构建生态问题而拓展个人与社群的关注的尝试变得十分困难。前者的形成由于一种强烈的"自我"与"他者"的区分,被有关内部矛盾的关注所扩大,并且,在广泛使用反身代词以谈论自我的语言中被表达。[①]结果就是:除非作为我们自己的镜子,我们几乎无法与其他的自我发生关联,更不用说与自然过程以及在与人的各种自我相关的情况下具有其整体的各种脉络发生关联了。[②]后者深深地为一些先入之见所占据,至少在其流行的表述中是如此。并且,后者也与轮回的信仰相伴随,那种信仰将自我相对化为每个生命的环境,并认为生命的积累比任何单个的生命更重要。尽管"业"(Karma)的学说将这种看法减轻到一定程度,但是,结果却造成了有知觉存在在其生死轮回中对环境贬抑的兴趣,尤其是对环境的无知觉部分。[③]

---

① 见本人论文《儒家对自欺型"自我"概念的建构》("A Confucian Construction of a Self-Deceivable Self"),收于安乐哲(Roger T. Ames)和 Wimal Dissanayake 编辑的《自我与欺骗:一种跨文化的哲学探究》(*Self and Deception: A Cross-Cultural Philosophical Enquiry*, Albany: State University of New York Press, 1996),第 201—217 页。

② 考虑到其他的自我与事物,如果要寻找一个敏锐的——如果是被曲解的——怀疑主义的表达,可参见 Stanley Cavell:《理性的主张:维特根斯坦、怀疑主义、道德与悲剧》(*The Claim of Reason: Wittgenstein, Skepticism, Morality and Tragedy*, New York: Oxford University Press, 1979)。

③ 生态问题促使一些佛教徒和印度教徒重新思考他们对于有知觉存在的传统的排他性关注,参见塔克尔和 Duncan Ryūken Williams 编:《佛教与生态:律法与行为的内在关联》(*Buddhism and Ecology: The Interconnection of Dharma and Deeds*, Cambridge, Mass.: Harvard University Center for the Study of World Religions, 1997)。对社群的实践重要性以及转世轮回和一生一世传统性质的比较分析,可参见本人的《碎裂象征的真相》(*The Truth of Broken Symbols*, Albany: State University of New York Press, 1996),第 247—252 页。

在此,我打算重建部分东亚传统,尤其是儒家思维中的一条特定线索,为的是界定自我的习俗或者礼仪的部分,这种界定是根据以下几个方面:(1)自我如何定向于不同的现实秩序;(2)自我如何整合这些不同的定向。在这种思维方式中,成为一个人就是要拥有自我、定向的构成要素,精通或者不知晓"万物"的所有其他秩序以及生态问题。如果不是通过如何适应自然秩序的许多面向而得以建构,一个自我是根本不应该获得理解的。

各种定向(orientations)的聚集以及它们的整合绝不是自我的全部特征。一个人被定位到一个实在领域并不是他在此做什么的充分条件,尽管定向在脉络的意义上塑造了更加具体的行动与关系的可能性。比如说,习惯性地循环使用盛食物的器具,如此这般地被定位并不能决定在这一时刻你要怎样处置某个特定的瓶子。而当某一定向中有多个选项时,一个道德定向也不能决定一个具体的道德选择。但"自我"的很多特征实质上就是定向的问题。定向提供了一个诠释学上的框架,其中,更为具体的习惯与行为、刺激与回应是有意义的。

要了解定向,首先就要明白,有很多关于存在的问题和向度是需要被定位的。并且,对于个别事物的这些定向又互不相同。比如说,我们看到星体中巨大的宇宙变化过程,并用天体物理学的语言对其进行理论性的掌握。我们看到现世中的四季循环过程,它们决定了动植物生命的循环,还有这个星球上生态系统中的农业周期。我们看见历史的推动力——或不如说是自然界的推动力,如因环境变化而产生的人群迁徙与经济变迁。我们还可以见到那些表面看来是随机的现象,如饥荒与台风,地震与洪水,还有山上突然出现的蛮族。然后,我们还可以见到社会生活的各个层面,如一个民族的历史、经济状况、社群中的问题、一个人在家庭和工作中的自己的生活圈子、家庭及其各个成员之间的变动、友谊和争吵的偶然发生,等等。

在这里,我们需要注意的是,我们被或好或坏的方式不情愿地定位于这些"秩序"中的每一种,而每一种"秩序"都有某种自己独特的轨道和完整性。它可以很好地与其他的秩序因果相连,但是,那些因果联系也许不能展示出我们是如何被定向的。每一种秩序都要求有自己独特的定向方式,对其自身的各种结构和过程保持敏感。

结果就是,一个自我,也包括一个社群,会拥有很多定向的方式。荀子说，我们不能控制星球的宇宙运动，因此，我们对于这种秩序的定向，就必须与美学欣赏以及礼仪庆祝有关，这些礼仪行为会让我们内部的节奏与那些永恒转动的星球的宁静彼此合拍。① 不过，关于四季的变化，我们的定向至少会采取农业文化的形式：随着四季的节拍，人们决定生息，安排庆祝（学者们则有一个以学期为驱动的日历表来指导他们的工作）。对于季节变化的适应，涉及各种密集而复杂的文化性实践。对于这些实践，我们大都是在熟悉社会的某些节奏步调时学到的，而并非通过清晰的讲授而习得。然而，荀子指出，要应对突发的自然灾害和蛮族的突然到来，则需要较高水平的文化，需要一个具有前瞻能力的政府，这个政府能够制定计划，指挥大量民众的合作。缺乏好的政府，在面对这些突发危险时，社会就无法找到一个合适的定位足以应对这些意外，通常会被洪水和武力吞没。

主要根据其定向来定义个人和社会，也就是要挑出和再解释那些无论对东亚人还是西方人都很普通的观察，即东亚文化对生活有一种特殊的美学取径。这并不是说东亚人更懂得欣赏艺术、文学和音乐，而是说在他们以道德考虑回应自然、社会和个人之前，他们多少更愿意联系到其美学特性上。② 与东亚的理想相关的是动荡变化的自然、社会以及个人历史进程背后的稳定与平衡。在追求稳定的过程中，我们可以发现一些特别的举动，还有

① 在荀子谈论天与自然的那篇文章中可以看到主要的讨论，这一部分也可参见 John Knoblock:《荀子：著作全集翻译与研究》(*Xunzi: A Translation and Study of the Complete Works*, vol. 3, Stanford: Stanford University Press, 1994)，第 3—22 页。还可见 Edward J. Machle:《荀子的自然与天：〈天论〉研究》(*Nature and Heaven in the Xunzi: A Study of the* Tian Lun, Albany: State University of New York Press, 1993)。

② 这一说法的最早表述之一可见张仲元(Chang Chung-yuan):《创造性与道家：中国哲学、艺术与诗歌研究》(*Creativity and Taoism: A Study of Chinese Philosophy, Art, and Poetry*, New York: JulianPress, 1963; Harper, 1970)。张在书中运用了怀特海的美学思想来阐释他的主题。还可见吴光明:《比较哲学、历史研究与中国思想》，载《台湾大学哲学学报》13 期(1990 年 1 月)，第 255—305 页；这一领域最新的研究著作是段义孚的《消逝的陌生与奇迹：审美、自然与文化》(*Passing Strange and Wonderful: Aesthetics, Nature, and Culture*, Washington: Island Press/Shearwater Books, 1993)。在西方哲学家中，指出这一观点的是郝大维(David L. Hall)，参见其《不定的凤凰》(*The Uncertain Phoenix*, New York: Fordham University Press, 1982)以及《爱欲与反讽》(*Eros and Irony*, Albany: State University of New York Press, 1982)；还可参见他与安乐哲合著的《透过孔子而思》(*Thinking through Confucius*, Albany: State University of New York Press, 1987)以及《期待中国》(*Anticipating China*, Albany: State University of New York Press, 1995)。如果想以儒家思想和西方自由主义的观点来考察审美性定向与道德行为之间存在的颇有问题的平衡，可参看本人的《清教徒的微笑》(*The Puritan Smile*, Albany: State University of New York Press, 1987)

努力试图争取不偏不倚的正当(如“正名”)。但是,只有在平衡的行动中,才有可能寓平稳于变动之中。进而言之,一个人需要在宇宙进程中平衡自身,在四季交替中平衡自身,并且还需在历史的、社会的,以及个人生活的各种激流里找到平衡。每一种平衡都要求我们对其特殊的性质、尺度、节奏有足够的把握。“自我”的统一或是社会的连贯,很大程度上就取决于以所有这些特定的方式所取得的平衡。西方和南亚传统太过于关注整体,以至于他们倾向于对整体的单一定义,这就压制或忽视了要求在万物遥远而奇异的各种因素中得到定位而取得平衡的奇异性因素。在这些定向被整合为一个中心化自我的平衡之前,东亚传统从多个方面促使对自然、社会、个人进程作出敏感的定向。具有较大分歧的各种定向可以彼此“和而不同”,较小的矛盾则可以通过讽刺和幽默得以调节。所有这些聚合在一个动态的整体性的个人与社会的平衡之中。

关于“中心性的自我”(centered self)的问题,这是一个在西方和南亚传统里的“先入之见”(preoccupation)。该问题也让我们注意到东亚传统中的一些异质部分。这些差异在《中庸》以及其他一些地方表现得十分明显。①《中庸》认为,一个人处于两个极端之间摇摆的状态。一极是“万物”。对于“万物”,一个人需要对其各种不同的性质和价值保持敏感的定向。另一极是“中”。对于“中”,一个人需要用审美的欣赏以及规范化的适当行动来回应它。在新儒学的思想框架里,“中”是用“理”来进行分析的。很明显,人既不能仅仅是“万物”之一,也不能是单独的“中”(儒家批评佛家只追求单纯的“中”,以至于最后变成“无我”,让人惊讶!),而是两者之间的结构性关联。这一结构由身、心、情感、习惯以及其他所有方面构成,尤其是在社会的意义上被建构的各种行为和象征。这些行为和象征能够为定向所塑造。关于自我的定向理论(orientation-theory of the self)更多地是东亚的灵感,而不是南亚或西方的东西,因为它将自我置于“万物”和“中”之间,作为一种实际和习俗性的调解,并且,在根本上为各种定向所塑造而成。

---

① 我在本人所著《儒家对自欺型“自我”概念的建构》中已经引用并分析了部分文字。如上所引。

到此为止，我们的讨论把有关“自我”与“社会”的指涉结合了起来，没有作出过多的区分。我们同时还指出，无论是“自我”还是“社会”，二者都需要定向。要将这两者归类，则又需要我们认识到符号系统、社会常规，还有文化习俗在定义个体时的重要性。所有这些都与东亚哲学中一个重要概念“礼”有关。“礼”首先具有生物学上的基本意义，它规定了一个人如何走路和进行目光接触（eye contact）。在社会生活中，它也占据基础性的地位，教导我们组织语言，做出手势，同时也赋予衣饰、宴飨、建筑以各种象征意义。在宗教上，作为仪式和法庭审判，“礼”同样有基本的价值。在这里的语境中，“宗教的”（religious）意指那些与整合分离的各种定向有关的礼仪与实践，每一种礼仪和实践都与其适当的秩序相平衡，从而把不同的定向整合为一个和谐的人和一个和谐的社会。西方和南亚的对于自我的主题是截然将自我从社会中分离出来，与此不同，东亚社会对于习得性的“礼”（learned ritual）的强调，使得自我格外地具有社会性。[①] 此外，在符号意义上形成的人的行为，并不仅仅是个体演绎社会定义的角色的问题，它同时更意味着被定义的角色中人的互动。要成为一个“人”，就要积极地参与角色定义的（role-defined）人与自然、人与制度，以及人与人之间的互动。

作为各种定向之一的这种自我的概念，其对于生态学的贡献，就在于以“礼”为中心。[②] 正如东亚学者已经论证过的，正如对于宇宙、社会以及个人生活的各项内容一样，我们对于自然的定向存在于自然的许多方面，这些定向都是由“礼”塑造而成的。我们学习这些定向，并且，在实践所学的过程中，我们也会发现更好的定位。这些都可以被理解为“礼”。因此，在目前的情况下，道德关注的重心应放在唤起对于“礼”的注意以及对于“礼”的改善上，以便于使种种“礼”在生态学的意义上更好地平衡我们自身。

如果我们知道我们正在做什么，那么，有关生态问题的特别的行为与

---

① 当然，亚里士多德以及其他的一些学者把人定义为社会性的生物——因为如若没有语言，人就不能被称为人；但这样的强调并不像东亚哲学中来得那样强烈。

② 我在《规范性文化》（*Normative Cultures*，Albany：State University of New York Press，1995）第 7 章中，对“礼”的理论有相当篇幅的讨论。

法律就是令人满意的。但是,如果没有一个先在的对于自然的定向,没有一组有差别的自然内部的不同定向,特别的行为和法律很可能失去效用,甚至弊大于利。为了获得正确的定向,对自然保持更灵敏的意识,或者接受自然浪漫主义中的那些隐喻与深度生态学,只能提供一点帮助。我们对自然定位的实际的礼仪以及对这些礼仪的提升得到了认可,这小小的帮助就来自于对这种认可的反馈。

对于促成了关于自然过程的定向的“礼”的持续关注,将一个改善了的关于个体自我及其利益的概念整合了起来。同样整合到一起的还有,在由“礼”定义的各种定向之中运转的社会结构的概念。改善各种定向的学科以及对于定向的定向,是一种圣贤境界的实践的当代范例。它的贡献在于,将具有现实灵敏性的道德置于远远超越于生态学的范围之外的事物的性质上,虽然这一范围的新颖性要求我们注意:在出于责任而平衡我们自身的过程中,处于危险境地的是什么。①

① 在儒学与生态学术会议上,我们能听到对“波士顿儒家”及其“南查尔斯河学派”温和的调侃。将古老的儒学主题搬到生活中来,直接面对的不仅是东亚的问题,同时也是现代西方当下的问题。这是波士顿儒学的核心。而对“礼”的强调,则是南查尔斯河学派的主要论题。当然,我们也不能忘记北查尔斯河的贤明们。参见杜维明:《仁与修身:儒家思想讨论文集》(*Humanity and Self-Cultivation: Essays in Confucian Thought*, Berkeley: Asian Humanities Press, 1979),尤其是第1章与第2章。

从理论到实践

儒学与园林设计:小石川后乐园和沃里兹公园的比较

沙绘圣子　秦家懿

(Seiko Gotō and Julia Ching)

导　论

生态运动在西方已有很大的进步,但是,保护环境的论证却常常主要是来自于功利主义的考虑。要了解其他文化及其自然观,比较研究仍然是需要的。

在这篇文章中,我们希望关注这样一个事实:在目前的日本,由于园林设计对自然环境的保护或改善有所贡献,它被认为是环境规划的一部分。这里,我们的意图是要讨论儒家对现存的两个园林的影响,尽管这两个园林设计于数百年前并且彼此相隔遥远。这两个园林就是位于日本的小石川后乐园和柏林的沃里兹公园。①

我们并没有儒学传入日本的确切时间的记载,尽管大体被认为是在公元5世纪。这是儒家思想平稳顺畅地整合到日本文化之中的一个证明。之所以平稳顺畅,在很大程度上是由于日本人的生活方式对于儒家的影响有容受性。在神道教的影响下,古代的日本人对于人与自然的关系已经有了很强(尽管有点模糊)的观念,儒家思想则既强化了这些观念,

---

① 小石川后乐园在日本东京的中心。本文最初由沙绘圣子提交于1996年哈佛大学儒学与生态的会议。此前不久,秦家懿与沙绘圣子有过一次愉快的会面,并讨论了儒学与小石川后乐园这一双方都感兴趣的话题。两位作者都感谢 Graham Mayeda 的友好帮助。

又将它系统化了。[1]

在启蒙时期，儒家思想由中国传入欧洲。从16世纪到18世纪，欧洲人从中国不但进口贸易货物，更输入了艺术品（d'art）和哲学思想。十字军东征之前，远东的哲学在欧洲其实无人知晓，但是，在16世纪新的贸易路线发现之后，其影响与日俱增，最终在18世纪达到鼎盛。[2] 主要的启蒙思想家如德国的沃尔夫（Christian Wolff）和康德，法国的卢梭、伏尔泰和弗朗索瓦·魁奈，甚至英国的牛顿，他们都部分地由于研究中国的思想而得到启发。这些中国的思想观念包括了道教长生不老者的天堂，这都是欧洲人所接触的。这些思想观念，不论是儒家的还是道家的，都对英国和其他欧洲大陆的园林设计的审美原理产生了巨大的影响。

法国人和意大利人都注重几何设计，而英国人的园林则偏爱原始状态的自然，不是经过处理了的自然，这是受了中国思想影响的例子。同样，英国园林也将中国哲学的启发整合进来，尤其是儒家的观念。作为这种融合的又一个例证，沃里兹公园有着源自儒学的教诲性的因素（didactic elements），并结合了传统英国栩栩如生写实的实景绘画。正是通过英国庭院的媒介，沃里兹公园受到了中国哲学的影响。

我们将会对日本与西方的传统园林进行简要的对比，进而论述儒家观念是如何对小石川后乐园和沃里兹公园设计产生影响的。

天堂的观念：东方与西方

在西方，园林经常被视为地上的天堂。而在古代日本，整个自然则被视为是有生命的。所有自然力量，如流水、山峰、树木，都被认为是控制人

---

① 儒家思想在日本的德川时代或江户时代（1600—1868）得以繁荣。在那个时代，儒家观念在政治、伦理和教育领域得到提升。参见狄百瑞和华蔼仁（Irene Bloom）编：《理与实：新儒学与实学论集》（*Principle and Practicality: Essays in Neo-Confucianism and Practical Learning*, New York: Columbia University Press, 1979），导论；贝拉（Robert Bellah）：《德川宗教：现代日本的文化根源》（*Tokugawa Religion: The Cultural Roots of Modern Japan*, New York: Free Press, 1957）。

② 参见秦家懿和 Willard G. Oxtoby：《道德启蒙：莱布尼茨和沃尔夫论中国》（*Moral Enlightenment: Leibniz and Wolff on China*, Sankt Augustin: Institute Monuments Serica; Nettetal: Steyler Verlag, 1992）导论，第1—36页。

类命运的东西，并且，对这些自然力量也像神灵一般予以崇拜。以神道(Shintō)著称，这种古代的万物有灵论将人类、神、自然视为一个连续体。换言之，在人与神之间，并不存在严格的壁垒。①

与日本这种连续体的观念不同，在西方基督教的世界观中，人类是从天堂中被驱逐出来的，这是对人类原罪的一种惩罚，结果是天堂与人间世界的分离。在基督教的世界中，园林设计是为了表现《圣经》中天堂的景象。它们被想象为独特的、封闭的空间，这些空间标志着神圣与人类的分离。如果我们观察教堂园林的设计，我们会发现，其十字架形的特征将园林分成四个部分。园林的周围有小径环绕，园林中央的喷泉则有果树、灌木环绕。教堂园林的几何设计反映着《旧约》里所描述的伊甸园的标准结构。

> 主宰神在地上种植树木是为了视觉享受跟食物来源。这些树是园林的生命，也是善与恶的智慧。
>
> 河水由伊甸园流出灌溉园林，并分开成四条河。②

不过，受到万物有灵论影响的人与自然连续体的看法，没有也未必能够主导日本园林的任何特定的形式。在公元7世纪时，日本的“园林”(niwa)一词是用来描述和祭祀自然界各种神灵的净土。这种以祠堂对园林的界定，并没有预先决定园林的物理形式。祠堂的灵感来自于周围自然环境的特征，其建筑也与那种灵感吻合。有时，神庙的地面铺满了小圆石，树木或许是表示神的精神，或者，一块大石头是神灵的座位。日本园林中的石头，就是这种神圣的石头的代表。

随着佛教在公元6世纪从中国和朝鲜传入日本，日本开始发展出与人的世界相分离的天堂的观念。因此，他们开始以这种天堂的形象来建构皇宫和庙宇，他们相信众神会居住其中。在日本园林的抽象形式之中，

① 参见 Jean Herbert:《神道：日本的源头》(*Shintō: The Fountainhead of Japan*, London: George Allen and Unwin, 1967); William K. Bunce:《日本的宗教》(*Religions in Japan*, Tokyo: Charles E. Tuttle, 1955)，第6—8章。

② 《创世记》2:9—10。

诸如高山、河流和森林之类的自然特征就被用来代表神灵的世界。为了在一个有限的区域内呈现所有这些自然要素，所以采用了微缩（miniaturization）和象征化（symbolization）的原则。自然的雏形化形式意在复制庞大的自然存在物。通过形状和名称，日本园林的雏形化特征被赋予了象征意义。这些技术与西方为求将天堂与人类世界分开的抽象自然观适成对照。无论是小石川后乐园还是沃里兹公园，显然都是其各自不同的传统的产物。不过，在设计上，它们又都显示了直接或间接的儒家思想的影响。

所谓儒家的影响，我们指的是一种对自然的爱以及一种人与自然之间连续体的观点。这两点，我们在道家思想中也能够找到很多。这些东西与一定的道德学说结合在一起，很多方面与中国的古典有关。尽管没有忽略愉悦（pleasure），但儒学将责任（duty）置于优先于愉悦的地位。这种精神在公元前4世纪儒家思想家孟子那里即可发现。在孟子的学说中，还有“仁”和“义”的思想。如此，孟子经常关注经济和社会正义的一些问题。

在与形形色色的小诸侯国的君主对话的过程中，孟子看起来常常将这些君主置于为其奢华生活方式辩护的位置。譬如以下这段记载：

> 孟子见梁惠王，王立于沼上，顾鸿雁麋鹿，曰：“贤者亦乐此乎？”孟子对曰：“贤者而后乐此，不贤者虽有此，不乐也。《诗》云：‘经始灵台，经之营之，庶民攻之，不日成之。经始勿亟，庶民子来。王在灵囿，麀鹿攸伏，麀鹿濯濯，白鸟鹤鹤。王在灵沼，于牣鱼跃。’文王以民力为台为沼，而民欢乐之，谓其台曰灵台，谓其沼曰灵沼，乐其有麋鹿鱼鳖。古之人与民偕乐，故能乐也。”①

换言之，一个君主可以拥有一个带有一个大池塘的美丽园林，但是，这位君主是被期待要与民同乐的。可想而知，君主是被期望在履行了他对百姓的责任之后再享受其园林的。小石川后乐园一词正反映了这个观念。同时，在道德风纪和理解为百姓提供一种道德榜样的需要这一意义

① 《孟子·梁惠王章句上》第二章。

上，君主的这种享受也要适度。

小石川后乐园

今天的小石川后乐园由东京市政府所拥有，是国家的历史史迹花园。它最早设计并建筑于差不多四百年前。最初的想法出自领主德川赖房与幕府德川家光。园林面积曾经一度达到290 172平方米，但是目前只剩6 050平方米的内园林与部分后园林。小石川后乐园是根据传统日本的园林建造哲学来设计的。通过对自然之美的描绘，那种哲学显示出对自然的赞美。在小石川后乐园中，一些著名的风景点被微缩了，也建有一些小的庙宇供奉自然神灵。不过，小石川后乐园不同于其他日本的园林之处在于，它的设计融合了儒家的因素。这是德川赖房的儿子及继承者德川光国时期发生的事情。

在1661年，也就是小石川后乐园建成后的三十三年，德川赖房的第三个儿子德川光国继承了父位成为第二任水户藩主。由于多种政治原因，王位由他继承而不是由长子Yorishige继承。当德川光国还是青年时，他的学业并不出众。但是，在他十八岁那年阅读了两位中国隐士伯夷和叔齐的传说之后，这一点改变了。无论是伯夷还是叔齐，都没有继承父位成为家族的领导者。相反，他们将继承权禅让给了他们的弟弟。德川光国深深为这一故事所感染，因为这个故事与他继承的处境颇为相似。这一点促使他重新考虑他的学习态度。结果，他投身于学业，尤其是对儒学的学习。

德川光国继承父亲之位后，建立了一个名为Shō-kō-kan的机构。该机构的任务就是在小石川后乐园编辑《大日本史》(*The Great History of Japan*)。他还邀请了来自全国各地约一百三十位学者来研究儒学与日本历史。1665年7月，德川光国邀请了儒家学者朱舜水(1600—1682)至其住处。朱舜水学识渊博，从农业到儒家思想，无所不晓，并且，他特别重视知识的实践。水户学派是日本儒学的一个分支[1]，而朱舜水则对水户学派

---

① 参见秦家懿：《朱舜水的实学》，载《理与实：新儒学与实学论集》(*Principles and Practicality: Essays in Neo-Confucianism and Practical Learning*, New York: Columbia University Press, 1979)，第189—229页。

的建立产生了巨大的影响。直到在他东京都 Komagome 的住所去世，朱舜水一直担任德川光国的导师。

儒家的原则融入德川光国有关政策、教育和文化的思想之中。在德川光国最大的成就之中，有一项就是对小石川后乐园的装饰。德川光国增加了几项富有深远意义的设施。他在德仁（Tokujin）寺庙树立了他所崇敬的贤者伯夷和叔齐的雕像，并且在八角形（Octagonal）寺庙放置了一位学者的雕像，这雕像是德川光国在八岁时由幕府家光赠送的。同时，德川光国还负责为园林中专门为客人提供酒水的地方命名。那个地方他命名为"九八场"（Nine-Eight Shop），指的是一个人应当在白天有百分之九十感到满意时才喝酒，在晚上有百分之八十感到满意时才喝酒。这与儒家最好的生活是达到百分之八十的论点有异曲同工之妙，若一个人的欲望完全满足会导致其期望值的下跌。

除了这些对小石川后乐园的修缮之外，德川光国让朱舜水创建了一些带有重要文学意义的微缩景观。此前，德川赖房已经建立了很多透过娃卡（waka）诗而以自然美著称的日本景点。对于这些景点，德川光国则添加了让人联想到中国的参照物，譬如"西湖堤"和"四月桥"。朱舜水也选用了小石川后乐园来作为北宋理学家范仲淹（989—1052）"先天下之忧而忧，后天下之乐而乐"诗句的参照。中文"士"这个词在日文中被理解为"领主"、"武士"，所以，可想而知，德川光国将范仲淹的这句话理解为"领主当先民而忧，后民而乐"。也就是说，在热爱自然、享受自然的愉悦的同时，儒家仍然在道德上意识到与他人分享这种愉悦的需要。乍看起来，范仲淹的名句好像是"无乐"①，但实际上，这句话只是突出了责任相对于愉悦的优先性而并没有否定后者。

德川光国经常在园林内举办演出和聚会，在那期间，他与家臣们赋诗作对。聚会不仅仅在白天举行，也在夜幕降临之后举行，以月色和火堆照明。例如，在 1678 年 3 月 24 日，举办了一次赏花聚会。在那期间，有十二首诗被记载下来，其中有一首是德川光国本人的作品。同年的 4 月 17 日傍晚，举办了一场烟火晚会，有二十二首诗被记载了下来。这些写作聚

① 《范文正公文集》（丛书集成本），第一卷。

会反映了日本平安时代有才华的作者的价值观。在那个时代，这些作家被认为是朝廷上最重要的人物。为了提高诗歌的质量，家臣之间还组织比赛。不过，小石川后乐园的聚会还有着政治上的弦外之音。那就是，这样的场合是领主与其家臣彼此更为熟悉的场合。园林的自然景观，成为社交与外交的交流场所。因此，在德川光国的时代，受到儒家理念影响的小石川后乐园的设计，也成为教育和实践这些儒家理念的适当的场所。

沃里兹公园

佛兰兹王子和沃里兹公园

沃里兹公园是德国的一个英式的园林。整个园林的设计反映了启蒙时期的重农主义思想。重农主义源于18世纪从中国传入欧洲的基于农业的儒家经济模式。沃里兹公园的设计看似英国的园林，特色在于避免拘谨的几何形状，而是配合自然之美。这种风格在18世纪得到了发展，其转变与当时流行的欧洲景观绘画的趋势有关。许多英式的园林直接以三维复制景观绘画为目标，譬如，像克劳德·洛兰(Claude Lorrain)这类艺术家的作品。此外，许多英式园林都有中国式的建筑，如凉亭和中国塔，这反映了当时的装饰风格受到中国的瓷器制成品持续流入欧洲的影响。沃里兹公园是建于德国的第一个英式园林，是这种风格在欧洲大陆得以传播的一个范例。

沃里兹公园于1770年由佛兰兹王子(1740—1817)建造，当时正值欧洲启蒙时期的活跃期。在佛兰兹王子的三次旅行中，他了解了欧洲哲学的发展及其对欧洲文化的影响，这对他对欧洲园林的设计有着重大的启发。启蒙的观念被运用到了园林之中，中国式的风格及写实绘画的影响就是证据。①

在沃里兹公园的建造中，佛兰兹王子复制了克劳德的绘画的景观。②

---

① 参见 Gert Groning："The Idea of Land Embellishment"，*Journal of Garden History* 12，1992，第164—185页；Dusan Ogrin：《园林的世界遗产》(*The World Heritage of Gardens*，New York：Thomas and Hudson，1993)，第291页。

② 克劳德·洛兰，8世纪法国的一位画家。参见 Monique Mosser and George Teyssot：《西方园林的建筑：文艺复兴到当今的设计史》(*The Architecture of Western Gardens：A Design History from the Renaissance to the Present Day*，Cambridge，Mass.：MIT Press，1991)，第302页。

佛兰兹王子计划的关于树林和湖泊的景观所依赖的设计正是像司徒海花园(Stourhead Garden)那样的园林。在英国时,佛兰兹王子曾经参观过司徒海花园。[①] 他建在树林中的走廊代表了田园风格,而类似英国克优花园(Kew Garden)的中国式塔楼,则将异国情调整合到园林的设计之中。这些异国且栩栩如生的因素是受佛兰兹王子曾拜访过的英国建筑师钱伯斯爵士(Sir William Chambers, 1723—1796)的直接影响所致。[②] 钱伯斯是伦敦克优花园的设计者,而他正是受到了中国园林设计的影响。

除了使用外来建筑及逼真的实景元素,沃里兹公园融合了教导的元素。当佛兰兹王子第二次旅行时,他受到意大利的艺术以及建筑的影响,并遇到极具影响力的启蒙思想家卢梭(1712—1778)和魁奈(1694—1774)。魁奈除了是法国皇帝及皇后蓬皮杜夫人(Madame Pompadour)的私人医生外,还是一位热切的经济学者。对于沃里兹公园的设计哲学,魁奈重农主义思想的影响尤其重要。

魁奈和重农主义

就启蒙运动对法国革命的影响而言,魁奈的重农主义居于核心地位。并且,魁奈的重农主义也代表了现代经济思想的基石。由于路易十四的过度挥霍,法国经济承受着庞大的赤字。此外,卷入 17 世纪三十年战争以及其他欧洲的冲突,使得法国人口急剧下降,结果导致农业生产降低到以往的三分之一。魁奈的哲学理念就是要寻求通过农业社群的改革来建

① 司徒海花园由 Henry Hower(1705—1785)始建于 1735 年,至 1783 年完成。Henry Hower 搜集了克劳德·洛兰等人的景观绘画。而司徒海花园的景致正是被认为复制了这些景观绘画。该园林被山丘环绕,其中有一个带小岛的湖泊。湖边的岸上有岩洞和小庙。参见 Dusan Ogrin:《园林的世界遗产》,第 133—134 页;Christopher Thacker:《园林史》(*The History of Gardens*, Berkeley: University of California Press, 1979),第 192—194 页;Derec Clifford:《园林设计史》(*A History of Garden Design*, London: Faber and Faber, 1962),第 143 页。

② 钱伯斯爵士曾经是威尔士公主的园艺师,并且教过她儿子乔治三世学绘画。钱伯斯曾经到过中国,并著有《论东方园林的论文》(*A Dissertation on Oriental Gardening*, London: Griffin, 1772)。他在 1761 年设计了克优花园。参见 Dusan Ogrin:《园林的世界遗产》,第 131 页;Christopher Thacker:《园林史》,第 216 页;R. C. Bald:《钱伯斯爵士与中国园林》("Sir William Chambers and the Chinese Gardens", in *Discovery China: European Interpretations in the Enlightenment*, ed. Julia Ching and Willard G. Oxtoby, Rochester, N. Y.: University of Rochester Press, 1992),第 142—175 页。

立经济的稳定。①

在此期间，亚洲的耶稣会传教士也处在发挥其影响的高峰。传教士与罗马之间的通信持续不断，并且，这些通信中的信息在整个欧洲公开出版。通过这些信件，有关亚洲的知识在18世纪得以广泛传播。尤其是，学者们将儒学以及其他的中国哲学视为社会改革的模范。② 那些在巴黎的传教士们是蓬皮杜夫人的常客。作为蓬皮杜夫人的医生，魁奈从与客人有关中国的讨论中获益匪浅。特别是传教士在1750年左右带到巴黎的中国学者Kō对魁奈影响很大。从Kō身上，魁奈学到了许多儒家思想的细节。魁奈对儒家有关重农主义的理念是如此热情高涨，以至于被他的学生称为“孔子的传承者”③。

儒家学说的中心是统治者对自己国家的责任感。魁奈对中国的农业系统印象深刻，中国的农业系统启发了他写成《经济表》(*Tableau Economique*)一书。在该书中，他提出土地是经济的基础。同时，魁奈也强调了教育的重要性。因此，魁奈重农主义的所有核心理念，一种基于农业改革的政治理论，是来自于中国的儒家思想。④

沃里兹公园的设计

在沃里兹公园的设计中，几个小岛位于人工湖中，由一系列的流水连接相通。最接近公园入口处的小岛叫“卢梭小岛”(Rousseau's Island)，是以巴黎的小岛“安曼农维拉”(Ermenonville)为模型仿制的。安曼农维拉岛是卢梭去世前几个月居住的地方，同时也是卢梭的墓地所在。就在安曼农维拉，建有带有卢梭事迹说明的纪念碑。⑤

---

① Lewis A. Maverick:《中国，欧洲的典范》(*China, A Model for Europe*, San Antonio: Paul Anderson, 1946)。

② Reichwein:《中国与欧洲》(*China and Europe*)，第15—22、73—98、107—108页；Donald F. Lach:《欧洲制造中的亚洲》(*Asia in the Making of Europe*, Chicago: University of Chicago Press, 1965)。

③ Reichwein:《中国与欧洲》，第104页。

④ 秦家懿和Willard G. Oxtoby:《发现中国：启蒙时期欧洲的诠释》，第113页。

⑤ 这一栩栩如生的园林由Marquis Girardin(1735—1803)于1764年始建，1773年完成。参见Dusan Ogrin:《园林的世界遗产》，第92页；Dora Wiebenson:《法国如画的园林》(*The Picturesque Garden in France*, Princeton, N. J.: Princeton University Press, 1978)，第81—88页。

在另一个小岛上，佛兰兹王子创建了圆形剧场、迷宫，甚至人工火山。火山喷出红色玻璃制成的岩浆，当晚上发亮时，会令火山一带成为举行聚会的好地方。在园林的山顶上，可以看到互相交错的街景，上面建有庙宇和刻有哲学碑文的雕像。

许多的建筑风格、不同的雕刻、多种的艺术品及碑文，都有教导游客世界文化及哲学的功用。沃里兹公园对外开放，游客被容许住在客房里面。因此，根据儒家的教育观念，沃里兹公园可以以教育为目的，人们可以学习，同时也可以产生愉悦感。通过其景观设计，沃里兹公园的景观代表了启蒙运动对儒学的回应。

沃里兹公园和小石川后乐园

现在，我们比较沃里兹公园和小石川后乐园的设计如何体现出儒家的理念。沃里兹公园的先贤祀（Pantheon）和维纳斯神殿（the Temple of Venus）及小石川后乐园的德仁寺庙和八角形寺庙，都放置了碑铭，意在引起道德上的觉悟。而且，两个园林都运用了当时最高级的技术建造了架桥。沃里兹公园内的铁桥，是英国一座铁桥的微缩复制，代表当时造桥技术的前沿水平。与此类似，朱舜水也运用了之前日本还不知道的当时最先进的技术建造了小石川后乐园中的四月桥。

此外，沃里兹公园的设计包括英国农田的农业运作，为的是展现现代的耕作技术。虽然佛兰兹王子未曾到过日本，但是，他却将公园的这种特点称为“日本带”（Japanische Breite）。使用了日本一词，可能是纯粹的巧合。因为在当时人的用法中，日本是指中国一个特定的地区，而不是另一个国家。

当时的美学观念认为，美的价值对于每一个个体观察者来说，都是独一无二的。与此相对，佛兰兹王子认为，“真正的美是既美丽又实用”。这种看法回到了诸如苏格拉底等古希腊思想家所断言的“所有的美就是适合于其用处”的思想，但与康德主义“美的独立性”的论断相反。根据佛兰兹王子的哲学观，干草堆及橡树是园林组成的一部分，是用来防止洪水。园林建筑学上的特征也反映出这种哲学，如让进入公园的游客像进入避难所一般。通过建造沃里兹公园从而体现其哲学思想，佛兰兹王子希望他的公园可以拓宽人民的知识，同时，通过教导农业的重要性（根据儒家思想，农业是经济的基础），也可以带来社会的改革。

在小石川后乐园，德川光国开辟稻米水田也是为了类似的教育目的。自日本平安时期起，整个日本文学史上的许多诗歌都提到稻米水田。但是，直到江户时期，稻田水利才在园林之内得以建造。虽然不同的诗歌技法各有差别，但所有时期共同的东西，都是对绿色和金色稻田的赞美以及稻田表达季节转变的方式。不过，德川光国的意图不仅仅在于使稻田成为兴发性的诗的主体，更在于教导人民了解农民所承受的艰辛。对于一位理想的君主来说，有关农民劳作的知识被认为是至关重要的。所以，德川光国向她的妻子和第三代继承人亲自示范耕作和编织的技术。小石川后乐园与沃里兹公园的稻田不仅是激发诗词的地方，同时更是为了教化的目的。此外，园林的几个特征与佛兰兹王子所珍视的实用美的哲学也是相吻合的。在小石川后乐园内，德川光国建造了竹林，可以用来制作鱼叉，而且，他还种植了梅子，在战时可以丰收。

结　论

无论是小石川后乐园还是沃里兹公园，都与当时其他园林有别，这是因为它们关注到了儒家修身的理念。儒家的修身理念是通过将历史、文学、艺术与自然有机整合而实现的一种学说。以日本为例，人与自然的一种新的关系得以发展。这种关系赋予自然一种实用和政治的向度。以德国为例，人与自然的沟通得以建立。不是将自然作为一种与之斗争的力量并让其为人的意志所掌控，而是将自然看做与经济以及人类社会系统彼此和谐的东西。虽然这两所园林在许多方面各有不同，包括面积大小、建造时期、所属国家等，但是，除了呈现美丽的景色之外，它们都具有教化的目的。在小石川后乐园，骑马代表了军事艺术，庙宇引起人们对儒家故事的回想，稻田则显示了农民的劳动。沃里兹公园是对外开放的，透过公园的设计，它学习了多样的世界文化、农业实践以及技术进步，这些都融合了不同形式的建筑风格、庙宇设计、雕刻与农业技术。

从上述的两个园林，我们可以了解到，设计能够起到教化的作用。这一点提醒我们，自然在人类存在的世界中占有一个重要的角色。现在，虽然很难在小石川后乐园找到儒学的暗示，但是，它的教化作用仍然存在。譬如，邻近的学校教导学生种植稻米。沃里兹公园所体现的自然对教化的作用，被采纳于纽约市中央公园的公共空间，并且，它也被采纳到其他一些19世纪晚期以来建造的城市公园之中。支撑这些园林设计的哲学基础导致了对于两国园林重要性的高度感受性，这样说不是没有道理的。无论在东亚还是西方，通过自然以及自然在城市环境中的作用，这些基础如今仍然积极影响着当代有关自我修养的种种观念。

儒家思想与生态女性主义

李惠莉

(Hueg-li Li)

导论:财富岛的悖论

最近,关于环境伦理的话语集中于将对人类利益的道德关怀扩展到所有其他生命和整个自然。对于许多环境主义者来说,这种非人类中心主义的宇宙观是对当今生态危机的根本的伦理解决。① 尽管人类和自然的统一不是一个新颖的观念,但是,在现今的环境运动中,它引起的广泛关注要归功于美国历史学家林怀特富有争议的主张。林怀特声称,今天的生态问题根源于人类统治自然的基督教教义。根据林怀特的看法,犹太教—基督教是最具人类中心主义的宗教,它"不仅建立了人类和自然的二元论,而且还坚持认为,人类出于合理的目的开发自然正是上帝的旨意"②。林怀特进一步论证说,"越来越进步的科学和技术并不能够把我们从现今的生态危机中解救出来,直到我们发现一个新的宗教,或者重新

① 霍尔姆斯·罗尔斯顿:《环境伦理:自然界的责任与价值》(*Environmental Ethics: Duties and Values in the Natural World*, Philadelphia: Temple University Press, 1988);克利考特:《捍卫土地伦理》(*In Defense of the Land Ethic*, Albany: State University of New York Press, 1989); Fox Warwick:《走向一种人际间的生态学》(*Toward a Transpersonal Ecology*, Boston: Shambhala, 1990)。

② 林怀特:《生态危机的历史根源》("The Historical Roots of Our Ecologic Crisis"),见《西方人和环境伦理》(*Western Man and Environmental Ethics*, Reading, Mass.: Addison- Wesley, 1973),第25页。此文原载《科学》155(1967年3月),第1203—1207页。

思考我们旧有的信仰”①。为了寻求一个新的宗教，林怀特和其他一些人考虑用许多非西方宗教传统作为基督教的有益替代。② 在生态学的意义上，这些宗教都具有一些类似的特征，例如：敬畏自然，非人类中心主义的世界观，以及万物有机关联的信仰。在理论层面上，这些宗教传统看上去能为一种全球环境伦理提供一种现成的概念基础。

然而，作为在台湾生育高峰期出生的孩子，我曾对这么一个事实感到很惊讶，即台湾人一直在生态学的意义上珍视具有共同特性的各种宗教信仰（诸如一种有机的世界观，敬畏自然），但同时，他们对生态灾难的长远影响又显得漠不关心。看到这种悖论，我曾怀疑林怀特关于基督教是今天生态危机的主要概念根源的看法。而且，对于一些学者曾提出的亚洲宗教传统是对环境亲善的观点，我也感到很困惑。而同时，另一些人却承认了亚洲宗教传统对东亚成功的工业化的贡献，挑战马克斯·韦伯关于亚洲宗教传统与现代化根本不相容的主张。③ 具体而言，这些学者把儒家价值看做是与新教价值具有“功能相似性”的东西，认为儒家价值促进

---

① 《西方人和环境伦理》，第 28 页。

② 同上注；William R. LaFleur：《Saigyō 和佛教徒的自然价值观》（“Saigyō and the Buddhist Value of Nature”，pts. 1 and 2，*History of Religions* 13，no. 2，November 1973，第 93—127 页，no. 3，February 1974，第 227—247 页）；Eliot Deutsch：《敬畏自然的形而上学基础：东方与西方》（“A Metaphysical Grounding for Natural Reverence：East-West”，*Environmental Ethics* 8，1986）；郑和烈（Hwa Yol Jung）：《东西方哲学视野下的生态危机》（“The Ecological Crisis：A Philosophic Perspective，East and West”，*Bucknell Review* 20，1972，第 25—44 页）；稻田龟男：《佛教语境中的环境问题》（“Environmental Problematics in the Buddhist Context”，*Philosophy East and West* 37，no. 2，1987，第 135—149 页）；罗素·古德曼：《道教和生态》（“Taoism and Ecology”，*Environmental Ethics* 2，1980，第 73—80 页）；安乐哲：《道家和自然的属性》（“Taoism and the Nature of Nature”，*Environmental Ethics* 8，1986，第 317—350 页）；休斯顿·史密斯：《今日之道：一种生态的信仰声明》（“Tao Now：An Ecological Testament”，in *Earth Might Be Fair：Reflections on Ethics，Religion，and Ecology*，ed. I. G. Barbour，Englewood Clifts，N. J.：Prentice-Hall，1972，第 66—69 页）；叶保强：《道教和环境伦理》（“Taoism and Environmental Ethics”，in *Religion and Environmental Crisis*，ed. Eugene C. Hargrove，Athens：University of Georgia Press，1986）；Krishna Chaitanya：《一种更深刻的生态学：印度人的人与自然观》（“A Profounder Ecology：The Hindu View of Man and Nature”，*The Ecologist* 13，1983，第 127—135 页）；William R. LaFleur：《Sattva：佛教中的植物和树的启示》（“Sattva：Enlightenment for Plants and Trees in Buddhism”，*Co-Evolution Quarterly* 19，1978，第 47—52 页）；J. Baird Callicott：《亚洲传统思想中环境伦理学的概念资源：导论》（“Conceptual Resources for Environmental Ethics in Asian Traditions of Thought：A Propaedeutic”，*Philosophy East and West* 37，no. 2，1987，第 115—130 页）。

③ 马克斯·韦伯：《中国的宗教》（*The Religion of China*，trans. and ed. by Hans H. Gerth，New York：Free Press，1951）。

了东亚国家的经济发展。[1] 我认为，在儒学的功用中，坚持人与自然的统一，但仍然支持工业化，这种显而易见的矛盾提醒我们应当对这样一个事实保持警觉，即环境的退化与工业化是相互关联的。[2] 换言之，有助于成功的工业化的文化价值与今天的生态毁坏无关，这样一种假设是有问题的。尽管存有这种明显的矛盾，但却很少有人探究为什么非西方的宗教传统，比如儒学，在阻止破坏生态的人类行为方面会失效。

妇女运动和环境运动之间的关系呈现出一个类似的难题。在回应当今生态问题的全球流布（ramifications）的过程中，许多女权主义者一直在关注对女性的压迫和对自然的压迫这两者之间的概念联系。1974 年，在提出妇女有潜力解决今天的生态危机这一主张时，法国女性主义者 Françoise d'Eaubonne 创造了"生态女性主义"（ecofeminism）这一术语。[3] 在美国，内斯特拉·金（Ynestra King）在社会生态学院讲课时开始使用"生态女性主义"这个概念。逐渐地，生态女性主义被用于指称与生态问题有关的各式各样的女性主义著作。[4] 不考虑她们各自不同的理论立场，

---

① 例如，彼得·伯格主张"日本和东亚新兴工业化国家属于中国文化圈，毫无疑问儒家思想在他们中间是一种极有影响力的思想"。儒家价值指的是努力取得成就的敬业精神，在家庭和家庭之外的组织中有强烈的团体意识，重视教育、功名和组织，早年选拔英才。参见彼得·伯格：《一种东亚发展模式?》，收入彼得·伯格和萧新煌（Hsin-Huang Michael Hsiao）编：《寻求东亚发展模式》（*In Search of An East Asian Development Model*, New Brunswick, N. J.: Transaction Books, 1988）。

② 郝大维和安乐哲：《透过孔子而思》（*Thinking through Confucius*, Albany: State University of New York Press, 1987）；汤一介、李真和乔治·麦克林（George F. McLean）：《人与自然：中国人的传统与未来》（*Man and Nature: The Chinese Tradition and the Future*, Lanham, MD.: University Press of America, 1989）；成中英：《儒家与新儒家哲学的新维度》（*New Dimensions of Confucian and Neo-Confucianism Philosophy*, Albany: State University of New York Press, 1991）；吉安卡罗·费纳佐（Giancarlo Finazzo）：《天的原则：试论早期儒家哲学中天的理论相关性》（*The Principle of Tien: Essay on Its Theoretical Relevancy in Early Confucian Philosophy*, Taipei: Mei-Ya Publications, 1967）；罗伯特·伊诺（Robert Eno）：《儒家天的创造：哲学和礼仪统治的捍卫》（*The Confucian Creation of Heaven: Philosophy and the Defense of Ritual Mastery*, Albany: State University of New York Press, 1990）；李杜：《中西哲学思想中的天道上帝》（台北：联经出版公司，1978）。像儒家思想、佛教思想、道教思想、世俗道教思想和日本神道教的思想都强调天和人的内在相关性。

③ Mary Daly：《Gyn/生态学：激进女权主义的元伦理学》（*Gyn/Ecology: The Metaethics of Radical Feminism*, Boston: Beacon Press, 1978）。

④ Karen J. Warren：《女性主义和生态学：制造关联》（"Feminism and Ecology: Making Connections", *Environmental Ethics* 9, 1978，第 3—20 页）和《生态女性主义的权力和承诺》（"The Power and Promise of Ecological Feminism", *Environmental Ethics* 12, 1990，第 125—146 页）；Petra Kelly：《朝向一个绿色欧洲和绿色世界》（"Toward a Green Europe and a Green World", in *Into the Twenty-first Century*, ed. Felix Dodds, London: Green Print, 1984）。

生态女性主义者普遍认为,对于今天的各种生态问题来说,传统的性别角色体系(sex/gender-role system)具有显著的影响。然而,尽管她们在这一点上达成了明显的共识,但由于性别角色体系的内容和作用随着历史、文化、物质环境的不同而变化,女性们从来都不是一个统一的团体。正当西方许多生态女性主义者致力于解构女性和自然密切关系的陈旧概念时①,当今的生态问题与中国社会中的女性压迫是如何联系起来的,这一点并不清楚。在中国社会中,就传统来说,自然并没有被等同于女性。

为了阐述上述的关注,扩展对现代生态问题概念根源的解释框架就是至关重要的。在这篇论文中,首先,我将考察生态恶化与儒家思想中天人合一观念的联系。我的论证是:承认自然和人的内在关联性不需要支持环境伦理,但却可以为了追求社会完善性而批准对自然环境的大规模转化。其次,我会探究一些主要的生态女性主义者的观点及她们与这种研究的相关性,即考察中国文化背景下女性压迫和生态恶化之间的关系。或许,生态女性主义者对男性文化霸权和性别区分的批评能够促使我们意识到,对家长制文化进行根本的重建对于解决生态问题至关重要。

儒学和生态问题:一个初步的探究

生态问题一直呈现在人类历史之中。段义孚(Yi-Fu Tuan)指出,在前工业社会,亲生态的宗教传统与其信奉者对剥削生态的文化实践的冷漠之间存在着不一致。② 然而,今天的生态问题,例如温室效应、全球气候变暖与核熔化的可能性,都明显不同于前工业社会的问题。因此,我同意林怀特的观点,对今天生态问题的概念根源的考察必须考虑现代科学和技术的发展。

现代科学尽管源于西方,但伴随着西方帝国主义和随之而至的西方

① 雪莉·奥特纳:《女性之于男性正如自然之于文化?》("Is Female to Male as Nature is to Culture?" in *Women, Culture, and Society*, ed. Michelle Rosaldo and Louise Lamphere, Stanford: Stanford University Press, 1974)。

② 段义孚:《环境态度和行为之间的矛盾:来自欧洲和中国的案例》("Discrepancies between Environment Attitudes and Behavior: Examples from Europe and China", in *Ecology and Religion in History*, ed. David Spring and Eileen Spring, New York: Harper and Row, 1974)。

文化霸权，它从17世纪起就已经传播到了非西方社会。尽管科学、技术和资本主义经济的全球化看上去与今天的生态恶化相关，但是，把今天的生态问题简单地归因于基督教是有问题的。更为具体地来讲，西方和非西方社会的现代性代表了与前现代社会结构的一种根本断裂。奈特(J. P. Nettl)和罗伯森(Ronald Robertson)指出，在非西方社会，现代化的进程是流动的、主观的和文化的。① 广而言之，文化配备的确是建立在策略性的计算基础之上的。例如，中国的精英们在面对西方帝国主义时，主张"体用"合一。"体"代表了中国文化的精髓，是最高的价值，而"用"只是西方文化的技术成果。在日本，有一种类似的方法把"大和精神"与"西方技术"统一起来。很明显，本民族精神与西方文化的互动为的是号召全民族动员起来去追求现代化。② 换言之，既然文化传统必须为广泛而深刻的现代化转变进程提供关键的支持，人类的行为就不仅仅是对先行事件和条件的一种机械反应。现代化的确是一个反身过程，并且，进一步探究一些特别的因素是很重要的。在中国的文化背景下，这些因素曾被认为对成功的工业化和随之而来的生态问题有促成的作用。

如上所述，许多学者认为，儒学在东亚有着与新教伦理类似的功能。然而，儒学毫无疑问是一种统一性的宗教传统。把现代东亚的特征看做是"儒家的"是否具有充分的理由，这是存有争议的：尽管东亚人或许把他们的价值归为儒家传统，但是，他们可能不会真正地被儒家关怀所驱动。尽管儒学可能不是一个确定的文化系统，它却间或起着一个正统的宗教传统所起的作用，并确定无疑地影响着中国人日常的文化实践，这一点不容低估。

考虑到儒学源远流长、博大精深和不断演进的历史，试图考察它与东亚国家的生态恶化的关系，的确是一个让人望而生畏的任务。③《论语》

① 奈特、罗伯森：《工业化、发展或现代化》("Industrialization, Development or Modernization", *British Journal of Sociology* 17, no. 3, 1966)；奈特、罗伯森：《国际体系和社会的现代化：民族目标和态度的形成》(*International Systems and the Modernization of Societies: The Formation of National Goals and Attitudes*, New York: Basic Books, 1968)。

② 白鲁恂(Lucian W. Pye)：《新亚洲资本主义：一个政治肖像》("The New Asian Capitalism: A Political Portrait")，收录于彼得·伯格和萧新煌编：《寻求一种东亚发展模式》，第81—98页。

③ 关于这个问题较为详细的讨论，参见杜维明、Milan Hejtmanek 和 Alan Wachman 编的《儒家世界的观察：东亚儒家人文主义的当代探讨》(*The Confucian World Observed: A Contemporary Discussion of Confucian Humanism in East Asia*, Honolulu: the East-West Center, 1992)。

中记述的孔子“天”的概念为理解天人合一提供了重要的线索，它被广泛地认为是儒家伦理学持久的基础。① 毫无疑问，从文本中分析得出社会启示可能是有问题的。然而，我认为，对于《论语》中“天”的概念进行初步的文本分析，也许有助于促进中国语境下当今生态问题的概念因素的研究。

汉字“天”的含义很广，包含了从天空、苍天、天堂到内在的自然环境。② 在《论语》中，孔子没有明确地给“天”下定义。罗伯特·伊诺(Robert Eno)指出，在《论语》的500节中，提到天的地方只有17节。③ 事实上，孔子的弟子评论说：“夫子之文章，可得而闻也；夫子之言性与天道，不可得而闻也。”(《论语》第5章《公冶长》第13节)④与此相应，孔子从来不说“怪力乱神”(《论语》第7章《述而》第21节)。当然，在天道思想上缺乏精心构建，不应该归结于“天”在儒家哲学体系中的无足轻重。相反，我们需要意识到孔子厌恶从事形而上的思索。他劝诫他的学生要“敬鬼神而远之”(《论语》第6章《雍也》第22节)⑤。“未能事人，焉能事鬼？”“未知生，焉知死？”(《论语》第11章《先进》第12节)因此，儒家思想经常被描述为一种世俗的人文主义(secular humanism)，而不是拥有牧师、经书、常规礼拜和教会等其他方面的一个正式的宗教组织。⑥

在论及“天”的不多的几个地方，孔子继承了对天的传统的内在的和

---

① 陈荣捷：《现代中国的宗教趋势》(*Religious Trends in Modern China*, New York: Octagon Books, 1969)；费乐仁(Lauren Pfister)：《当代儒教的不同面向：对20世纪中国儒学的一些主要学者的不同研究方法总括》(“The Different Faces of Contemporary Religious Confucianism: An Account of the Diverse Approaches of Some Major Twentieth Century Chinese Confucian Scholars”, *Journal of Chinese Philosophy* 22, 1995，第5—80页)。

② 有关天的模糊性的详细论述，参见傅佩荣：《古代儒学中的天论》(“The Concept of *T'ien* in Classical Confucianism”, *Bulletin of the College of Liberal Arts* 33, 1984，第5—140页，National Taiwan University)；Robert Eno：《儒家天的创造：哲学和礼仪统治的捍卫》(*The Confucian Creation of Heaven: Philosophy and the Defense of Ritual Mastery*, Albany: State University of New York Press, 1990)。

③ 罗伯特·伊诺：《儒家天的创造：哲学和礼仪统治的捍卫》。

④ 刘殿爵(D. C. Lau)译《论语》(*The Analects*, New York, Penguin Books, 1986)。引文来自《论语》，按传统文本章节引用。

⑤ 同上注。

⑥ 这个话题许多学者有所论述。包括杜维明、秦家懿、狄百瑞、白诗朗、罗泰勒和塔克尔等在内的许多人，都曾指出传统是一种深刻的宗教。参见罗泰勒：《天道：儒家宗教生活导论》(*The Way of Heaven: An Introduction of the Confucian Religious Life*, Leiden: E. J. Brill, 1986)；杜维明、Hejtmanek和Wachman编：《儒家世界观察：东亚儒家人文主义的当代探讨》。

自然主义的描绘。在本质上，孔子的教诲着重于人类道德的培养。当学生抱怨他不愿谈论天可能会失去学习人类伦理的机会时，孔子强调说："天何言哉？四时行焉，百物生焉，天何言哉？"（《论语》第 17 章《阳货》第 19 节）显然，孔子认为，内在自然秩序的规律性和持续性与人类应该遵守的伦理规范是一致的。并非通过宣扬一系列道德标准，孔子促使他的学生开始意识到人类道德行为是如何反映内在自然秩序的。

此外，孔子认为一个理想的政治领导力代表着一种内在的宇宙秩序的对应物。① 具体来说，在儒家思想中，并没有一个与基督教中的神的概念相对应的创造者。孔子肯定了诸如尧、舜、文、武和周公这些圣王典范在建立一个反映天意的文明社会秩序中的贡献。为了阐述这些，孔子说："大哉尧之为君也！巍巍乎！惟天为大，惟尧则之。"（《论语》第 8 章《泰伯》第 19 节）很显然，在儒家传统中，政治领导力被设想为具有深刻的道德宗教意义。

另一方面，孔子似乎主张人性来自于天，而天能够维护它传达一个理想的文化传统的使命。在面对桓魋的威胁时②，孔子说："天生德于予，桓魋其如予何？"（《论语》第 7 章《述而》第 23 节）当被拘于匡时，孔子又说："文王既没，文不在兹乎？天之将丧斯文也，后死者不得与于斯文也；天之未丧斯文也，匡人其如予何？"（《论语》第 9 章《子罕》第 5 节）在这里，孔子似乎主张，天对人的行为有决定性的影响。另外，孔子还把天与命联系起来，也就是常说的"天数"、"命运"、"天命"或者"命令"。"天命"这个概念被认为可以决定统治者长期统治的合法性，以及个人寿命、社会地位和财富。例如，孔子的弟子子夏说："死生有命，富贵在天。"（《论语》第 12 章《颜渊》第 5 节）

儒家天的概念看上去是有意模糊的。天既指内在天然的秩序，又是一个超越性的伦理原则。这种模棱两可的概念指向反映了中国的一个整体的形而上学传统。成中英指出，中国的形而上学不能被视为一个纯粹的宇宙探究，因为它与个体的本体论密切相连。他认为，这种探究的特征既是本体

---

① 顾理雅（H. G. Creel）：《技术起源》（*Origins of Statecraft*，Chicago：University of Chicago Press，1970），第一册。

② 桓魋是宋国司马，曾因为孔子演礼而威胁要杀害孔子。

宇宙论的,又是宇宙本体论的。[1] 在对先秦哲学文献的考察中,唐君毅指出:"'命'这个词代表了天和人的内在关系或相互性。"[2]也就是说,天命并不预先决定道德和社会秩序。相反,人类必须把自己看做是顺承天意而构建理想社会秩序的代理者。对天的道德冒犯也是对自身伦理义务的违背。因此,孔子认为,决不能欺天。他说:"无臣而为有臣。吾谁欺?欺天乎?"(《论语》第9章《子罕》第11节)通过继承这种形而上学传统,孔子并不认为天是最终源泉与意义价值的标准。更具体地讲,孔子主张道德培养要有三畏:畏天命,畏大人,畏圣人之言(《论语》第16章《季氏》第8节)。显然,在儒家的道德框架内,天命的道德权威并没有超过个人的道德努力。总之,天并没有揭示一套具体的道德法典,例如基督教的十诫。也没有人能够通过祈天来救赎自己的不道德行为。例如,孔子警告我们:"获罪于天,无所祷也。"从这一点来看,无论是天还是命,都不能被看做一个超越现世的道德神或者存在于人类之上或以外的因果法则。相反,儒家天的概念体现了天人之间的有机统一性。在这个两极相关的框架中,自然既不是一个神圣的造物神,也不是一个凡俗的物体。因此,在超越与内在之间,并没有一个清楚的、确定的区分。杜维明指出:"认为人是世俗之物却努力超越自身从而与天合一,这种儒家观念清楚地表明:儒家并不把人性看做是人类中心主义的概念,而是把它看做一个人类宇宙论的观念。"[3]

西方学者经常忽视儒家整合超越与内在的努力。例如,黑格尔认为:"中国人的天不是一个在地之上的独立王国。相反,一切都在地面上。"[4]谢林也评论说儒学是"宗教原则的完全世俗化"[5]。马克斯·韦伯认为,

---

① 成中英:《非形而上学的中国玄学:儒家和道家对实在性质的洞见》("Chinese Metaphysics as Non-Metaphysics: Confucian and Taoist Insights into the Nature of Reality"),见爱莲心(Robert E. Allinson)编:《理解中国思想》(*Understanding the Chinese Mind*, Hong Kong: Oxford University Press, 1989),第167—208页。

② 唐君毅:《中国先秦时期的天命》("The *T'ien Ming* in Pre-Ch'in China", *Philosophy East and West* 11, 1962),第195—218页。

③ 杜维明:《中庸:论儒家的宗教性》(*Centrality and Commonality: An Essay on Confucian Religiousness*, Albany: State University of New York Press, 1989),第102页。

④ 黑格尔:《宗教哲学讲座》(*Lectures on the Philosophy of Religion*, vol. 2: *Determinate Religion*, ed. Peter C. Hodgson, Berkeley: University of California Press, 1987)。

⑤ F. W. J. 谢林:《来自神话的哲学》,引自 Heiner Roetz,《轴心时代的儒家伦理》(*Confucian Ethics of the Axial Age*, Albany: State University of New York, 1993),第19页。

儒学这种“现世”的取向与新教徒致力于“对世界的理性统治”是相对立的。跟随韦伯的论断，帕森斯进一步论证道：“儒家伦理不能推动世界的进步，正是因为它的世俗性质拒绝其站立于世界之外。而另一方面，新教伦理的超越神及其拯救概念却有这样的地方可以立足。”[①]对于韦伯和帕森斯来说，新教伦理的超越基础导向了对现代化的追求，而儒家对传统的神圣化不可避免地阻止了中国的工业和科学进步。

由于黑格尔、谢林、韦伯和帕森斯没能抓住天人之间的非对立的关系，他们也就不能明白儒家伦理的核心在于通过道德努力从内部来转化世界。进一步而言，在儒家伦理框架内，自然界和社会之间没有一个确定的区分。事实上，无论自然界还是社会，都不被看做是静态的。相反，它们总是处在一个相互转化的过程之中。因此，追求社会完善性的技术与儒家社会认为的“自然”并不相冲突。事实上，儒家曾作出审慎的努力，去肯定和颂扬圣王禹在疏导洪水的过程中取得的技术成就。

阿兰·G.格里帕德也指出：在日本，自然和文化之间存在一种类似的辩证关系。对格里帕德来说，在出现于 Kojiki 和 Nihongi 的创造神话中，自然王国和文化王国已经有明显的区分。自然抓住了女性神性的创造之美；但它也是一个变化、衰退和腐朽之地，与之对立的文化则代表由男性神性承担的净化过程。净化过程都发生在自然环境中，举行宗教仪式是为了与自然取得沟通。净化的仪式通常包含掌控或者影响自然的尝试。并且，不同的地理区域被命名为不同的圣地，通过解码来表现它们隐含的意义。例如，国后山（Mount Kunisaki）被看做佛教最重要的经典《妙法莲华经》的“自然形体”。然而，还不清楚是佛经被“山形化”了，还是山被“文本化”了。从自然和文化的辩证关系来看，格里帕德得出的结论是“日本人对自然的热爱”实际上是日本人对净化自然界和文化转化的热爱。[②]

进一步来说，作为天意的表现，人性的完善一直是儒家学说的中心。

---

① T. 帕森斯：《社会行为结构：关于社会理论和最近的一个欧洲作家群的特殊参照的研究》（*The Structure of Social Action: A Study in Social Theory with Special Reference to a Group of Recent European Writers*, New York: Free Press, 1956），第 548—549 页。

② 格里帕德：《日本的自然和文化》（“Nature and Culture in Japan”），见《深度生态学》（*Deep Ecology*, ed. Michael Tobias, San Diego, Calif.: Avant Books, 1985）。

杜维明指出："儒家的乐观态度是建立在人性授之于天的本体论基础之上的。我们人性的实现就等于完成上天注定的使命。"[1]尤其是人性的实现必须发生在具体的人际关系和社会关系中，而非在社会真空里。杜维明指出："儒家宗教性的一个定义性的特征，是它强调在终极性的转化中信赖社群（fiduciary community）是一个不可化约的实在。"[2]换句话说，自我转化是一个群体性的行为，一个人的修身也服务于建立一个理想而非先定的社会秩序。信赖社群必须作为一个有凝聚力的政体来运作，其目的是追求社会的完善。

安东尼·吉登斯（Anthony Giddens）指出，现代民族国家的崛起与资本主义、工业主义和军事权力是纠缠在一起的，因为现代民族国家在社会和经济资源的调动方面发挥着重要的作用。[3] 在东亚面临西方帝国主义之时，儒家建立一个有凝聚力的政权的理想也许有助于建立一个现代民族国家，以便集中精力追求工业化。具体而言，政治领导力与天的伦理原则是平行的。在某种程度上，儒家在社会转型的过程中，诸如在工业化的筹划中，给政府的领导提供了关键性的支持。

简而言之，儒家的天人合一概念确实强调了一个辩证的互动关系。它不制止人类干涉自然，毕竟自然并不代表一个静态的和不可改变的秩序。同时，天人合一可以为社会转型提供一贯的支持，导向工业化、科技发展和经济增长。因此，在解决环境问题时，一个有机的世界观并不必然是一副万灵药。

性别和生态问题[4]

正如之前提到的，生态女性主义的分析着重于性压迫和今天的生态

---

① 杜维明：《中庸：论儒家的宗教性》，第 99 页。

② 同上书，第 96—97 页。

③ 安东尼·吉登斯：《现代性的后果》（*The Consequences of Modernity*, Stanford: Stanford University Press, 1990）。

④ 这部分的一些内容以前发表过。参见李惠莉：《生态女性主义的跨文化批评》（"A Cross-Cultural Critique of Ecofeminism"），收入《生态女权主义：女性、动物与自然》（*Ecofeminism: Women, Animals, Nature*, ed. Greta Gaard, Philadelphia: Temple University Press, 1993）。

问题之间的概念关联。大体上看起来，家长文化价值以及女性和自然的[①]联合已经成为生态女性主义话语中的主要论题。尽管中国妇女的生活经验不同于他国女性，但很明显的是，性别角色体系已经渗入到主流文化制度(如儒家思想)和文化进程(如现代化)的建构中。为了对今天生态问题的概念根源获得一个更为全面和包容性的理解，在中国文化语境内考察生态女性主义的相关性是必要的。

在生态女性主义的理论建构中，女性和自然的密切关系曾经扮演了一个重要但却颇富争议性的角色。1974年，雪莉·奥特纳(Sherry B. Ortner)指出，女性和男性的区别与更为基本的自然和文化的区别紧密相连。[②] 生态女性主义者苏珊·格里芬(Susan Griffin)进一步指出，女性和自然之间存在可察觉的相似性，例如，消极、献身、养育的特征。这使她们在面对男性的统治时同样易受攻击。[③] 同时，生态女权主义者如内斯特拉·金和A. K. 萨莱(Ariel K. Salleh)宣称，女性与自然的相关性或许能给予女性在治疗人性与自然的异化上以特殊地位，并且最终解决当今的一些环境问题。[④]

除了女性和自然之间可以觉察的相似性之外，一些生态女性主义者对男性性别认同的发展作了进一步的分析。根据南希·乔多罗(Nancy Chodorow)的说法，大部分人在幼儿时期经验过与母亲一体的意识。[⑤] 多罗西·丁内斯坦(Dorothy Dinnerstein)主张，对自然的女性化可以追溯到人类幼儿时期没能清楚地在母亲和自然之间作出区分。[⑥] 从乔多罗和丁

① 雪莉·奥特纳:《女性之于男性正如自然之于文化?》，以及 Carol P. MaCormack 和 Marilyn Strathern 编的《自然、文化与性别》(*Nature*, *Culture*, *and Gender*, Cambridge: Cambridge University Press, 1980)，提供了关于女性—自然关联的跨文化分析。

② 雪莉·奥特纳:《女性之于男性正如自然之于文化?》。

③ 苏珊·格里芬:《女性和自然:来自她内部的怒吼》(*Woman and Nature: the Roaring inside Her*, San Francisco: Harper and Row, 1978)。

④ 内斯特拉·金:《走向一种生态女性主义和女性主义生态学》，参见 Joan Rothschild 编:《机器模型:女性视野下的技术》(*Machina Ex Dea: Feminist Perspective on Technology*, New York, Pergamon Press, 1983)。

⑤ 南希·乔多罗:《家庭结构和女性人格》，参见 Michelle Rosaldo 和 Louise Lamphere 编:《女性、文化与社会》(*Woman*, *Culture*, *and Society*, Stanford: Stanford University Press, 1974)。

⑥ 多罗西·丁内斯坦:《美人鱼和人身牛头怪:性别的安排和人类的委靡》(*The Mermaid and the Minotaur: Sexual Arrangements and the Human Malaise*, New York: Harper and Row, 1976)。

内斯坦的理论出发，伊丽莎白·道森·格雷(Elizabeth Dodson Gray)进一步宣称，男性征服女性和女性化的自然的需要正是性别角色发展中性别分化的结果。具体而言，在离开母亲之后，女婴与母亲的一体感通过塑造她自己的性别认同而维持着。而男婴的性别发展却导向了排斥和拒绝依靠和归附母亲。格雷认为，男性在依赖母亲上的矛盾心理使他在处理与女性和一切被想象为女性的东西(如自然)的关系时产生了巨大的心理性别反响。为了确保男性从母亲和广义的女性中持续的独立，家长制文化把妻子的角色定义为屈从和低下的是必要的。对于格雷而言，技术进步的主要目的是把对一个看上去强大而反复无常的“自然母亲”的不可忍受的心理依赖转化为对一个屈从而没有威胁性的“妻子”的抚慰而可接受的依赖。①

在《新女性，新地球：男性至上主义者的意识形态和人类解放》一书中，吕特尔(Rosemary Ruether)认为，人类对自然的破坏与女性受压迫，都是由一个等级社会结构合法化和永恒化的。这种结构允许一个集团去统治另一个集团。在吕特尔看来，这种等级社会结构根植于一种二元论的意识形态、一种先验的二元论，它强调在性别、阶级、人类和非人类存在者之间的分离、两极化和脱离。在这些二元对立之中，男性/上层/白人/人类被看做是优于女性/下层/有色人种/自然的。

“作为母亲的女性”是吕特尔对先验二元论解神秘化的一个中心论题。尽管她认为早期母系社会的观念缺乏历史证明，但她仍然推测，在现有家长制文化之前，存在着一个以女性来识别的文化。吕特尔暗示，在这种女性认同的文化中，女性繁衍人类的能力使得女人完全接受和认同生死循环的生态学。相反，男人不具备养育孩子的能力致使他们编造出一个创造人类和超越有限的身体存在的男性神。根源于先验二元论，家长制的宗教寻求人类存在的无限性。从家长制宗教出发，科学和技术也寻求“通过无限的物质‘进步’去实现无限的需求，迫使自然前进到一个生产

---

① 伊丽莎白·道森·格雷：《绿色天堂的遗失》(*Green Paradise Lost*, Wellesley Mass.: Roundtable Press, 1981)。

力无限扩张的地步。无限的需求通过有限的自然来实现，为了生产对地球资源进行无限的压榨，从而导致了生态灾难”①。

与吕特尔的观点一致，卡洛琳·麦茜特（Carolyn Merchant）认为："将自然作为一个养育母亲的古代身份，这种看法把女性的历史与环境和生态变化的历史联系了起来。"在麦茜特看来，将自然作为哺育母亲的认同防止了人类在历史早期对自然的破坏。然而，麦茜特提醒我们，自然也可以被定义为一个紊乱的女性，从而号召人们在科学革命中控制自然。她指出，早期的科学家，例如弗朗西斯·培根，利用紊乱的女性的形象去发展科学目标和方法。作为一个整体，培根控制自然的学说与女性化自然紊乱的观念是相联系的。② 简而言之，麦茜特对机械主义的批评完成了吕特尔对先验二元论的去神秘化（demystification）。正是二元论为机械主义的世界观奠定了基础，而机械主义最终切断了人类和自然的有机联系。

以上生态女性主义者的观点集中于男性和女性的生理差别，但是，这些本质主义的观点是建立在一个循环的、简单的和化约论的论据之上的。③ 如果没有一个完善的性别角色体系的建立，男性的发展或许不会要求摒弃男人早期对母亲的依赖。尽管作为孩子早期的抚育者，一个女人的存在减弱了成年男性的影响，特别是父亲对男孩发展的影响，但是，“母亲对她们的小孩的完全和独有的影响”只是一个神话而远非现实。④ 事实上，同女性一样，男性性别认同的形成，是一个渐进持续的过程。男性对他们母亲的突然摒弃看来是具有误导性和幻觉性的。

进一步而言，瓦尔·普鲁姆伍德（Val Plumwood）指出："男性和女性

---

① 吕特尔：《新女性，新地球：男性至上主义者的意识形态和人类解放》（*New Woman, New Earths: Sexist Ideologies and Human Liberation*, Boston: Beacon Press, 1995），第194页。

② 卡洛琳·麦茜特：《自然之死：女性、生态学和科学革命》（*The Death of Nature: Women, Ecology, and the Scientific Revolution*, San Francisco: Harper and Row, 1980）。

③ Janet Biehl：《生态女性主义政治之再思考》（*Rethinking Ecofeminist Politics*, Boston: South End Press, 1991）。

④ Ann G. Dally：《创造母性：一个理想的结果》（*Inventing Motherhood: The Consequences of an Ideal*, London: Burnett Books, 1982）。

与再生相关的特征是(至少直到最近)普遍的,但是,随之而来的所谓理性的先验性却不是普遍的特征。"①并且,对自然的女性化和与之相伴的自然的贬值,并不是跨文化的共同现象。② 具体来说,作为整体的自然不曾与中国社会中的女性联系在一起。传统中的阴阳宇宙观,显示出二重性的思想,没有把阴性与全包的内在自然联系起来。毫无疑问,儒家概念"天"或"乾"所假定的性别中立事实上已经被性别化了。例如新儒家学者张载所说:"乾称父,坤称母,予兹藐焉,乃混然中处。"③尽管如此,可以清楚地看到,无论是作为父的天还是作为母的地,都不曾象征大自然。然而,先验二元论的缺位并不能排除女性是受压迫的事实。事实上,中国对女性的厌恶是与一种有机世界观并存的。并且,如上所述,一种有机世界观可能允许对自然环境的大规模转变。这给吕特尔和麦茜特的论断,即先验二元论和一种机械世界观是不同形式的压迫的最终原因,投上了怀疑的阴影。简而言之,女性与自然的亲近不是由生理学决定的,并且,女性与自然之间有一种亲密性的观念不是人类精神的内在特征。换言之,女人和自然的联合更像一个社会建构。

而另一方面,卡罗尔·比格伍德(Carol Bigwood)则警告我们,不要消除"作为文化虚构的自然"和弃置"在我们的现实和万物存在的建构中,文化是唯一的决定性的力量"。④ 她认为:"在确保女人之为女人的问题上,我们必须也要确保在某种程度上女性身体和女性的存在方式、生理性别和社会性别之间可以联系起来。"⑤对于比格伍德来说,这种联系对我们研究二元对立立场是一个焦点,这种对立"在男性和女性(作为非男性)以及其他的一些范畴,诸如文化和自然、心和身,以及公共和私

---

① 瓦尔·普鲁姆伍德:《生态女性主义:立场及论点的概括和探讨》("Ecofeminism: An Overview and Discussion of Positions and Arguments", *Australasian Journal of Philosophy*, supplement, 64,1986,第120—137页)。

② Alison H. Black:《中国相关思想中的性别和宇宙论》("Gender and Cosmology in Chinese Correlative Thinking"),收录于 Caroline Walker Bynum, Stevan Harrell, Paula Richman 编:《性别和宗教:关于象征的错综性》(*Gender and Religion: On the Complexity of Symbols*, Boston: Beacon Press, 1986)。

③ 王夫之:《张子正蒙注》,9/2a—4b;陈荣捷:《中国哲学资料书》,第497页。

④ 卡罗尔·比格伍德:《人间缪斯:女性、自然和艺术》(*Earth Muse: Feminism, Nature, and Art*, Philadelphia, Temple University Press, 1993)。

⑤ 同上注。

人之间已经被历史性地发展了"[1]。作为一个被引进的思想，女人和自然之间的亲密性已经在非西方社会得到了广泛的接受和流传，例如，在台湾地区。在比格伍德看来，进一步挖掘对自然女性化的象征意义也是很重要的。例如，中国人很普遍地用"对地球母亲的强暴"的隐喻来指人类对自然的剥削。一方面，这种近来对自然的女性化反映了西方的文化霸权，另一方面，它也显示出跨越文化界限对性别角色差异的一些共同理解。

女性形象已经被用来作为一个有用而强有力的隐喻去描述和进一步规定在男性统治下的人类对自然的理解，指出这一点也是很重要的。在这个隐喻化的过程中，隐喻的主体和隐喻化的工具通常代表两个不同的群体，例如男性和女性。基泰(Eva Feder Kittay)指出，女性一直被用来作为男性行为和目标的隐喻，却没有对等的隐喻把男性作为女性以及女性行为的工具。[2] 杰达·勒纳(Gerda Lerner)进一步指出："当人类向前迈出了质的飞跃，能够把解释世界和宇宙的大符号系统进行概念化时，女性已经处于非常不利的地位，在这种重要的文化进步中，她们被排除了。"[3]

在中国社会的文化构成中，男性也占据着垄断地位。在一定程度上，女性和自然最近的亲密关系反映了男性在中国社会的霸权地位。如上所述，儒家思想促成了一个有凝聚力的政体的建立。在很大程度上，家长制家庭就是这种集权政治的基石，而一个精致的性别角色体系对于维持这种家长制结构是不可或缺的。《礼记》中的一段著名的论述清楚地揭示了中国女性的从属地位："妇人，从人者也：幼，从父兄；嫁，从夫；夫死，从子。"家长制社会结构看上去也与对超越性的追求紧密相关。为了对儒学与今天的生态问题之间的关系有一个更好的理解，对女性经验的被摒弃怎样对儒家宇宙秩序和社会秩序一致的观念产生影响进行更多的文本分析是有必要的。因此，尽管近来对自然的女性化可能不是今天的生态破

---

① 卡罗尔·比格伍德：《人间缪斯：女性、自然和艺术》(*Earth Muse: Feminism, Nature, and Art*, Philadelphia, Temple University Press, 1993)。

② 基泰：《作为隐喻的女性》("Woman As Metaphor", *Hypatita* 3, no. 2, 1988)，第63—86页)。

③ 杰达·勒纳：《父权制的创立》(*The Creation of Patriarchy*, New York: Oxford University Press, 1986)。

坏的主要因素，对传统性别角色体系的解构，也必定会有助于重新定位生态剥削的文化实践。换言之，我们试图去确认和进一步解密今天的生态问题的观念根源，这样一种尝试不能忽视如下的事实，即对性别想象的成功移植可以归结为生理性别的差异和男性文化霸权。

结论

宗教和形而上学两方面的探究已经塑造了我们人类和生存环境之间关系的观念。我通过对儒家天人合一的概念的考察，表明这种非人类中心主义的宗教传统仍然可能允许生态破坏的行为。而女性与自然的亲密关系不是一个跨文化现象，生态女性主义者对不同压迫形式之间内在关系的分析，有助于弄明白性别意识形态是如何影响特定的世界观和文化制度的建构的。

总而言之，我们必须意识到，对于解决相关的环境问题来说，人类道德的自我反思是至关重要的。解决价值冲突不可能是一个人的努力。毋宁说，我们需要作出集体努力去仔细检查现存的社会规范，去探索在我们的道德社群内建立新的伦理规范的可能性。

从天地到自然:中国的环境观及其对政策实施的影响

罗维勒　包弼德

(Robert P. Weller and Peter K. Bol)

这篇文章为如何在中国为生态和环境政策赢得支持提供了背景。[①]在历史考察的基础之上,我们的结论是,中国既对环境思想贡献了一些有用的资源,也产生了一些不同于西方遇到的困难和障碍。政治当权者有基本的责任去维持社会与环境之间的和谐关系,这一关系在中国已有很长的历史。另一方面,这种观点却并不导致自觉地形成周全地考虑环境的实践,很大程度上是因为人的利益总是被作为第一考虑。[②] 促进和实施有效的环境政策的努力应当投向强调政府和人民对环境和谐负有的传统责任(也许可以调动传统知识体系以达到这种和谐),并且应当强调这些政策给集体、地方和个人带来的利益。

报告接下来介绍了在三个主要的历史时期统治中国政治文化的世界观。我们尤其重视早期(公元前 3 世纪到公元 9 世纪)的"宇宙共鸣理论"(cosmic resonance theory),因为对它的讨论可以允许我们引入各种不同

---

① 我们要特别感谢 Andrew Meyer 和祝平次,他们在背后做了大量工作。我们也要感谢哈佛大学环境委员会的支持和 Kann Rasmussen 基金会的资助。这篇文章也被收于迈克尔·迈克艾瑞(Michael B. McElroy)编辑的《激励中国:协调环境保护与经济增长》(*Energizing China: Reconciling Environmental Protection and Economic Growth*, Cambridge, Mass.: Harvard University Committee on the Environment, 1998)。

② 中国并不是唯一具有自然和社会整体论观点而同时支持人类中心论的地方。将人与自然看做一个单一系统的部分就很容易支持人权以改变这个系统。例如,J. Kathirithamby-Wells:《社会政治结构与东南亚生态系统:对 19 世纪中期的历史探究》("Socio-political Structures and the Southeast Asian Ecosystem: An Historical Perspective up to the Mid-Nineteenth Century"),载《亚洲视野下的自然》(*Asian Perceptions of Nature*, ed. Ole Bruun and Arne Kalland, Copenhagen: Nordic Institute of Asian Studies, 1992),第 18—38 页;以及 Arne Kalland 的《日本自然中的文化》("Culture in Japanese Nature"),出处同上,第 218—233 页。

类型的实践中有机体思考(organismil thinking)的词汇,这些词汇至今仍在中国广泛传播。在第二个时期(11至12世纪),简要来讲,新儒学并没有从有机体思想中分离出来,新儒学在一些人文知识分子和一些政治评论家中的复兴使得它仍然与今天密切相关。① 但它原初的自然哲学基础却已失去了重要性。20世纪,我们的注意力已经转向了从西方输入的科学和"自然"观念。我们尤其关注的是在中国采用西方科学来支持环境主义的失败,并将通过追溯传统态度和实践的持续性力量来结束此文。我们将要讨论的众多观念的留存和复兴为很多政策的寻求提供了有益的方向。

宇宙共鸣理论

"感应"的概念(字面上是"刺激—反应",之后作为"宇宙共鸣"而论及)是中国宇宙论和自然哲学中一个古老而独特的要素。宇宙共鸣最朴素的本质是一种同时发生的、非线性的因果关系。它假设在同时而不同地发生的事件会相互产生微妙的影响。例如,一间房间内的国际象棋比赛和同时在室外树下进行的棒球赛,尽管各自的选手并不具备对方的技术也没有接触对方,但或许表现出来的结果是相互影响的。即使我们将象棋选手置于一个隔音的无窗房间或者将棒球赛移至另一个乡村、国家或大陆,结果仍会是这样,因为这些偶然因素并不影响宇宙共鸣的运行。对于这种传统的成员来讲,这些影响并没有什么神秘之处,尽管它们看不见;宇宙共鸣是在宇宙的基本运行的理论基础上解释它们的。

基本的宇宙共鸣理论

宇宙共鸣理论最初是在公元前3世纪的中国哲学中得到清晰表述

① 参见,例如杜维明:《存有的连续性:中国人的自然观》,载《论自然》(*On Nature*, ed. Leroy S. Rouner, Notre Dame, Ind.: University of Notre Dame Press, 1984),第113—129页,重印于本书。又见黄俊杰、吴光明:《台湾和儒家的盼望:面向21世纪》("Taiwan and the Confucian Aspiration: Toward the Twenty-First Century"),载Stevan Harrell和黄俊杰编:《战后台湾的文化变革》(*Cultural Change in Postwar Taiwan*, Boulder: Westview, 1994),第69—87页。

的。这类著作的最早例子是《吕氏春秋》，这是一本由秦国——就是最终在公元前221年统一了中国并建立了同名王朝的那个王国——丞相委托编写、出版于公元前240年的百科全书。《吕氏春秋》之后一个世纪，内容上最接近它的是《淮南子》，其大部分已被译为易于获取的英文专论。《淮南子》是淮南王刘安（前179—前122）委托编写的另一本百科全书式著作，并在公元前139年献于汉武帝（前141—前87在位）。随着时间的流逝，在这两本书的编纂中的一个重大的历史发展是宇宙共鸣概念的地位从一个新颖而有趣的观点变成了汉朝思想的核心和特征。《淮南子》写作之时，宇宙共鸣理论的确实性已被当时的知识界主流所接受，并成为哲学和政治著作的一个中心特色。宇宙共鸣理论的普遍化直到哲学家王充（27—97）的著作出现才遇到挑战，尽管他的著作在他死后一个世纪才得到肯定。在此我们将交替引用《吕氏春秋》和《淮南子》，因为两者共享了通往宇宙共鸣概念的唯一途径，并为这个头一次得到阐述的理论提供了一幅全景图式。

《吕氏春秋》第九章包含了对宇宙共鸣的一种简述：

> 慈石召铁，或引之也。树相近而靡，或軵之也。圣人南面而立，以爱利民为心，号令未出，而天下皆延颈举踵矣，则精通乎民也。夫贼害于人，人亦然。今夫攻者，砥厉五兵，侈衣美食，发且有日矣，所被攻者不乐，非或闻之也，神者先告也。身在乎秦，所亲爱在于齐，死而志气不安，精或往来也。①

这段话列出了宇宙共鸣的大部分基本原则。这里提到的例子与上文国际象棋和棒球比赛的假设是等同的。空间上独立的事件和事物相互间不存在可观察到的线性因果联系，我们假定它们具有不可见的即时性相互影响。之后我们逐步展开对最初的两个例子（铁的磁力和植物向阳生长的趋势）的科学阐释，而不与线性因果关系相矛盾。人们可以看到在没有现代科学的时候这些现象就被当做宇宙共鸣的实例。事实上这些作用

① 《吕氏春秋》9/9a，所有引用皆出自《四部丛刊》。

在自然中很易于观察，这证明了：正像其宣扬者所宣称的那样，宇宙共鸣不是神奇的或超自然的力量，而是一种宇宙自然运动的寻常表现。

宇宙共鸣的基本结构在这段话的结论中得到强调。谈及我们称为“超感觉的知觉”(ESP)的例子，作者将其限定为“非或闻之也，神者先告也”，“精或往来也”。这些句子的意思初看上去是不明晰的。为何作者将从某人“闻”与从“神”获知相对比？尽管看起来奇怪，但这些说法对于理解宇宙共鸣理论的核心机制是关键的。

“精”(Vital Essence)在上文中提到两次，它是对中国术语“气”的翻译。“精”是“气”的最精致的形式。“气”是组成宇宙中所有现象的原初物质，字面意思是“呼吸”或“空气”。“气”通过各种或粗糙或精致的状态构成了世间万物并充满了它们之间的所有空间。万物都被认为是“气”的某种形态，从可触知的实物如岩石和原木，到更纯粹的现象如光和热。在粗糙的形态下，“气”结合成了我们的肉体、血液和骨头。至于“精”，它是充满和激活我们身体的生命力量(因此将我们从植物和非生命物中区分出来)。①

“精”的概念与上文中出现的另一术语密切相关。Spirit是“神”的英文对应物，神这个中文单词具有很长的历史和广泛的含义。在一些文本中，“神”从字面上是指神灵、上帝或幽灵。但若指涉个人的心灵与生理，“神”则表示身体之内的一个实体，它控制意识。依照中国古代的理解，这个实体(像由气激活的身体)也是由“气”构成的，但却是它最精致的形式——“精”。理解宇宙共鸣的关键是理解它与“精”以及与意识的关系。

我们的思想、感情和感官知觉被认为是“精”的运动，作为对世事的反应，它构成了“神”。思想和情感的无限的敏感回应和看上去瞬间的激活都归结为“精”的固有属性。宇宙共鸣就像意识一样，是一种来自“气”之动态属性的突发现象。

穿越空间万物的共鸣也是一种“气”的运动，类似于发生在我们头脑中的“精或往来也”。“气”或“精”充满空间并形成万物间的共鸣。这种共

① 精并不限于人。人的生命力和感觉仅仅是它众多重要结果之中的两种。精是气最精致的形式，遍及宇宙各处，偶然地与物体相结合并给予其非凡的属性。动物的生命力也归于精，还有植物的生长和翡翠的光彩。见《吕氏春秋》3/4a。

鸣的倾向可由一个实例来说明，宇宙共鸣理论家们提出它以更好地支持他们的观点："叩宫而宫应，弹角而角动。"[①]这种音乐上的共鸣作为宇宙共鸣的原型被反复引用，两根乐弦的相互调和与共鸣对所有宇宙共鸣理论模型来讲都是重要的。弦间互动的速度(即声速，高于人耳能分辨的明显时间延迟)丰富和完善了古代思想家关于宇宙共鸣的假设。因为是以"精"这种构成了我们的灵魂和思想的气之精华为媒介，宇宙共鸣被认为以思维的速度发散(也就是说它不需要什么时间)。

"神"这个词经常被作为副词运用来描述宇宙共鸣的这一方面："神似"，当它在头脑中形成思维时可以穿越任何空间的延展。这可以解释上文提到的貌似矛盾的例子，即人闻与神告，作者想要我们了解神之"告"是宇宙共鸣的实例。"神"自身是由精华之气构成，能接收到来自他人或他物并由"精"实现的共鸣并对其作出反应。需要指出的是，在这种模式中，人的思想(即"神"所指称的)并非超越于物质世界，而是与其他东西一样由"精神—物质材料"("气")所构成。人的意识因此蕴涵于并易感于同样影响着树、铁、磁和乐弦的宇宙共鸣过程之中。这又被小偷与被偷者、圣王与其臣民之间的无言的交流所例证。

阴阳五行宇宙论：流动之理(The Rules of the Dance)

我们已经指出了宇宙共鸣理论的最本质的方面，就像公元前 2 世纪和公元前 3 世纪其早期拥护者所宣称的那样。为了发展这个理论的实际应用，早期的中国哲学家阐发了宇宙共鸣力量能运行于其中的一个更大的系统背景。《淮南子》首先描述了这个更大的图景：

> 夫物类之相应，玄妙深微，知不能论，辩不能解，故东风至而酒湛溢，蚕珥丝而商弦绝，或感之也。画随灰而月运阙，鲸鱼死而彗星出，或动之也。故圣人在位，怀道而不言，泽及万民。君臣乖心，则背谲见于天，神气相应徵矣。故山云草莽，水云鱼鳞，旱云烟火，涔云波

① 白光华：《淮南子：早期汉思想的哲学大成》(*Huai-nan Tzu: Philosophical Synthesis in Early Han* Thought, Hong Kong: Hong Kong University Press, 1985)，第 138 页。

水，各象其形类，所以感之。①

很难辨别这段文章的讽刺语调是有意还是无意的。作者开篇宣称宇宙共鸣超出知识和语言的能力，接着就其可理解的方面提出了大致的原则。这个原则在一长串事例之后于结尾处出现："各象其形类，所以感之。"宇宙共鸣的运作不是随机的，而是以规则为基础的。这些规则与存在于物体间的某些密切关系相一致，并且根据这些关系可以观察和识别出一些标准（"形"和"类"）。

从本文中已经引用到的宇宙共鸣的例子中我们可以在最一般的意义上觉察到这个原则的运用。人类关系是宇宙共鸣论者一直以来认为很重要的、"物体"间密切关系的最明显形式。正因为如此，远方爱人的逝去会产生宇宙共鸣，正如一位明君对其国民的关注也会产生宇宙共鸣。"形"是另一种导向宇宙共鸣的明显关系，如"画随灰而月运阙"的例子。"类"的观念则表明了一种更系统的方法，用来限定物体间不那么明显的共鸣关系。实际上《吕氏春秋》和《淮南子》正是描述了这一种类的系统，即阴、阳和气的五行。

阴和阳是英语读者已经普遍熟悉的两个概念了。一般而言，它们意指散布于宇宙中的两种相反而互补的力量，它们形成了刚柔、明暗、雄雌等世界上各种两极对立的现象。在宇宙共鸣理论的专门术语中，阴阳代表了气的两种状态、两极，一种是消极的、柔弱顺从的，另一种是积极的、动态有力的。气被认为是在这两极间的不断流动。气的任何实体通常由部分阴和部分阳组成。理想情况下，气的总量在这两种状态上应该是平衡的。但一般情况下常常是一方占主导作用。极少而短暂的情况下有事物是由纯阴或纯阳构成的。

在阴阳之外，气还可以被归为五行，它们结合起来形成日常事物的构成材料。五行即火、水、土、金和木。它们被认为受困于一种动态循环，类似于阴阳两极之间的波动。这被称为"五行相继"，每一行都产生于前者

① 《淮南子：早期汉思想的哲学大成》，第116—119页。这种对在宇宙共鸣内部寻找突破以辅助君主的强调在《淮南子》中很典型。其他当时的宇宙共鸣理论家（如董仲舒，前179—前104）看到了更复杂多样的因果关系。

的衰弱和毁灭。火继木，土继火，金继土，水继金。这七者——阴、阳、火、水、土、金、木——就是划分世间所有现象的基本种类。属于同类的两件事物（如二者都是主要由金气构成）被认为是在宇宙共鸣范围内有共鸣关系的。

时间是以上这些种类发生相互关联的最常见现象。任何时间段都可以被分析为与阴阳和气之五行对应的部分。最早的例证是年历。考虑到阴阳，一年被分成以“至”和“分”为标志的部分。冬至是全阴之点，此时阳刚从零点复生。从这一点起，阴开始下降而阳开始上升。到春分，阴阳达到完全的平衡。这个过程继续到夏至，阳达到最高点而阴跌至最低点。之后阳降而阴升，持续到冬至并开始新的循环。

这个过程的起点建立起来的基本种类是木的力量（气流行的阶段），之后开始五行相继。例如可将人体分析为“五脏”（five orbs），每一脏集中于一个特殊器官，并依次与气之五行相对应。脾为木之居，因此在一月，脾是作为祭品的第一种器官。类似的方法，因为蓝绿色是五色中属木的，君王就要穿戴蓝绿色的服饰，使用蓝绿色的器具。

这一整套复杂关系及种类的界定和运行的原则就是宇宙共鸣理论。君王像“时则训”一样遵循物体间共鸣关系的原则，就可以通过向宇宙发出肯定性的共鸣给他的国家带来和谐。“时则训”自身就清晰地表明了这一点，尽管是以否定的、警示的语言。在针对每个月的规则列表最后，《淮南子》警告了破坏规则会带来的后果：

> 春行夏令，泄；行秋令，水；行冬令，肃。①

正如遵守规则得益，这些负面影响也是宇宙共鸣的结果。前章所描述的宇宙中，万事万物包括人都是由共鸣关系网相互联结的，每一行为在此时此地可见的线性结果之下都另有其影响，无一孤立，万物交流。

① John Major：《早期汉代思想中的天地：〈淮南子〉之三、四、五章》（*Heaven and Earth in Early Han Thought: Chapters Three, Four, and Five of the* Huainanzi, Albany: State University of New York Press, 1993），第225页。

新儒学

新儒学形成于11、12世纪，对于作为国家精英的中国文人来说，它是一种道德复兴的意识形态。它在13、14世纪被后继的朝代宣告为官方正统学说，直至20世纪初仍作为科举考试的主要内容。这里，我们简要介绍这种有机体世界观的框架，新儒学以此将个人和政治的道德观建立在把天地理解为一个整体相关的有机体的思想基础之上，这是与宇宙共鸣理论最初建立的思路相一致的。同时，我们试图阐明自然世界在实际中被赋予了隐喻的意义，这种隐喻暗示的是人类应该在社会生活中建立的整体性和一致性；它并没有将学者们引向对自然秩序一致性或生物中心观的探索。

在程颐和朱熹的讲学、著作以及对他们思想的编撰中，所有现象都由两方面构成。一方面是传统的“气”，它是构成万物的质料和能量，从人的情感、气息到草木岩石。而将新儒学区分出来的是他们提出的另一方面，理，它被用来解释人类道德本性的基础。

理，即原理(principle)，模式(pattern)，总是与气存于一体，但为了分析起见它可以单独地加以处理。事物之理赋予了它的气以结构，引导它随时间演变，并在一定背景下决定了它的功能。试想一株橡树，首先，它是由相互关联的部分构成的一个整体，其结构将根与枝连接起来。其次，它随着时间而遵循一系列变化，既有每年的循环也有一生的循环。再次，它根据所处的环境而具有相应的功能，例如在人的范围内作为适合某种用途的物质来源，或者在自然范围内作为生态圈的一部分。橡树之理在这个例子中就是为何它的气拥有这样的结构，采取了这样的变化轨迹，并且服务于这些功能。橡树之理，以及整个宇宙系统的理，是单一一贯之理，尽管也可以说每一部分有独特之理(作为一类的树叶或者每一片特定的树叶)。橡树果实是橡树的一部分，但它包含了整个橡树的理在内。

新儒家看来并不特别对橡树感兴趣。他们关注的是作为社会和政治角色的人，以及为什么人们不能认识到社会生活中的这个整体的动态的有机系统。他们感兴趣的“理”就是他们假定存在于所有人之中的，作为当前行为的潜在指引。[①] 因此，新儒家(1)用自发的、整体的自然世界系统作为构想一个道德世界的基础；(2)将人类视做自然世界不可分离的一部分(但却是其中最高级的生物)；(3)假设个体在生物学上具有的建构感知、思想和行动的那些规则如果实现，会导致一个整体的社会世界。

尽管如此，新儒家并不关注环境的生态状况。后期的新儒家将"理"视为"命题语言"，一种关于事物应该怎样而非它们天生如何的表述方式，他们还继续从气的方面来探讨事物的构成。而新儒家至今坚持认为人类是天地的一部分，是宇宙的共同创造者，人类承担着与天地共事的职责。当代新儒家在海内外的学术界仍有一批追随者，他们易于在其传统中找到生态学倾向，并且通常致力于表明新儒学可以囊括环境主义。尤其是在新加坡声称儒学对其经济成功发挥了作用的影响下，他们在中国大陆已经获得了一定程度的政府资助。

20世纪的科学与民主

阴阳五行理论在17世纪的明朝末期已经开始衰落。这种情况一部分源于质疑早期文献真实性的一些新的历史学成果，另一部分源于哲学家王阳明(1427—1529)的激进追随者们对新儒家正统学说的批评。但是，这种情况最明显的代表是耶稣会的天文学家修正了历法并成功地预测了天文事件，这致使他们最终接管了钦天监。控制历法一直是皇权和权威的核心象征，对于保持人与自然力量平衡的皇帝的角色来说，掌握它的秘密是其关键。当然，汉语的"天"既指带有政治意味的天的抽象力量，又指星体的实际运动。通过设立一个人格化的创造者以及运用他们的星象知识，耶稣会士们有意地剪断了这种有机世界观的支柱。[②] 他们的观念冲击了那种认为自然界是自发显露而非具有更高目的的中国式理解。

尽管早期宇宙论的观念在普遍淡化，但有机论的世界观仍占统治地位，直至19世纪晚期西方科学开始对中国思想家们产生有力的影响。西

① 他们于是将"人性"定义为所有人都分享的理的馈赠。

② "天"也是一个在将西方自然概念引入中国古典哲学过程中富有争论的翻译。当时中国就指出了耶稣会的理性主义者对天文学的理解和他们坚持人格化上帝之间的显而易见的冲突。

方关于自然与人性的思想与中国非常不同。对很多西方人来说，至少是从启蒙时代开始，自然与文化是二分的。[①] 自然至今仍被归为(字面的、比喻的)分析的客体，是为了人类进步而被掌握和最终控制的。与中国有机的方法部分类似的早期观点(例如中世纪伟大的存在之链或占星术)则被抛出了科学的行列。

类似于这种自然与文化的区分，在中国是天与人的区分。而这在中国思想中也不是二元论的，它们有机地相互联系，而非对立。"天"本身比自然的外延要大，包括了自然力量和像神一样的超越力量。人的概念也与西方不同，正如上文讨论的宇宙共鸣。1911 年最后一个王朝的灭亡和现代制度的建立去除了皇帝在维持宇宙平衡中的作用，由此进一步从人类世界中剔除了天与自然。对天的研究就变成了仅仅对天空的研究。

新的自然

现代汉语中的自然有时也作大自然或自然界。这个术语在中国哲学中有很长的历史，但并不是现代意义上与文化相对的"自然"世界。相反，此术语同时意味着存在和自发性，即事物在天地的有机领域如何运行的特性。道家尤其爱用这个词，它显示了遵循气之自然流转的妙处，而没有强加上人类社会的结构。他们有时用此理念对抗儒家对礼仪、规矩及其他纯粹社会秩序形式的赞颂。此概念从不将自然视为人类剥夺的对象。

像很多西方技术语汇一样，"自然"经由日本传入中国。日本对这个词的早期定义集中于将自然视做：(1)文明、文化、技艺的反面；(2)真实存在的总和，相对于精神和历史。[②] 这些定义出现于 1926 年一本关于西方哲学的中文词典中，并从此被广泛使用。特别是在 1919 年五四运动之

---

① Maurice Bloch, Jean H. Bloch:《18 世纪法国思想中的女性与自然辩证法》("Women and the Dialectics of Nature in Eighteenth-Century French Thought", in *Nature, Culture, and Gender*, ed. Carol P. MacCormack and Marilyn Strathern, Cambridge: Cambridge University Press, 1980)，第 25—41 页。及 Carolyn Merchant:《自然之死：女性、生态和科学革命》。

② 《哲学大辞书》，日本 Hyakka 辞书出版社，第 5 版，东京：Dobunkan, 1924。

后，在席卷中国的对西方科学与民主的知识狂热中，这种定义自然的新方式引入进来。具象化了、客观化了的新的自然为科学研究打开了大门。当少数知识分子仍守着老观念的时候，新的思想在很大程度上侵入了中国思想，既未受到民族主义也未遭到共产主义政权的挑战。下文用到的资料主要来自中国大陆和台湾地区。一般来讲，中国对科学和自然的典型态度都是现代主义的，并且来自台湾地区的丰富数据使我们能够在更深的层次上展开这个问题。

官方出版物

学校教材很好地说明了什么是官方有关自然的正统学说。例如台湾地区的一年级课本①上问道："我们的日常生活与当地山水有何关系？"图中显示的答案是采煤、钓鱼和农耕，将自然看做开发的对象。高年级的小学课本强调了水坝建造对控制水量及其他作用的重要性，如它们所列的"环境改善"。其中还有一章题为"人定胜天"（Man Must Conquer Heaven），这种观点表明仅仅一个世纪中国的自然思想就彻底地改变了。关于伦理和道德的课本则没有提到环境。

近期更多的台湾当局消息仍是强化自然的科学含义而非有机论含义。例如最近的一个动画节目将当前污染的扩大归于某些外星人的来临。② 以狄更斯的《圣诞颂歌》的风格，这些外星人带一队孩子去领略了岛上当前的问题、它田园诗般的过去以及潜在的可怕未来。孩子们也看到了一种替代未来的可能性——一个被来自核工厂的污水所包围的技术奇境——如果它们能停止排污的话。

地方志几个世纪以来的记录收集了当地自然、社会和文化的历史，展示了类似的演变。传统地方志通常以"疆域"或"封域"作为开篇的头一章。它包括了题为"星野"的章节，即相应的领地和领空。还有题为"星势"（形状的和位置的潜能）的章节，含有地理特征、政治分界、名胜史迹，以及政府建筑。在这种天地观中，人的政治历史和自然历史是交互作用

① 台湾编译馆编，小学常识课本，台北："国立"编译馆，1974。我们尚未能获得中国大陆的课本，但我们没有理由认为它们在这个问题上具有很大的差异。

② 环保小英雄，Hsing-cheng 环境保护署，台北，1991，录影。

的。而现代的地方志仅有“地理”一段，像西方一样只描述了物质的和自然的情况。① 政治边界和历史遗迹从中消失了，这一章现在已经变成了孤零零的“自然”，至多被尴尬地加到对旧有体系的回忆中。

当代西方的环境观已经得到发展。在科学界，生态学的兴起部分地将自然置于一个比我们刚才讨论过的更宽广的相互作用的网络中。科学界之外，有机论的自然观仍是一条重要的暗流。这些变化反过来又影响了中国。尽管如此，中国各种现代化制度很大程度上仍是与早期西方科学自然观相结合的。

实践中的环境

尽管中国知识分子对自然的思考在上一个千年发生了戏剧性的变化，民众在实际中仍遵循着一条部分独立的道路。这在一定程度上讲总是真实的，普遍的森林毁坏以及通过造田和水利控制而完成的大规模的地理迁徙总是与中国农业相伴，人们只能拿道家的规劝——不能违背自然之道——来与之相比较。但是，这种民众做法与学者理论的对比从未像当今这样强烈，虽然百年的现代化进程总不能令人满意，甚至有时大部分做法都被法律所禁止。

即使学者们离开了天地观去思考科学，他们在自己生活中的某些方面仍遵循着传统上的与自然的关系。例如中国庭院以及风景画的成功之处就在于其传统的风格：显示了群山之中的气之流行。民众也可以获得西方式的绘画以及欣赏西方式的园艺，但也只是作为旧有中式概念的少许补充的舶来品。

既然人工的和自然的风景都作为同一创造力量的产物，中国传统的庭院就被看做与自然同等的人工造物。他们不是简单地效仿自然（像英国罗曼蒂克的庭院或现代回归自然的庭院），或者使之服从人的意志（像欧洲具有形式感的庭院）。相反，这种观念是在缩微层面上抓住自然之精妙，给创造宇宙的力量以生命，并由此揭示造物主之意。这种意应当总是

① 地理也是一个关于风水术语的早期词汇，并且在某些方言中仍保留着这个意思，如闽南方言。

可见的，它与山水间流动的气之形状相互交织。形状怪异、斑斑点点的奇石显示了气在雕刻石头上的可见的力量，同时也说明了石的主人在选择安置之处上的精巧和收集此类异宝的财力。[①] 随着旧式的精英庭院向大众开放以及越来越多的人能够承受像石雕这样的奢侈品，这样的庭院仍在继续建造，其审美品位已经远远散布到精英阶层之外。

历　法

中国具有悠久的颁布农历的传统。这种历法至少包括含有日常农作物生长规律的月历和以五行之互动为基础的每日行事之吉凶（activities appropriate or inauspicious）。也有很多更复杂的版本加入了关于天体位置以及各种算命占卜的内容。这些历法将农耕技艺与气之日用流行的详细情况相结合，从而为各种活动确定吉凶。这并非实践知识与宗教的结合，对这些语境下的使用者而言，这是完全的实践智慧。

政府也颁布这样的历法。然而，现代化的政权迅速缩减了他们认为是迷信的那些方面，即那些反映古代有机论的部分。1939 年官方颁布的历法就剔除了关于每日行为吉凶的部分而增加了有关宪法的少许政治知识。[②] 台湾地区的历法也仅有简单的日历和基本的天文数据。[③] 中国大陆早期的历法保留了关于适宜行为的基本部分，而增加了地理、中共历史、反革命处罚条例等政府认为重要的内容。通过掷币来完成的一个简单的预言系统被投币游戏所代替，其中每投出一块币得到的都是一首政治诗歌而不是被预言的命运。20 世纪 50 年代中期，宇宙共鸣中关于适宜行为的部分消失了。到了“文革”时期，又增加了打击迷信的内容。

但在同一时期，私人发布的历法仍非常流行，并仍遵循着传统的样式。例如香港和台湾地区的历法就非常详细地说明了每日适宜的行为是

---

① Joanna F. Handin Smith:《Ch'i Piao-chia 社会世界的公园：晚明江南的财富和价值》（“Gardens in Ch'i Piao-chia's Social World: Wealth and Values in Late-Ming Kiangnan”），载《亚洲研究杂志》（*Journal of Asian Studies* 51, no. 1, 1992），第 55—81 页；及 John Hay:《能量之核，地球之骨：中国艺术中的石头》（*Kernels of Energy, Bones of Earth: The Rock in Chinese Art*, New York: China Institute in America, 1985）。

② 国立中央研究院天文研究所编：《二十八年国民历》，南京：内政部、教育部，1939。

③ “国立中央研究院”编，《四十一年国民历》，台北：“内政部”、“教育部”，1952。

什么，还加入了各种宇宙论的和实践的知识，从防病的魔咒（符）到股市信息。这种出版物在中国大陆很长一段时间内被禁止，但后来又流行起来。

中式占卜

另一项广泛而持久传播的基于宇宙共鸣理论的文化实践是风水术，即中式占卜，这种技艺是在安排房屋和墓地时，使气在人和环境之间的流动相和谐，由此借助宇宙共鸣的作用使生活于此的人获益。在有中国人居住的地方都可以看到这种风水的影响，比如在墓地的安置上，甚至扩展到视觉艺术领域。1994 年中国台湾的一个大型调查显示，约半数民众认为风水对健康、财富以及孩子的未来成就是重要的（另外，80％的人表示他们愿意就上述事项咨询风水师以挑选适当的日子结婚、开业或迁进新居[①]）。我们没有中国大陆的对比数据，但大量证据表明尤其是在农村地区有类似的风水热。人们常说重要的公共或商业建筑的选址是有著名风水师帮助的。[②]

风水术是试图利用宇宙共鸣的力量去为生者和死者的利益而规划环境。它来自那个熟悉的假定，即气永恒而积极的共鸣以一贯的路径在我们周身流动。这些路径有一套空间模式和可预报的时间次序。如房屋和墓地等大型建筑的构造要适合气之共鸣的主要模式，才能从流行于建筑之间的生命力获得最大限度的利益。另一方面，一个建筑物如果阻碍了该地的气之共鸣的流动，就会使环境对建筑中的人产生有害甚至致命的影响。风水术正是要确保前一种结果而防止后者。设计得好的房屋或墓地能给居者带来健康、长寿和家族的兴盛（好的墓地会福荫后世，因为气会通过血脉相传，就像它流行于大地一样）。设计得差的建筑则会带来相反的结果。

风水术像宇宙共鸣论本身一样古老。其内容包括了上面提到的整个宇宙论系统，还有一系列在两千年历史中自然产生的新符号及其交互作

---

① Ch'ü Hai-yüan:《台湾地区社会变迁基本调查计划，第二期第五组调查进行报告》，台北："中央研究院"民族学研究所，1994，第 165—166 页。

② 当然，这些流传可能并不总是真实的，但他们像事实一般连续不断地讲述就证明了这个话题的重要性。

用。这里，一位西方学者描述了“本质”风水论的复杂要素：

(风水)假定了宇宙是不断流变的，对于专家来讲这些变动的模式是可辨的……五行中两种或更多力量可能处于相生或相克的关系中。阴和阳这两种宇宙的基本力量可能失于平衡。而生命的呼吸，气，则可能兴盛或者衰败。借助于罗盘上刻着的符号圈，风水师查找预期地点的方位以测量其中的力量状态，但这仅是风水的定位方面。传统的地形分类能够帮助他进一步分析。地形无声的特性可以由线条来描绘——山脊、淤积层、河床和街道——都具有确定的形状和轮廓，如山顶、巨石、池塘。这些线和形也许暗示着气的路径征象。它们还可以表示一些完全具体、有即时的重要性的东西。有五个山峦的山脊也许是一个学者的笔架，它为居于此山所俯视之地的人预示了其学者生涯……只有一个专家，一个风水师，能够通过他的神机妙算为一座房子或墓地找到好地方……①

从这里提到的复杂多样的因素中可以看出，风水术已经发展成一套比《淮南子》列出的仪礼规制还要错综复杂的系统，而尽管复杂，它在中国历史上仍流行不绝。其影响甚至至今仍显现于大部分都市中心。这里，上文引到的同一位学者以广州市的城市规划为例描述了风水术的准则：

北部的群山可以像盾牌一样阻挡不利影响，而群山自身又会隐匿有利因素使其不受侵犯。死者葬于面朝南的斜坡，市镇居于其南部。朝南的坡地可接受夏日的阳光。因此广州的居民能够阻挡住来自背后的不利影响，而来自群山的有利因素和接受了丰富的夏日阳光影响的祖先的护佑则会不断地沿着斜坡涌向他们。②

漫步于香港或台北的商业区，观察者们随意就可以发现这儿并不

① Stephan Feuchtwang:《对中国占卜术的一种人类学分析》(*An Anthropological Analysis of Chinese Geomancy*)，台北：南方资料中心，1982，第3页。

② 同上书，第2页。

缺少职业占卜师的工作。风水师的罗盘及手册在很多书店都可以买到。举一个风水师献策于新加坡大众交通系统建设的例子来说明其流行性：

> 20世纪80年代早期，当建设大众迅捷交通（MRT，Mass Rapid Transport）的计划宣布时，很多当地的和海外的风水师都站出来反对这个设想。1985年至1986年间的经济滑坡使他们的争论愈演愈烈。当时我只是个自由风水师，没有加入评论，只是简单地考察了香港大众交通系统的经验。
>
> 我很惊讶地看到在大众交通系统的建造过程中，中国香港和新加坡都分别地经历了短期的经济困难。香港在70年代早期建设之初，经历了1973年股市下跌和70年代中期的石油危机。同样，在MRT刚刚开始之时，新加坡也经历了自从1965年独立以来的第一次经济负增长。而当地下系统建好的时候，两地经济不仅得到了恢复，更进入了迅速膨胀期。
>
> 有这些事实在手，我又一次检视了新加坡的金鹰模式（Golden Eagle pattern）。突然间我看到了答案。如果你在新加坡地图上叠放一幅MRT线路图，你会看到什么？MRT线路非常类似于鹰的血管，它将血液不断地输送到金鹰身体的各个部分，使之从这个绝妙设计的交通网络获取生命活力。MRT是有益于风水的。①

风水的考虑不仅在新加坡，在环太平洋带都受到了严肃的关注。甚至还听说有发动暴动或抗议以抵制那些被认为是侵害了城市或社区风水福利的政府工程的情况。

1986年4月12日的《香港虎报》（*Hong Kong Standard*）报道了在这些传统信仰影响下发生的一个冲突事件。其资料来源于一家当地报纸的原始报道：

---

① Peter Gwee Kim Woom：《风水术：占卜与新加坡经济》（*Fengshui：The Geomancy and Economy of Singapore*，Singapore：Shing Lee Publishers，1991），第45—47页。

在四川省中部，两兄弟在听风水先生说，靠近他们家的这座桥位置不对，会断他们的财路之后，因推翻他们家附近的一座桥梁而被捕。“风水先生说因为交通和灌溉，桥被建在他们家大厅中央，两兄弟就不能发财致富了。”(《四川日报》报道)

宇宙共鸣世界观留存甚至复兴的例子毫无疑问地是在增加。毕竟，中医也是宇宙共鸣理论的一个应用，它试图通过针灸来协调气在体内的流动，或者通过食疗与体外之气平衡。近年来广泛流行于中国大陆和台湾的气功也是努力去平衡和塑造气在身体与环境之间的流动。食物的保健作用也为人们以食疗来调节体内气流提供了不竭的主题。确实，你很难在不知晓各道菜肴的健康疗效的时候就去吃中国宴。好在中国大陆的出版业已经满足了这方面的需要。①

行动的含义

对这些“自然中的人”的认识如何影响了环境政策的执行，对此的简要回顾凸显了其一贯的重要性。我们将要用到的大部分证据来自中国台湾，其环境政策、环境运动以及公园的长期经验为我们提供了更清晰的数据。当然，中国大陆和台湾的差别是广泛而深刻的，但其宏大的文化背景是不会改变的。尽管西方影响在环境政策上是有力而直接的，中国台湾地区的文化传承所显示的文化上的坚守也同样会在中国大陆发生作用。

环境运动及自然观光

近十年来台湾的环境运动很活跃。仅 1991 年一年台湾的报纸就报道了 278 例环境示威活动，在 1988—1990 三年间花费了超过 120 亿台币

① 三联书店提供的每月流行书目名单可以为证。它包含了两到三百个主题(哲学、文学、技术、医药和健康等等)和相等数量的每月专题，1995 年 10 月号列出了两百个关于“健康、修身和运动”的专题，涵盖了气功、占卜、大众疗法、中医、长生术、游泳等。11 月，专题转向文化，而关于医药和健康的部分也有超过二十本书专论中医以及约十本书专论西医。12 月和 1 月的专题是医药；每月都有超过两百本书中的约四分之三是关于中医。1 月号同样列出了约十本论占卜和预言的书目，关于现代视野下的传统中草药，还有三十本是新的预言丛书。

(约5亿美元)用以解决环境案件。① 这些运动的领导成员听起来像西方环境主义领袖一样呼吁保护甚于发展,要求出于自然的目的来评价自然。在某些案例中,他们建立了全球性环境组织的分支,如绿色和平组织以及地球第一组织(Earth First)。他们大多是自然科学或社会科学家,很多人在美国取得了高学位。

但是在草根阶层,环境运动采取了非常不同的模式,经常是通过当地政治党派、社区寺庙、家族网络来进行组织。例如某些例子中,当地寺院捐献了大量财产给环境运动以反对建设工厂或惩治污染行业。更惊人的是,神佛一些时候支配了灵媒,公然抨击那些威胁了神佛所在地的长期福祉的违法工厂。在一个例子中,一个寺院的传统武术演出团手执矛剑,试图胁迫警察以进入一家工厂大门。② 全岛的环境主义精英从不鼓励对宗教的这种运用。典型的现代化精英到处都是,他们一般对被传统所限定的当地宗教实践有一种距离感,尤其是在实践中最有效的形式——控制灵媒、焚烧香炉、权威预言。同样重要的是他们反对宗教运用中固有的地方主义。当地寺院的神佛首先保护他们的社区,并且只有当环境威胁了他的人民才会来担忧。台湾本地宗教在构造上和文化上就不鼓励全球的甚至全岛的生态观。相反,它关注的是它所在地的人民的福祉(因为生活与自然相伴,所以并不如此反对自然)。在这个例子中,"天地"助长了地方利益去对抗政策。由此宗教支持了一种普遍的"各家自扫门前雪"(not-in-my-backyard)的倾向,人们大致上可以支持核能或重工业,只要它建在别的地方。

地方抗议也常常借助家族关系的语言。它部分地采取诉诸后代福祉的形式,这又一次强调了地方和家族对传宗接代的关注。家族关系的运用还部分地体现于葬礼的象征意义,这是这类运动中广泛借用的。为后代保存资源的要求与中国的孝顺观念产生了深刻的共鸣,并且与试图将传世财富最大化的经济行为相调和。葬礼的象征作用强化了孝道,驳斥

① 此数据来自由罗维勒和萧新煌主持的联合研究。见罗维勒和萧新煌:《台湾环境运动中的文化、性别和社区》("Culture, Gender and Community in Taiwan's Environmental Movement"),论文存于亚洲环境运动工作室,国际亚洲研究所以及北欧亚洲研究所,莱顿,1994。

② 这是基于1992年与抗议活动组织者的访谈。出处同上。

了在古典儒家价值观下国家和市政当局对经济增长的担忧。某些葬礼哀悼被破坏的当地土地和河水，就像它们是死去的父母，暗示着对政府或企业谋害环境的控诉。同时，区别于一般的为了获得财政赔偿的控告，这种“控告”宣告了一种扩大了的孝道。

对家族隐喻的这类运用在全岛的环境领袖那里同样是缺失的。家族关系的地方主义和特殊主义特征使它对这些领袖的吸引力比对当地活动家小得多。另外，家族的或宗教的径路在怎样看待环境本身上与全岛的环境领袖有着重要的差别。家族隐喻没有给绿色和平主义领导者的普遍主义原则留下位置。[①] 不像许多全岛环境领袖那样，将自然看做一种受到人性威胁的内在善，自然在家族语言中要么是为了氏族的兴旺而需要继承的当地遗产的一部分，要么是需要人类关怀的一个可怜的病人。风水术本身显示了这种态度上的不同——它并不试图使人适应自然，而是为了某部分人的利益而集中了自然和人的力量。它拒斥自然和文化的二元对立，但仍将人的利益置于首位。重要的是，它也强调长期的规划。毕竟孝顺暗示着对保证无数后辈世系繁荣兴旺的关注，同样它也承认了祖先传承。因此，这些台湾环境主义的本地特征正适合了宇宙共鸣在中国实践中的人类中心特质，尽管它更看重狭隘的地方层面的利益，而全岛的儒家精英则对我们提到过的哲学问题展开了详尽的阐述。

概观台湾地区的自然观光业，它是上个十年或十五年内迅速发展起来的，它显示了一种类似的模式。台湾的“国立”公园体系只有十年的历史，它以美国的野生公园（如黄石）为模型。这个模型出自西方的自然与文化的分离观，表面上是在文化形式之外为自然赋予了价值。除了五个“国立”公园（以及若干“省立”公园，实行了日本的模式），台湾仍有数百个私人的自然观光胜地。“国立”公园直接由政府进行管理，而私立公园则必须面向市场。这些私人的景点很少强调纯净的自然，相反试图将风景（尤以瀑布为流行）与人工相结合。中式和西式的公园都很流行，还有寺院、儿童嘉年华、麻将桌。很少需要纯粹的自然。就像传统的中国风景画

① 一些当地的西方环境主义者也谈到为后代保存资源。而他们的考虑缺少了中国对家族关系或者说最亲近家人的关注。那是一种普遍主义的呼吁，不像中国的家族隐喻是一种特殊主义的诉求。

(不是西方绘画)经常包含了人,自然是不能与人分离的,其造型是符合人的利益的。

最后仍需要回顾一下在中国所有濒危物种的保护问题。宇宙共鸣的一个重要含义是所有的食物都含有影响我们身体的成分。不幸的是,珍奇动物往往具有珍奇的、有价值的医用成分。虎鞭、犀牛角、蛇胆、穿山甲鳞片的市场直接与传统上归于它们的医用成分相关,同时市场需要也是随着社会财富的增长而不断强化的。宇宙共鸣并不是环境保护的保证,因为它最终是服务于人的目的的。

结论

前述材料暗示了四种实验性的结论,同时也为进一步的探讨和政策筹划指明了一个方向。第一个结论是最有前景的。在这里提到的三个时代的主导性世界观中——中国早期的宇宙共鸣理论、帝国后期的新儒学,以及20世纪的民主科学模式——政治当局的命运和人类社会的福利是与一个更大的环境概念整体相连的。

我们的第二个结论从表面上看不怎么有希望。就我们所能说的是,这些类似的世界观虽然明确承认了人类社会和政治秩序与自然世界的相互依赖,但并不能导致生态优先的态度、政策和实践的自觉建立。我们相信这至少有两个原因。首先,我们已讨论过的有机论的世界观使得政治文化主流关注如何保持政治统一体和人类社会的和谐,而不关注它们自身与自然之安宁的和谐。如果说还有一些关注的话,则是他们认为自然具有一种从人类活动中恢复的内在能力。其次,从这些世界观中生发出来的民众实践也是服务于人的功利的,并常常蜕变为个人和地方的自我膨胀以及党派的政治利益。从实用主义的观点来看,这种一贯的功利趋向为进行环境谋划提供了某种可能性,尽管它在中国象征性地被看做道德义务降低的证明。

我们的第三个结论从前述引出,即在中国,确立环境政策的努力只有在诉诸影响环境的人——从官员到工厂经理到农民——的利益和幸福时才能发挥效力。抽象地诉诸"自然"的福祉似乎并不起作用。成功的诉求要更多地指向本地和个人的利益。这个问题对环境方面的议题来讲是尤其困难的,例如温室气体的排放,它对全球的影响已经显明而当地还未察觉出直接的损害。另一方面,这也表明适当的定价机制和其他改变地方利润计算方法的技术也许是有效的。另外,诉诸环境规划必须考虑的长期利益,这在中国可能比在西方更有效,因为它们更易于满足为后代着想的需要。例如污染对公共卫生的显著影响就决定了这类诉求可能会生效。

我们的第四个结论也是关于使环境政策生效的问题:我们认为中国的政治文化和民众实践作为观念的来源,树立了两种看起来必不可少的、为环境政策获取公共支持的态度:其一,人们,尤其是政府,被认为要对国家的环境负有直接责任;其二,不管是个人的幸福还是共同的幸福,都被视为整体上是与国家的环境相关的。基于此,我们提出,环境观念可能有助于导向这类实践,如中医,它建立在传统的有机论世界观之上。这些实践曾被接受过现代科学教育的城市知识精英当做落后和迷信所抛弃,但事实上仍广为流传。它们拥有复杂的著述传统以及传播知识和技术的基础。最后,宇宙共鸣提供了关于人类生活的一种观念,它很好地适应了当代环境科学,形成了现已建立完备的中医传统的一部分。①

① 尽管现代化精英似乎不接受这种提法,但中国大陆事实上已经做了类似于重建和复兴传统中医方面的工作。

附　录

当代新儒家人文主义的生态转向

杜维明

为了人类的绵延长存,无论在理论还是实践上,我们与自然的关系都需要有一个根本性的转变,这是一个紧迫的任务。有关人类和自然的关系的重新阐述要求我们有选择地回归世界各宗教传统的精神本源并作出有鉴别的重估。这样一个回归和重估的过程可能会自然而然地更新传统本身。从历史的角度来看,富有活力的宗教传统总是在不时地发生重大转变,而这种转变往往是由经济、政治、社会和文化等因素所导致的、人们未曾预料的结果。今天,轴心时代的文明实际上都在经历着各自的转变,以各具特色的不同形式回应着现代性的种种挑战。[①] 就目前日益严重的环境危机而言,轴心时代的各种文明面临的一个关键问题是,创造怎样的精神财富才能为现代世界人类的发展重新定向。

中国及其儒家传统在这一重新定向的创举中起着极其重大的作用。这当然取决于中国众多的人口和全体公民现今为实现现代化正付出的规模宏大的努力。对儒家传统进行重新定位由来已久,而对其作彻底反思大约始于19世纪末20世纪初。那时,内忧外患使中国陷入了前所未有的分崩离析状态。20世纪末,在一些关心儒学命运的知识分子引导下,这种反思以“新儒学运动”的形式延续着。倡导“新儒学运动”的知识分子也包括台湾和香港地区的一些学者。

在近二十五年里,在新儒学思想家中出现了一个令人关注的现象。

---

① 当前有关轴心时代文明的讨论,可参见 Shumel N. Eisenstadt 编:《轴心时代文明的起源和分流》,纽约大学出版社,1986。

那就是，台湾地区、香港地区和中国内地的三位领衔的新儒学思想家钱穆（1895—1990）、唐君毅（1909—1978）和冯友兰（1895—1990）不约而同地得出结论说，儒家传统为全人类作出的最有意义的贡献是“天人合一”的观念。我不妨把这种观念称为人类—宇宙统一的世界观。这种世界观认为，人类置身于宇宙的序列之中，而不是像人类中心的宇宙观所断言的那样，人类出于选择的需要或者疏忽之故而远离自然界。① 把天人合一解释为儒学对现代世界的重大贡献，以及新儒学的这三位重要学者的出现，标志着一个回归儒家并重估儒家思想的运动的开始。

就回归而言，人类—宇宙统一的世界观通过强调天人之间的互动共感唱出了不同于当代中国世俗人文主义的曲调。就重估儒家思想而言，这种世界观通过强调人与大地之间的相互作用标志着儒学的生态转向。作为关心现代世界之前途的著名知识分子，这三位重要的新儒学思想家都以自己独特的方式论述了天人合一、天人相通和天人互动的观念。

钱穆认为这一观念的特征是人心与天道的合德。② 香港的唐君毅强调“内在超越”：因为性自命出，所以我们能够通过理解人心而领悟天命；天的超越性就内在于人类共同的自我意识之中。③ 冯友兰强调和谐的价值不仅可用于人的世界，而且可用于人与自然的关系。④ 由于这三位思想家在他们的晚年表明了他们的最后立场，因此，天人合一可以说概括了中国思想史界老一辈的智慧。我认为，新儒家的“天人合一”观念标志着一个生态转向，这个转向对于中国和世界具有深刻的意义。

生态的转向

钱穆称他的崭新体悟是自己思想上的重大突破。当他的夫人和弟子

① 参见杜维明：《置身宇宙：关于儒家自我实现的笔记》，见《我与世界》，1989 年 8 月，第 475—485 页。

② 钱穆的最后一篇文章《中国文化对人类未来可有的贡献》最初发表在 1990 年 9 月 26 日台湾《联合报》上。它重印在《中国文化》，第 93—96 页，1991 年 8 月，第 4 辑，并附有他的遗孀胡美琪的详细注释。

③ 详细的讨论见唐君毅：《生命存在于心灵境界》，台北：学生书局，1977，第 872—888 页。

④ 冯友兰：《现代中国哲学史》，广州：广东人民出版社，1999，第 251—254 页。

们对他的见解的新颖性（“天人合一”本是一个古老的观念）表示怀疑时，已经九十高龄的钱穆断然回答，他的理解不是复述传统的智慧，而是个人的洞见，是全新的和彻底原创的。① 由于钱穆以往并没有对儒家的形而上学表示过强烈的兴趣，他对人心与天道合一说的视域和他断言这个观念是中国对世界的独特贡献引起了中国文化界几位重要知识分子的注意。②

唐君毅从比较文化的角度提出了他的观点。他把儒家的自我修养与希腊的、基督教的和佛教的灵修进行了比较，得出结论说，儒家对世界的理解蕴涵着他们对天的深切敬意，这一点为当今世界人类的繁荣昌盛作出了独特的贡献。植根于尘世、身体、家庭和社群的儒家世界观不是要“顺从世界”，屈服于人的身份地位，或被动地接受人类处境中物性的、生理的、社会的和政治的制约，相反，支配它的是超越意识下形成的一种责任伦理。我们不可能靠疏远或超越尘世、身体、家庭和社群来变成“灵性的”，而只能靠我们在人世间的努力来做到这一点。确实，我们的日常生活不仅仅是世俗的，也在回应着宇宙的号令。由于责成我们参赞天地之化育的天命就蕴涵在我们的本性之中，我们是天的伙伴。在唐君毅的描绘下，人的终极意义是让“天德”流行。他的重建俗世人文精神的方案就具有天人合一的意味。③

冯友兰先前立场的根本改变暗含着对斗争思想和人类征服自然思想的批判，他回归张载的和谐哲学意味着他返回了他在20世纪40年代提出来的那些儒学观念。张载的《西铭》开篇就说：

> 乾称父，坤称母，予兹藐焉，乃混然中处。夫天地之塞，吾其体，天地之帅，吾其性。民，吾同胞；物，吾与也。④

《西铭》可以被视为宋明儒学的核心典籍，它说出了“天人合一”的观

---

① 见胡美琪在《中国文化》上的注释。

② 例如北京大学的季羡林、中国社会科学院的李慎之、复旦大学的蔡尚思和另外一些高级研究人员都热情地回应了钱的文章。我的一篇短文载《中国文化》，1994年8月，第10辑，第218—219页。

③ 唐君毅：《生命存在与心灵境界》，第833—930页。

④ 张载：《西铭》，见陈荣捷：《中国哲学资料书》，普林斯顿：普林斯顿大学出版社，1963，第479页。

念。与此相应，冯友兰认为人生自我修养的最高境界的特征就是体现“天地精神”①。

从表面上看，钱穆、唐君毅和冯友兰的生态转向只是想通过发掘古代典籍和宋明理学中的精神资源让新儒家人文主义的“地方知识”呈现普遍的意义，他们努力使用儒家的观念来阐明自己的最后立场似乎也没有越出他们各自的哲学风格，然而他们三人都坚定不移地相信，他们所钟爱的传统为形成中的“地球村”带来了信息，他们用了他们所知道的最佳方式来宣告这个信息。他们使用的预言口吻意味着儒家带来的信息不仅是向中国人发布的，也是向全人类发布的。他们确实不只是希望把荣耀归于自己的祖先，而是同时表明，他们关心着未来一代又一代人的福祉。因此，他们就不仅在回归传统，也是为了当下的需要重新理解这个传统。

面临生态问题，文化中国会如何回应呢？以上提及的三位学者是否意识到了他们的论断所隐含着的对当今生态问题的深远意义？毫无疑问，中国台湾、香港以及紧跟上来的中国大陆都在朝着西方格局的现代化挺进。现代化是中国最强有力的意识形态。突飞猛进的工业化带来的新世界对中国以农为主的传统经济、以家庭为核心的社会结构以及权威政治提出了严重挑战。工业化所占的绝对优势似乎注定了儒学的命运：传统的儒学思想不再与当前世界息息相关。②

也许，钱穆、唐君毅和冯友兰对“民胞物与”和“万物一体”依然留有怀旧的情感，韦伯等人却认为这些观念必定会从现代世界里如同梦幻般消失。虽然他们依然怀念逝去的世界（钱穆等人的笔下不时流露出怀念传统的浪漫气息），但他们三位长者都在儒学传统里发现了新的活力和具有说服力的力量。这种复兴思想创造力的意念促使我们对这些学者的新儒家思想形成的广阔的历史背景作更为深刻的理解。

神圣的儒家人文主义

在受到现代西方启蒙思想冲击之前，儒家人文主义在很大程度上规

① 冯友兰：《新原人》，见《贞元六书》第二卷，上海：华东师范大学出版社，1996，第496页。

② 列文森：《儒家中国及其现代命运》，三册，伯克利：加州大学出版社，1968。

定了东亚社会的政治意识形态、社会伦理道德和家庭价值。由于东亚的知识精英都熟知儒家经典，这三位同代思想家宣称的儒学对人类之独特贡献，实际上是前现代时期在中国、越南、朝鲜和日本广为认同的精神取向。要对这种精神取向的特质作出准确的概括并不容易，区域、阶级、性别和种族差异都会引起解释上的冲突，这无异于世界上的其他宗教。《大学》首章的著名“八条目”有助于我们理解儒家人文主义的这种精神取向：

古之欲明明德于天下者，先治其国；欲治其国者，先齐其家；欲齐其家者，先修其身；欲修其身者，先正其心；欲正其心者，先诚其意；欲诚其意者，先致其知；致知在格物。物格而后知至，知至而后意诚，意诚而后心正，心正而后身修，身修而后家齐，家齐而后国治，国治而后天下平。自天子以至于庶人，壹是皆以修身为本。

平天下的整体观以个人的自我修养、家庭的和睦相处和国家的井然有序之间的有机联系为基础，其核心则是这样一种意识：“家”不仅意味着家庭，而且意味着自然界和更广大的宇宙。狄百瑞就上述这段引文指出：“就传统而言，中国文化和儒家文化是关于大地上栖居着的人群的，他们在大地上繁衍生息并滋养着大地。正是从这样一个自然的、有机的过程中，儒家的自我修养导引出了它的所有类比和隐喻。”①他注意到乡村诗人温德尔·贝里证明了儒家的论点：“家是核心，不首先建成家园（而不仅仅是自我和家庭）作为我们努力的基地，我们不可能指望就环境做任何事情。”狄百瑞得出结论说：

由于我们一起生活在一个比家庭和国家更为广大的世界里，要想在全球范围内彻底解决生态问题，家庭与国家（民族的和国际的）之间的基础结构的稳固非常重要。失去了家园，我们就无以立足，更遑论上层建筑了。这是温德尔·贝里传递给我们的信息，也是来自

① 狄百瑞：《“思考全球和为了本土”及其中间地带》，见塔克尔和白诗朗编：《儒家与生态：天、地、人的相互关系》，麻省坎布里奇：哈佛大学，世界宗教研究中心，1988，第32页。

儒家和中国历史的教导。

从修身齐家到治国平天下，人类繁荣昌盛的这样一幅图景实际上展现了一种世界观：在整个宇宙的背景下看待人类的处境。这样的眼光使“家”的观念越出了地域共同体的界限，人因此成为宇宙进程的积极参与者，肩负着关怀环境的责任。因此，在儒学的古典时期，《大学》已经向我们展示了一种神圣的人文精神，这种精神与《中庸》的宇宙观紧密相连。以下选自《中庸》的一段引文简明地呈现了这一宇宙观的本质：

> 唯天下至诚，为能尽其性；能尽其性，则能尽人之性；能尽人之性，则能尽物之性；能尽物之性，则可以赞天地之化育；可以赞天地之化育，则可以与天地参矣。

显然，天、地、人相互联系的观念正是三位思想家在强调“天人合一”概念的重要性时所想到的，然而在近一百多年里，这个观念却被贬低为文化中国可有可无的陈腐旧说。重新发现儒学的这个核心概念多么令人激动，同时未免心酸地提醒人们：传统中有多少意义重大的思想被人遗忘，重新发掘其中的意义确实难而又难。

传统究竟是怎样失落的呢？

儒家人文主义的世俗化

虽然儒教中国自1840年鸦片战争以来的命运已经历历在目，但是儒家人文主义的现代转化还是一个尚未讲述的故事。从鸦片战争到1949年中华人民共和国成立，中国社会饱经战乱之苦，每十年至少有一次灾难：太平天国起义、各种不平等条约、西方的蚕食、1894年中日甲午战争、义和团运动、军阀混战、日本入侵以及国内战争。1949年以来直至1979年实行“改革开放”政策，中国社会差不多每五年就有一场动荡：朝鲜战争、大跃进、合作化和“文化大革命”等。这里提到的只是少数几件事。

关于现代中国历史事件的叙述具有高度政治化和意识形态化的特

点，它们被讲成封建王朝在西方帝国主义的威逼下衰落的故事，一个中国人民反抗不平等而斗争的故事。当然，它也是中国曲折走向现代化的故事。马克思主义的传入、中国共产党的建立和毛泽东崭露头角成为革命领袖都是这种叙述的组成部分。对于儒家人文主义来说，最重大的事件是1919年五四运动的精神骚动。反偶像是五四精神的一个方面，而针对儒家的反偶像却简单地用了实用主义的语词来进行解释：为了挽救民族危亡，有必要超越我们的“封建过去”，向西方学习。断定儒学价值的唯一标准是看它与西方定义下的“现代化”是否吻合。这是儒学的现代主义转向，它把儒家人文主义改造成为一种世俗的人文主义。毫无疑问，在这种格局的儒学中，不会有生态关怀的位置。

有些学者已经注意到五四时期知识分子在处理民族危机时所表现出来的矛盾心理。他们一方面全面拒斥儒家传统，同时又完全承认中国作为文明古国的光荣，这促使他们寻求一种新的文化认同，以拒斥千百年来主宰中国政治意识与社会构架的主流思想。① 虽然有一些思想家试图开发非儒家传统的资源，例如墨家、法家、道家和民间宗教，来塑造中国的新形象，但是知识界的主流是把现代化等同于西化，并且认为中国要想成为一个独立富强的国家，首先必须有勇气跨越甚至否定“封建过去”。随之，儒家人文主义在很大程度上失去了说服力。不无讽刺的是，推动中国知识精英拒斥儒家人文主义而采用现代西方启蒙价值的动力竟然是民族主义。尽管全盘西化不过是一个激进的口号，但是中国人自己对西方的富强观念的理解确实成为知识精英行动的指南。

科学与民主的观念被广泛接受，并且成为促使中国转变为现代国家的最有影响的西方思想。激励中国知识分子接受这些观念的动力不是追求真理的执著，也不是维护个人尊严的愿望，而是使中国富强的决心。这些观念成为动员民众的手段，许多人从中感到，中国有必要作为一个统一的民族重新站起来。他们要求进步和富强的吼声里充满了唯物主义、科学主义、进步主义、实用主义和工具主义的回声。作为世俗人文主义的形

① 见林毓生：《中国的意识危机：“五四”前夕的彻底反传统》，麦迪逊：威斯康星大学出版社，1979；舒衡哲：《中国的启蒙运动：知识分子与“五四”遗产》，李国英等译，太原：山西人民出版社，1980。

式之一，西方的启蒙精神被当做中国人民救亡图存的意识形态。

在“封建过去”的阴影之下，“五四”时代的新儒家严厉批判儒家在实践中不符合现代精神的东西。儒家意识形态所坚持的三纲，即君为臣纲、父为子纲和夫为妻纲，被否定了，而以相互劝勉为基础的五伦，即父子之亲、君臣之义、长幼之序、夫妇之道和朋友之信，则在新的条件下被抛弃。显而易见，这些观念需要改变。奠基在等级制度、身份、性别和年龄之上的社会伦理，包括家庭伦理在内都受到严格又全面的反思。人们对家庭责任与自我发展并行不悖的信念产生了质疑，而过去，这一点是人们不问究竟就想当然普遍接受的。以年龄、性别和身份为基础的专制权威遭到了拒斥；任何断言，甚至包括古代典籍里的论述，只要透露出权威主义、大男子主义和等级制度的意味，就会遭到唾弃。中国知识分子，包括新儒家，在解构儒家遗产时所表现出来的激愤之情在中国文化史上是空前的，在世界历史上可能也是独一无二的。

生态转向的批评：新儒家与地球宪章

从儒家传统的内部和外部都出现了批评的声音，批评占统治地位的世俗化观点、唯理性主义和发展进步不计代价的观念。甚至在“五四”那一代人完全沉溺在现代化就是西化的迷梦之中时，某些最有原创精神的新儒家就已经对隐含在启蒙方案中的个人主义世界观和实用主义伦理学表示了怀疑。他们的观点对于儒家的生态转向具有意义深远的影响。两个重要的例子是熊十力（1883—1968）和梁漱溟（1893—1988）。熊十力提出了发人深省的自然活力论，梁漱溟强调以调和折中的态度对待自然。

熊十力用佛教唯识学的基本观念析理辨正，重建儒家的形而上学。他认为儒家的“大化”观念表明人是参与宇宙进程，而不是把人的意志强加在自然之上。他进一步指出，作为一个不断进化的生物类别，人类不是脱离自然的创造物，而是生生大化的有机组成部分。赋予人类创造力的活力的同时，就是使山川大地欣欣向荣的生命力，我们与天地万物同源共感。由于熊十力的自然活力论哲学以《易经》为基础，他的与自然同体的伦理观在他的道德理想主义中有着显赫的位置。[①]

梁漱溟认为儒家人生态度的特征是在疏离自然和征服自然两者之间保持平衡。虽然他也承认中国必须向西方学习，增强竞争力以挽救民族危亡，但是他预言，从长远发展的角度来看，抛弃俗世的印度精神必将流行。[②] 梁在晚年时已经预见到了汤因比的伦理告诫：

> 在汤因比看来，20世纪对技术的迷恋已经导致了环境的恶化，使人类的自我毁灭成为可能。汤因比相信，解决当前危机的任何方案都有赖于自我控制。然而，对自我的把握既不能通过极端的自我纵容来实现，也不能通过极端的自我禁锢来实现。21世纪的人们必须学会走中道，走中庸之道。[③]

尽管梁漱溟只是暗示了人类发展的另一种可能的选择，他的比较文化研究却在西化一统天下的中国掀起了一股潮流：重新评价儒家，使它恢复活力。

两位思想家的不同贡献可以归纳为儒家的生态转向。就熊十力而言，他以“生生”的概念使自然活力论接续在《易经》及宋明阐释的传统之中。就梁漱溟而言，他认为环境伦理需要调和，而调和正是儒家修养达到平衡、和谐、适中的一个标志。这样，强调自然进程的活力论要求的就是调和的态度。

然而，无论是熊十力还是梁漱溟都没有提出赞同非人类中心的伦理观，也没有涉及保护生态的伦理。现代主义的路向太强大了，儒家人文主义已经被深刻改造成为一种世俗的人文主义。决定儒学与中国现代化转向之相关性的游戏规则已经明显改变了，就儒学本身呈明儒家观念的努力只是在学术象牙塔之内的少数学者中保持着，在象牙塔之外则基本上被忽略了。现代化和发展经济的目标压倒了人文主义和“民胞物与”的更大关怀。

正如阿玛蒂亚·森和其他一些人所指出的那样，现代化进程被简单

---

① 熊十力：《新唯识论》卷一，第4章，台北：广文书局，1962，第49—92页。

② 梁漱溟：《东西文化及其哲学》，台北：文学出版社，1979，第200—201页。

③ 池田大作(Daisaku Ikeda)：《一种新的人文主义》，纽约：韦斯希尔，1979，第120页。

地理解为指向实用主义目标的发展对于人类的全面繁荣是远远不够的。于是,一种视野更加开阔的理解开始出现,这种理解认为,发展不仅应该包括经济指标,还必须考虑人的幸福、环境的保护和精神的健康成长。在这一前提下,人们渐渐自觉到:有必要建立一种更为全面的全球伦理来保障可持续发展的可能性。自从1992年联合国地球峰会在里约热内卢召开以来,以"地球宪章"为契机形成国际合作,并在最近十年间取得了很大的进展。专门为此目的成立的一个国际委员会用了三年时间草拟了这个宪章。以史迪芬·洛克菲勒(Stephen Rockefeller)为首的地球宪章委员会于2000年在巴黎向全世界正式宣布成立。在世界各地,各种组织和个人召开了数百次协商会,以确保这个宪章具有最大的包容性。这个宪章就生态的完整性、社会和经济公平、民主、非暴力以及和平等议程提出了一系列原则。参照这些为了维护人类的可持续发展而建立的全球伦理原则,像中国那样对现代化进程的狭隘理解就未免有所欠缺。对于工具理性指导下产生的启蒙模式及其所限定的现代化的评判,中国对发展的理解可以作为一个重要的外部参照。

如果中国的现代化方案追求民主理想,要建设一个如"地球宪章"所规划的"公正的、参与的、可持续发展的和和平的"社会,那么,它就会全面检讨中国的发展观念。然而相反的事实比比皆是。毋庸讳言,"地球宪章"所提及的全球问题在现代西方也远未解决,但是,如果它们在中国被纳入国策充分讨论,中国知识分子会有更多呼应和平文化和环境伦理的回声。毕竟,"把根除贫困作为伦理、社会和环境问题的要务",促进人类繁荣和物质进步既是社会主义的理想,也是儒家的理想。虽然"无偏见地承认所有人对于维护人的尊严、身体健康和精神饱满所必需的自然和社会环境保护的权利"看起来是一个高远的目标,其实它就相当于儒家的人的全面实现的概念。更进一步,"坚持男女平等是可持续发展的前提"和"保障教育、医疗和经济的平等机会"也被明确承认是现代中国的抱负。传统儒家关于经济平等、社会良心和政治责任的观念是与这些重大问题的讨论相关的,也是具有深远意义的。儒家人文主义世俗化的代价太高了。简单地用唯物主义的词语来理解进步,实际上是把国策的范围限定在富强之内。完全背离自己本土拥有的与自我实现相关的精神资源而采取的一系列寻求发展的努力，极大地损伤了自己的精神本源，而且无益于自身的长远利益。

儒学复苏：一种现代意识形态

第二次世界大战以后儒学开始复苏，最初是在工业化的东亚，近来是在社会主义的东亚。这一现象似乎表明，传统至少在表面上已经为了某些政治和经济目的而被现代化了。某些最杰出的儒学思想家对传统的转化起了关键作用，使之从农业社会的思想模式转变成为与工业社会和世界主义社会协调一致的伦理。中国在近五十年里经历着混乱和骚动时，它的邻国并没有受到负面影响。相反，工业化的东亚（日本等）取得了令世人瞩目的经济增长。儒学及其理论发展在中国台湾地区、韩国和新加坡受到了政府的优待和鼓励。至于中国香港，在英国的殖民统治下，主要追随西方资本主义的发展模式。如果儒学在工业化的东亚能够保存下来，并作为一种政治意识形态，这似乎表明儒学已经超越了其“封建过去”，而成为塑造东亚现代性的活生生的传统。①

中国大陆最初公开敌视儒家的理论与实践。然而，儒家理念表现为心灵积习却一直流行于生活的方方面面，尤其是在人民共和国的工人、农民和士兵之中。最近十年，整个东亚社会都出现了儒学复苏的迹象。受到工业化东亚挑战的社会主义东亚（中国、越南和朝鲜）对于自己的儒学根源采取了更加积极的态度。朝鲜为了“伟大领袖”的个人崇拜把儒学的观念彻底政治化了，越南开始重新开发它的儒学文化资源，甚至北京现在也积极弘扬儒家伦理。不幸的是，这样的儒学理念最多只能被看做良莠并存的传统，并不能显示出完全积极的意义。

在现代主义心态的影响之下，出现在社会主义东亚的儒家伦理通常是启蒙精神下的一种信念，而不是启蒙精神下的一种反省。由于采用工具理性作为方法，儒学的教诲很容易被那些手法娴熟的社会工程师用来

---

① 见杜维明编著：《东亚现代性中的儒家传统：日本和四小龙的道德教育和经济文化》，麻省坎布里奇：哈佛大学出版社，1996。

作为控制的机制。科学主义成为一种基本的人生态度，而宗教成了倒退落后的思想意识。这种理性主义和科学主义的精神气质是彻底人类中心主义的。一方面，成功的国家建设要求积累经济资源、拥有技术能力、提高认识水平、改善物质条件，另一方面却毫不在意社会资本、文化能力、道德觉悟、精神价值和生态伦理的长远意义。热衷于用技术手段解决问题和专家治国的思想模式，意味着非量化的问题往往不受重视或得不到恰当的理解，结果是生态和宗教被严重误解。

仅仅把儒学当做世俗的人文主义是不幸的，因为它丰富的资源可以发展出一种真正放眼全球的世界观和全球伦理，但却没有得到应有的开发。成为重心的反而是仅仅追求物质进步的一种狭隘观念，而不是为了人类繁荣昌盛的阔大胸襟。儒家人文主义不是世俗的人文主义，作为人类—宇宙统一即"天人合一"的观念，它断然拒斥那种使人性枯竭的人类中心主义。然而，简单地回归人类—宇宙统一的观念仍然是不够的，还需要重新发掘它潜在的功能。例如，儒家强调，自我实现的旅程始于我们体认自身植根于此刻当下的世界之中。对待世界的这种积极态度使我们能够欣赏自然和社会环境，把自然和社会都视为人性的不可分割的部分。滥用儒家的价值观，并把它作为实施新权威主义控制的正当理由所造成的危险将会把永远难以消除的危险提上议程。

亚洲(儒家)价值已经被当做有利于经济增长、政治稳定和社会和谐的积极因素得到弘扬。自律意识、责任感、勤俭的品格、关系网的重要性、合作和协调意识和舆论的控制都被认为是儒家经济政治文化的显著特征。在当今中国历史转型的关键时刻，这些价值可能被认为更多地与国家建设相关，而没有考虑它们对于自由、权利和个人自主的意义。对亚洲价值的讨论，作为对人权话语的反省，本身也是启蒙心态的反映，而启蒙心态关注的价值是人类中心主义、社会管理、进步主义、科学主义和工具理性。只要重建的儒学被纳入到现代主义的话语之中，它的人类—宇宙统一的洞见就会失落，它倡导"一种整体的、非人类中心的、一视同仁的、环境保护的世界观，尊重自然和用同情之心对待生命的一切形式"[①]的可

① Donald K. Swearer:《佛学的生态学资源》，*Daedelus*，第2页。

能性将大大降低。

人性:仁爱之心和同情共感

钱穆、唐君毅和冯友兰提供了一个新的视野,儒家人文主义由此呈现为中和的仁爱之心和同情共感的宇宙人文主义。无论他们的思想是有意识地排斥启蒙心态还只是隐含着对现代性话语的批评,他们的新视野都超越了具有征服特性的人类中心主义和工具理性。进而,他们超越了"非此即彼"的思维模式,提出了宇宙—人类和合的观念。这意味着他们开始复归和重新评价传统的核心价值:对天、地、人的相互贯通作非二分的理解。

排斥性的二分模式,即精神与物质、心灵与身体、神圣与世俗、主体与客体的排斥性的对立是现代意识的特征,它直接来自启蒙运动,与儒家所偏爱的"混然同体"、合二为一的结构全然不同。在儒家传统中,本末、深浅、前后、上下、始终、分合和内外等概念是用来表示相互影响、相互改变、相互依赖和一体同感的。在这样的眼光下,天人之间是相互蕴涵的。地球不是"外在的"物质实体,而是我们之为我们的根本。地球不仅仅是我们的居住地,更是我们的家园;不仅仅是"客体的集合体",更是"主体的共同体",通过"气"与我们的本性联系在一起。因为我们与天地是一体的,所以我们人类为了精神的自我实现,就应该不仅成为自然的保护者,还要以审美的、伦理的和宗教的态度,成为协同自然的主动创造者。

"地球宪章"提出的挑战是,我们如何能够"尊重地球和生命的多样性","以理解、同情和爱心关怀生命共同体","保障地球的恩惠和美好能够施及当代和未来的一代又一代"。无论如何,我们必须超越如下这种观念:地球只是一片不洁的土地,一件没有灵魂的物体,一具没有精神的躯壳。正如"地球宪章"所言:"人性存在于一个更广大的宇宙之中,是其中的一个部分。地球,我们的家园,是生机勃勃的生命共同体。"儒家则是这样说的,天地与我们贯通,因为使我们生长发育的"气",也是容纳木石禽兽于宇宙大化的生命活力。我们当以敬畏之心对待自然的丰富创造,它们就在我们的身边。儒家经典《中庸》说:

今夫天，斯昭昭之多，及其无穷也，日月星辰系焉，万物覆焉。今夫地，一撮土之多，及其广厚，载华岳而不重，振河海而不泄，万物载焉。今夫山，一卷石之多，及其广大，草木生之，禽兽居之，宝藏兴焉。今夫水，一勺之多，及其不测，鼋龟蛟龙、鱼鳖生焉，财货殖焉。

自然之富饶和创生洋洋可观，处处可见，但是只有通过深切的自觉，我们才能够完全理解我们在其中的位置和我们与它的精神联系。这就是宇宙视野下的儒学所具有的综合观。

正如“地球宪章”所言，承认“地球，我们的家园，是生机勃勃的”，是能动包容的，这种承认能够激励我们把保护“地球的活力、美好和多样性”作为“神圣的天职”。然而，我们建立全球安全保障作为地球与人类关系之基础的能力却明显地被当今世界占主导地位的发展模式彻底损害了。尽管有经济指标的增长，不公正、不平等、贫穷和暴力仍然在扩散。中国背负着沉重的人口压力，尤其担忧它日渐减少的耗材资源。中国如何才能成为地球大家庭的负责成员，同时又不丧失对自身基本需要的关注呢？

实现现代化的要求使中国意识到接受启蒙价值的需要，诸如自由、理性、法制、人权和个人尊严等。然而，回归和重估本土资源以增强儒家伦理的独特特征同样紧迫，诸如公平分配、同情心、礼仪、责任感、人际关系和天人相通等。否则，它将发现很难进入文明对话并积极参与到创建“地球宪章”所倡导的“全球公民社会”之可能性的探索之中。工具理性下的行为、态度和信念需要从根本上加以改变，只有这样，它才能对“地球宪章”所提出的为“形成中的世界共同体的伦理基础提供一个共享的基本价值”作出自己积极的贡献。就中国而言，最紧要的是发展一种健全的环境伦理，培育和平文化，促进社会和经济发展的公正性。

严格说来，钱穆、唐君毅和冯友兰并不是生态思想家。然而，在关于中国未来的思考中，他们认为中国作为一种文明是植根于儒家人文主义传统的精神气质之中的。这为我们带来了一种文化信息，其中蕴涵的伦理和宗教价值对于人类与地球的关系具有深远的意义。具体说来，他们认为仁爱之心和同情共感是人性的特性，人的独特之处就在于能够以爱心关怀宇宙间所有形态的存在。钱穆认为，诚心相待、含而不露、巧妙维持政治经济的平衡安宁是中国文化生命源远流长的关键之所在。[①] 唐君毅探讨了中国哲学的核心价值后指出，儒学关注的是立基于良知良能的人性，而不是只考虑理性，这一点有助于发展一种全方位的人性观。[②] 冯友兰格外欣赏张载的四句话，认为说出了儒家关于人之为人的观念：

为天地立心
为生民立命
为往圣继绝学
为万世开太平[③]

天地之心、生民之命、神圣之学和恒久的普遍太平使人生在时空中呈现出全然不同的意义。用冯友兰的话来说，"天地境界"代表着最高的人生境界。

确实，和平文化的中国神话已经全然毁坏，中国化意味着文化适应和道德劝勉的观念也在学者圈里热烈地辩论着。作为最古老悠久的中国文明，在思想和制度上所经历的巨大断裂比近代历史上大多数其他文明要严重得多。在现代中国知识分子的话语中随处可见的是集体的记忆失落，而不见一种强烈的历史意识。中国唤起的想象是悠久、稳固、固守成规和一成不变的，但是它实际上是一道绵延的景色，在不断地变化，并在重新塑造和重新建构。正如唐君毅所指出的，新儒家重建了人文精神回应当下的处境，这不是试图寻求神话化了的中国的过去，而是努力设想中国可能会有的未来图景。[④] 钱穆、唐君毅和冯友兰都相信，人性表现为仁爱之心和同情共感，人因此能够与万物一体。这不仅是儒家的理念，也是对全球共同体发出的道德命令。

---

① 钱穆:《从中国历史来看中国民族性及中国文化》，香港:中文大学出版社，1979。

② 唐君毅:《中国文化与世界》，载《中国文化与当今世界》，台北:学生书局，1975，第 865—929 页。

③ 见冯友兰:《中国现代哲学史》，广州:广东人民出版社，1999，第 245—249 页。

④ 唐君毅:《人文精神之重建》。

万物一体:王阳明的宇宙人文主义

王阳明的《大学问》为儒家的这一思想提供了一个简洁的解释:

> 大人者,以天地万物为一体者也,其视天下犹一家,中国犹一人焉;若夫间形骸而分尔我者,小人矣。大人之能以天地万物为一体也,非意之也,其心之仁本若是。①

"一体之仁"即是"大人"能够知觉宇宙的理性,据此,王阳明作出了一个本体论的断言:与天地万物同情共感的能力是人之为人的根本特征,甚至普通人也能够实现这一看似高不可攀的理想。人心包含无限知觉,这使我们能够容纳和回应宇宙间各种形态的存在,无论是幽幽碧草还是璀璨群星。大人能够以天地万物为一体,却不是刻意为之,如果是刻意为之,那么从根本上说,是因为我们忽略了我们天性之中知觉灵明的心。

为了表明这一点,王阳明提供了一系列具体的说明:

> 是故见孺子之入井,而必有怵惕恻隐之心焉,是其仁之与孺子而为一体也。孺子犹同类者也,见鸟兽之哀鸣觳觫,而必有不忍之心焉,是其仁之与鸟兽而为一体也。鸟兽犹有知觉者也,见草木之摧折,而必有悯恤之心焉,是其仁之与草木而为一体也。草木犹有生意者也,见瓦石之毁坏,而必有顾惜之心焉,是其仁之与瓦石而为一体也。②

这些事例表明,"一体之仁"不是浪漫空想,而是对万物息息相关的高度体认。而"一体之仁"作为心的无限知觉,就植根于我们的天性之中。王阳明进一步认识到,对人类生存的物质现实的顾虑使我们不能够与任

---

① 王阳明:《大学问》,见陈荣捷:《中国哲学资料书》,普林斯顿:普林斯顿大学出版社,1963,第659页。

② 同上书,第659—660页。

何事物、任何人建立起超越物质范畴的有意义的联系。

> 及其动于欲，蔽于私，而利害相攻，忿怒相激，则将戕物圮类，无所不为，其甚至有骨肉相残者，而一体之仁亡矣。[①]

其中对人类生态问题的暗示是很明显的。我们既能够以人与人和天地之间的有意义关联来造就宇宙的和谐，也可能出自欲、私、贪、愤、怒而破坏家庭内最为亲近的关系。

道德选择的一个简单而又容易产生歧义的观念来自如下一个坚定的信念：人类作为宇宙秩序的共同创造者，不仅要对自己负责，也要对天地万物负责。我们超越自我中心越远，就越能实现我们自己。我们就植根于这个世界，植根于我们的家园之中。我们不可能在大地之外、身体之外、家庭和社群之外造就精神的避难所，因为我们就在其中。不离其外这一点使我们能够与孺子、鸟兽、草木、瓦石成为一体，正因为如此，我们能知觉体会其他人。去私欲之弊，进入不断扩大的关系网络，才能使我们实现人性的所有潜能，因为我们的自我实现既具有个性，又为他人共有，并不是以某一人为中心的自私行为。

作为天的同伴，我们个人和全体都被赋予了神圣的使命。用芬格瑞(Herbert Fingarette)的话来说，我们的使命是承认"凡俗即神圣"[②]。确实，"使大地、身体、家庭和社群转而进入天德流行，就是创造生命力甚至创造本身"[③]。承认大地、身体、家庭和社群的神圣性是转化的第一步，通过改变观念，外部世界就从"客体的集合体"转化为"主体的共同体"了。[④]这种神圣的宇宙观奠基在天人相应的观念之上：天人"合一"远不是一种静态的关系，而是一个不断更新的动态过程。

身处当今之世的我们深切感到，我们已经严重污染了我们的家园，耗尽了我们能够得到的不可再生资源，危及和灭绝了无数生物种类，因此严

---

① 王阳明：《大学问》，见陈荣捷：《中国哲学资料书》，第 659—660 页。

② Herbert Fingarette：《孔子：即凡俗为神圣》，纽约：Harper & Row，1972。

③ 杜维明：《危机与创造：儒家对第二轴心时代的回应》。

④ 狄百瑞：《"思考全球和为了本土"及其中间地带》。

重威胁到我们自己的存在。显然，我们需要重新思考人与大地的关系。由于发展中国家实际上把经济发展和根除贫困放在首位，发展战略又是在现代主义的意识形态下制定的，这就把对环境的关怀挤到了边缘，以发展为首的强烈要求在价值上明显超过了对环境恶化的担忧，紧迫的环境危机往往被弃置不顾。

人类处境中最令人沮丧的一幕是，如果我们日益明确地知道我们应该做什么，环境的恶化还不至于到了严重威胁人类的生存的程度，然而出于结构的、心态的、观念的和其他一些原因，我们却正在走向最终难以回头的不归路。先觉者教我们科学地、经济地、政治地、文化地和宗教地辨识这种自我毁灭的发展轨道，然而他们竭尽全力奔走呼号却未能力挽狂澜，这一点令他们十分痛心。在这样的背景之下，提倡"天人合一"的观念是一种反潮流的哲学立场，一种文化的反省：确实，它是对未来的展望，而不是对过去的怀念。

儒家天人合一的人文主义

钱穆、唐君毅和冯友兰看到了儒家人文主义具有在比较文化的研究中占有一个新的位置的潜力。作为文明对话的参与者，儒家能够向其他宗教团体和整个"地球村"发布什么消息呢？简单地说，儒家人文主义所携带的宇宙—人类统一的信息能够深化有关宗教和生态的讨论吗？特别是，儒家的修身哲学能否激发出一套新的家庭价值、社会伦理、政治原则和环境意识，来帮助文化中国发展一种全球的责任意识，从而既有利于自身，又能改善世界的状况吗？儒家的思想家能够丰富他们的精神资源，拓宽启蒙方案的界域，使之能容纳宗教与生态吗？天人合一的观念意味着人类景况中四个不可分割的层面：自身、社群、自然和上天。每一层面特征的充分展开都能够促进而不是阻碍四个层面的完全整合。自身作为关系网络的中心，通过与群体的互相作用来建立自己的身份，从家庭到"地球村"，甚至更为深远。人与自然之间的一种可持续的和谐关系不仅仅是一个抽象的概念，也是对生活的具体引导。人心与天道的互动是人类繁荣昌盛的终极道路。以下四个特征构成了新儒家生态转向的本质：

1. 自身与社群之间富有成效的相互作用

由于社群作为“家”必须扩展到“地球村”甚至宇宙，自身与社群之间富有成效的相互作用就必须不仅超越自我和区域，还要超越民族主义和人类中心主义。用应用伦理的术语来说，修身（让我们想起汤因比的“自我克制”）是整体观的人文主义成为可能的关键。它引进了一个自我超越的不断发展过程，永远关注着大地、身体、家庭和社群，并以此为立足之地。通过修身，人心“像同心圆一样一圈一圈地向外扩展，从自身出发到家庭，到可以直接对话的社群，再到国家，最后直到全人类”①。

把同情从自身扩大到家庭，人就超越了自私；从家庭扩大到社群，就超越了裙带关系；从社群扩大到国家，就超越了地方主义；扩大到全人类就决不会搞大国沙文主义。“人要成为完整的人，就要依次超越自我主义、裙带关系、地方关系、种族主义和大国沙文主义。”②因为人文主义不可能是“孤立的、自满的人类中心主义”③，如果我们停留在世俗的人文主义之上，我们的傲慢和自满就会破坏我们与宇宙的联系，使我们局限在人类中心主义的危险境地。

2. 人类与自然之间可持续的和谐关系

世俗人文主义的问题在于它作茧自缚。在它的影响之下，我们迷恋权力，对环境施以控制，并把精神和自然排斥在外，这使我们完全立足自身来考虑生态问题。这种摈除精神和自然的人文主义严重破坏了人性的美学、伦理和宗教意义。结果是，不关心宗教和自然生态问题的极端人类中心主义便成为科学主义和现代主义所深信不疑的傲慢无知的世界观。

因此，一种生态的关注是对现代主义进程的必要修正，而现代主义进程已经把儒家的世界观降低成为一种有限的世俗人文主义。儒学在现代主义的思想形式下被误用为专制政治的合法性证明。只有把宗教和自然的层面完全整合到新儒学之中，儒家的世界才能避免以牺牲宇宙—人类的统一为代价，只强调社会控制、工具理性、直线进步、经济发展和专家统

① 休斯顿·史密斯：《世界宗教》，旧金山，1991，第 182 页。
② 同上注。引文中“自我主义”改为“人类中心主义”。
③ 同上书，第 186—187 页。

治的危险。

儒学必须摆脱发展不计代价的现代主义思想方式，重新检讨它与权威政治之间的关系，以此作为它创造性转化的前提。促进天人之间和谐而可持续的交通关系是向着它自身的基地回归，而不是离开它的源头。确实，儒学自新的最好方式是使旧学恢复生机，因为在现代西方影响下误入歧途而走进世俗人文主义的儒学不是一个持久的转向。

3. 人心与天道的互动

1990 年在莫斯科全球论坛上，科学家们发表宣言，呼吁宗教和精神领袖们用新的眼光看待人类与地球的关系。科学家们说：

> 作为科学家，我们中的许多人有敬畏宇宙的深刻经验。我们懂得，被当做神圣的东西更可能得到关怀和尊重。我们的地球家园应该这样对待。保护和改善环境的努力需要注入这样的神圣观。①

显然，生态问题促使所有宗教传统重新检讨它们关于地球的预先设定，只作有限的调整以便容纳生态的层面是不够的。我们需要的不是别的，就是把自然神圣化。这可能需要在基本理论上进行重建工作，把地球的神圣性视为天授。在科学家们的呼吁中隐含着这样的暗示，有必要在更扩大的人—神关系中思考有关自然的理论。

对于新儒家而言，最紧迫的问题是强调与自然和谐的精神层面。陈荣捷在他著名的《中国哲学资料书》中说："如果有一个词能够概括整部中国哲学史，这个词会是人文主义，不是那种否认或淡化超越和至上力量的人文主义，而是承认天人合一的人文主义。在这个意义上，人文主义从一开始就主导着中国思想的历史。"②

"天人合一的人文主义"既不是世俗的，也不是人类中心主义的。它

---

① 引自玛丽·塔克尔：《宗教与生态的联盟》，见 Stewen L. Chase：《理解的门径》，第 111 页。
② 陈荣捷：《中国哲学资料书》，第 3 页。

充分认识到我们植根于大地、身体、家庭和社群之中,因此它从不否认我们与宇宙秩序的和谐。为大地的、身体的、家庭的和社群的存在注入超越的意义,不仅是儒家的一个超迈的理想,也是儒家的基本实践。在传统中国,由于儒家、道家和民间信仰的影响,宫廷、首都、文庙、祖堂、官府、学校和民宅,都是按照风水原则营建的。同样,中医也是调理重于治疗,形意操、太极拳也是以自然与人类的互动为基础的。

4. 知性、修身以达到三才同德

儒家相信,上天赋予人性,所以人通过自我认识,就能够知道天道。儒家还相信,为了理解天命,我们必须不断地修养我们自身,这样才能实现天、地、人三才同德。自然作为转化的无尽过程不是一个静态的呈现,它不断启发我们去理解天的生生不息的创造力。《易经》乾卦位图就象征着天的生生不已,永远健行。这里给人的教训是,效仿天之健行,为促进人类的繁荣昌盛而“自强不息”。对宇宙的敬畏感来自我们回应最终实在的渴望,而最终实在为我们的生活指示了方向并赋予意义。无论是从创造的角度还是从进化的角度来看,我们的存在都受惠于天地万物。为了报答这一份恩惠,我们修养我们自己,以便在存在的奇迹中完全实现我们所具有的人性。

孟子简洁地把知性、事天和立命作为人对待天的态度:

> 尽其心者,知其性也,知其性,则知天矣。存其心,养其性,所以事天也,夭寿不贰,修身以俟之,所以立命也。

自我实现最终有赖于知天和事天,人心与天道的互动是以自然的和谐关系为中介的,而自然的和谐关系有赖于人的培育。通过这种培育,他们实现了天、地、人三才同德,因此成为宇宙大化而存在。互动的意识和三才同德的意识根本不同于人类征服自然的欲望,也不是把人的意志强加于上天。

确定儒家的生态转向:超越世俗人文主义

令人遗憾的是,当陈荣捷断言儒家是一种非凡俗的人文主义的时候,钱穆、唐君毅和冯友兰概括出儒家生态转向的精神气质的时候，来自文化中国尤其是中国大陆的回应却完全是基于对儒家传统的世俗人文主义的理解。在1972年斯德哥尔摩环境会议上，中国代表团拒绝签署备忘录，不接受它提出的限制经济增长、约束科技进展指数的方案。他们迷恋发展，坚信人定胜天，这使得他们在很长一段时间里忽略了环境问题。①

现在形势有了很大的改善。自1979年改革开放以来，中国已经通过接受市场机制作为它的全球战略把自己转化成为一个发展中国家，乍看之下，商业主义、利润主义和国际竞争成了当前中国精神的特征。经历了长达一百多年的帝国主义和殖民主义的欺辱压榨后，中国的崛起象征着世俗人文主义的完全胜利。

过去，对于深受内忧外患之苦的中国，救亡图存当然是当务之急。然而，现在的中国不再是被动的受害者，而是象征着一股不断壮大上升的力量。在中国进入世界共同体的时候，将会是什么样的生命哲学引导中国领导人呢？如果以牙还牙（似乎不是一种可行的选择）和分享国际权力（对中国的吸引力毕竟有限）都难以敦促中国成为负责的参与者，那么还有什么能够促使中国参与解决世界的环境危机呢？如果需要以世界其他不幸地区的长期环境危机为代价来实现自己的发展理想，中国难道真会安心吗？中国能够和世界其他国家及地区一道来努力造就一个更平等更富有人性的世界吗？为促成一个新的世界秩序（在理论和实践上都是非霸权主义的世界），中国能发挥积极作用吗？中国如何才能超越一味追求富强的单一发展模式呢？

作为一股上升的经济、政治和军事力量，中国是重建世界新秩序的重要参与者。虽然中国在它的现代化长征中历经艰难，但是，外部施加和内部决定的孤立主义在长达30年的时间里使它的内部灾难没有影响周边国家和太平洋地区的安全和稳定。现在的局面完全不同了。中国的经济和政治已经是一个更广大世界的有机组成部分，因此，“中国往何处去”这

① 应当提到，在周恩来的直接推动下，中国的环境保护运动实际上在斯德哥尔摩会议之后不久的1973年就开始展开了。

个区域的和国家的问题就具有了地区和全球的深切意味。如果世俗人文主义，无论是社会主义的还是儒家的，仍然是中国占统治地位的意识形态，那么，它对文化中国和世界其他地区的整体发展所造成的不利影响将是难以估计的，姑且不提环境问题。

要超越世俗人文主义，困难的第一步是拓展中国索求现代化的参照系。直到今天，对现代西方（北美和西欧）的迷恋仍然阻碍着中国去发掘自己的本土资源。尽管收效甚微，我一直在呼吁中国知识界把印度作为一个可参照的社会，把印度文明作为一个可参照的文化来考虑中国未来的发展。当然，中国应当做得更好，以避免印度在经济战略、政治格局和社会实践方面的消极事例，暴力民族主义的抬头和民众的公开冲突就是明显的例证。然而，印度作为人口大国，拥有数以千万计说英语的知识分子、资本家、企业家和社会活动家，它有许多东西值得中国学习并进行自我反省。印度的宗教多元、语言多元、文化多样，提供了一个可供选择的现代性图景，对中国的发展概念是一个挑战。现在，印度最有价值的财产就是它层次分明的丰富的精神景观。就精神而言，印度是文明输出的一大源泉。梁漱溟在 1923 年就预言，从长远的观点看，印度的生活态度一定会流行，尽管他当时竭力鼓动中国向西方学习。① 中国无情地攻击自己的传统与印度不断维护自己的精神根基恰好形成鲜明的对照。中国知识分子从印度的经验中能够学到什么呢？

如果中国认真地以印度为可参照的社会和文化，它将开始重视自己本土的大乘佛学遗产。反宗教的人文主义在胡适对中华文明印度化的反省中令人目眩，它应当从根本上加以扭转。在中国台湾、香港地区和海外华人中，佛教是最强有力的宗教运动。它对经济文化、社会伦理、政治行为、道德教育，尤其是对环境伦理的贡献是值得重视的。如果大乘佛教作为一种主要的精神力量在中国重现，道教也可能有机会复兴，信奉天人合一的儒家人文主义，而不是那种世俗的人文主义，也将大行其道。

当然，即使中国能够拓展它的参照系，把非西方的经验，例如印度的经验，纳入它的现代化方案，它作为国际大家庭中的一个负责任成员、一

① 梁漱溟：《东西文化及其哲学》，上海：商务印书馆，1921，第 199—201 页。

个积极的贡献者，它对国际事务的参与仍然有赖于它与西方尤其是美国的关系。从联合国大力推行的和平文化来看，中美关系可能是当今世界上最重要的双边关系了。不幸的是，美国政治势力之间不寻常的联盟极大地破坏了中国在美国普通民众眼里作为国际大家庭中一个负责任成员的形象。然而，美国确实处于一个独特的位置，为中国的现代化提供了一个可供选择的模式。

应当注意到，中美科学家在处理环境问题的合作上是真诚而富有成效的。也要看到，这种类型的合作，即严格协定下的科学交流，并不能轻易拓展到重要的意识形态领域。从长远的观点来看，处理环境恶化，例如全球温室效应的国际方案，有中国的积极参与是必要的，这一点不言而喻。①

从更宽泛的角度来看，中国领导人处理国内事务的方式应当更为灵活。从中国的角度看，美国作为唯一的超级大国应当负责任，为改善世界的状况发挥建设性的积极作用。美国人口仅占世界人口的5%，生产的温室气体却占到了22%，美国人的平均生活水平远远超出绝大多数中国人的想象，针对这些问题，公平和分配公正的问题必须被提出来。毫不奇怪，中国会批评美国以国家利益作为处理外交事务的指导原则，并以此为借口在重大的国际局势中采取单边行动。

尽管如此，整个中美关系仍然奠定在一系列富有成效的对话之上，就宗教、生态，甚至人权、贸易、教育、科技展开对话有很大的发展空间。双方平等互惠的对话是可能的、有希望的，同时也是有必要的。从中国方面而言，社会达尔文主义应当放弃，改换一种更加开阔的视野来看待人类的繁荣昌盛。如果中国拓宽了它的参照系（这一点似乎无可怀疑），那么，它将在相互依存日益加深的多元世界中找到自己的位置，而不是局限在直线进步的狭隘轨道上。除了印度，其他许多非西方社会，例如俄罗斯、东欧、东南亚、拉丁美洲、中东和非洲社会，都将在文化和精神上与中国的自我认同有关。很明显，美国也需要从施教的文化转变为求教的文化。作

---

① Michael B. McElroy 说，控制全球二氧化碳的排放未来在"很大程度上有赖于大的发展中国家诸如中国、印度、印度尼西亚发生的情况"。见《环境变化的展望：行动的基础》，第16页。

为一个大量移民的社会,美国一直是一个生气勃勃的求教文化,学习欧洲已经几百年了。从第二次世界大战以来,美国充当儒学东亚导师的自我形象在公众意识里已经根深蒂固,师徒关系,就像杜威与他的弟子胡适和冯友兰那样的关系,被视为基本准则。现在该到了在新的平等关系基础上相互学习和借鉴的时候了。

落实生态转向:公共知识分子的作用

1995年哥本哈根社会峰会确认贫穷、失业和社群解体是危害人类社会稳定的三大严重问题。就理念而言,全球化应当增加本土化的价值,然而反对世界贸易组织的抗议游行却质疑这个假定(说近年的抗议游行就是反对世界贸易组织似乎也有点问题)。我们的共同体被说成是"村庄",但是它远没有达到有机整合,四起的喧嚣暴露出差异、分歧和蔑视。要南半球赞成北半球的环境运动,生态与发展的冲突就会出现。如果南半球考虑的是发展,是在最基本的物质需求上满足生存的必要条件,那么,北半球鼓吹的幽雅明净作为一种可供选择的生活方式就不具有说服力。中国作为一个发展中国家,认同南半球是可以理解的。如果中国的责任感不是简单地定位在国家建设上,中国就能够成为解决全球环境问题的积极贡献者。假如北半球的国家和地区,尤其是美国,能以实际行动表明自己的道德带头作用,中国也许能被敦促着努力关心和解决世界环境问题。没有来自发达国家的敦促和尊敬,中国不太可能独立开辟这样的路径。实际上,中美之间、中国与欧洲国家之间就宗教、生态、人权、贸易、教育和科学技术等议题的互惠对话已经在一定规模上开始了。

就此而言,儒学的生态转向作为一种可供选择的观念,意义尤其重大。落实这一转向并最终影响政策的制定,迫切需要知识分子的公共意识。文化中国出现的公共空间展露了希望的微光。在文化中国的一些部门,公共知识分子的最初讨论已经激发出中国现代历史上前所未有的新活力。如果我们认定公共知识分子是这样一些人,他们关心政治,参与社会活动,具有文化的敏感度和对宗教生态问题的热忱关注,那么,这样的人在政治舞台上已经出现了。[①] 确实，在研究机构、政府部门、大众媒体、商业领域和社会运动中的公共知识分子正在就中国的现代化诉求发出各种各样的文化信息。他们可能没有"找到统一的线索，适中的方法，潜在的价值或最有概括力的概念"[②]为所有关心问题的国民提供欣喜，然而，他们在新的立场上发起了有关生态的新讨论。

就中国当前的政治形势来看，宗教依然是一个特别敏感的问题。宗教是否能在规划中国的发展战略中发挥积极作用，是衡量中国新的文化身份的一个关键指标。一种健全的生态伦理是否可能，在很大程度上有赖于中国知识分子是否有能力超越世俗人文主义所塑造的民族主义，是否愿意在人类尊严和自我实现的思索中严肃对待宗教问题。宗教是一股活跃的社会力量，这一点已经被政府部门、研究机构、商业领域和大众媒体的公共知识分子普遍承认。虽然还难以确证宗教和生态为了共同的关怀将会走到一起，但是宗教的宽容通常具有生态的情怀。当中国的知识分子开始领会儒家生态转向所蕴涵的深刻宗教意味时，当他们感到回归和重新评价本土资源以发展环境伦理的重要性时，他们就会主动参加不同文明有关宗教和生态的对话。

在更宽泛的背景下，宗教和精神的领袖们要想在全球舞台上发挥积极作用，就环境恶化发表能够为他人接受的意见，他们必须承担起知识分子的责任来。正如2000年9月美国千禧年大会所清楚表明的，除非宗教和精神的领袖们能够超出他们的信仰团体，作为知识分子就全球问题发表意见，否则他们的预言将会被误读、被曲解或者被忽视。

新儒家的生态转向清楚表明，以可持续的天人关系为主导的方向是通过人类社会全体成员的自我修养来创建一个和谐的社会和文明的政府。同时，儒家认为，与变化中的自然保持一致对于协调人际关系、规范家庭伦理和建立一个反映民众愿望的负责任的政府是至关重要的。塔克

---

① 曲格平是一个引人注目的例子。1972年斯德哥尔摩环境会议以来，他一直致力于在政府系统进行基本建设，处理中国的环境保护工作。作为中国人民代表大会环境和资源保护委员会的主席，他在起草国家政策和鼓励非政府机构关心环境问题方面发挥了关键作用。参见曲格平：《梦想与期待：中国环境保护的过去与未来》，北京：中国环保科学出版社，2000。

② 狄百瑞：《理学正统与心学》，纽约：哥伦比亚大学出版社，1981，第216页。

尔指出：

> 儒家天、地、人三才同德有赖于三者浑然天成并且充满活力的交会。不能与自然保持和谐、随顺它的奇妙变化，人类的社会和政府就会遭遇危险。①

因为每一个人的自我修养对于社会和政治的井然有序都是重要的，所以知识分子不是精英主义者，而是生活世界中平常事务的积极参与者。忧国忧民的儒家学者有可能受益于哲学家的智慧、先知的洞见、神父的信念、佛陀的慈悲和长老的法力，但是，知识分子的责任才是他们最恰如其分的职守。儒家提醒我们，要健全完整的世界观和健康的生态伦理，我们需要把我们渴望天人和谐的意愿与我们建设一个公正社会的共同努力结合起来。

中国的知识分子应当说服政治领导人相信，采用"地球宪章"建议的"鼓励宽容、非暴力和和平文化"的立场是有利的。他们应当承认，中国人有追随大乘佛教、道教和儒家人文主义的倾向。因此，他们能够领会天、地、万物共存的价值，能够把"尊重和关心所有生命"作为他们人性的表现。此外，学术圈里有越来越多的知识分子已经强有力地表达了他们对生态问题的关心，我们应当鼓励把这些内容"纳入正式教育和需要终身学习的知识、价值和技能以维护一种可持续发展的生活方式"②。许多具有自由主义倾向的知识分子已经公开倡导，中国政治文化面临的主要挑战是全面的民主化，这个过程必须从政府上层增加透明度和增强责任感开始。因为法治，而不是法制，被广泛接受而成为一种能够为所有人提供公平机会的合理方式，"广泛参与决定"的理想不再是不可想象的了。新儒家充分认识到，在他们走向现代化的征途中，在国家建设的过程中，他们的原初语言已经从根本上被重构了，它不再是一套关于信念的语言，而成

---

① 塔克尔：《宗教与生态联盟》，第120页。

② 引自《里约环境与发展宣言》。现在在中国水准较高的研究所(包括院系和研究中心)有一百多个有关环境的项目正在进行。其中大多数是关于技术工程的，只有一小部分在他们处理环境保护的多重道路中纳入了社会科学和人文学的思路。

为一种工具理性、经济效益、政治权宜和社会管理的语言。现在，他们从现代主义的迷惘中苏醒过来了。重新使儒家的天人合一观焕发活力将为知识分子提供灵感的源泉，使他们能够建构新的世界观和新的人生观。新儒家生态转向对于中国精神的自我认同具有重大意义，因为它敦促中国重新发现自己的灵魂，对全球共同体可持续发展的未来也有深刻的意义。

译后记

彭国翔

笔者曾经于2005年秋季学期给哲学系的研究生开设过一门名为"儒家经典与海外儒学研究"的课程。当时阅读的核心文本是王阳明的《传习录》以及笔者选择的与儒家传统特别是与宋明理学有关的一些西方有代表性的英文论著，目的是加强研究生在直接阅读中国经典以及英文专业著作方面的能力。本书中的不少章节曾经作为作业请正式修该课程的同学翻译，他们是张容南、龙希成、陈浩、左烯、张舜清、郭琳、余佳、弥维、陈凯、苏子瑛、孙凌凌、郝雪羽、蔡怀宇、李飞跃。大部分同学都是第一次尝试进行专业性的学术翻译工作，因而具有一定困难，但他们最终都尽力完成了任务。如今相关的文字都经过了笔者的重译，但他们的参与我想是值得肯定的，故特此说明。也希望这一经验能成为他们今后不断提高英文能力的契机。笔者不止一次告诉修课的同学，阅读英文学术著作有时似乎觉得理解了其中的意思，其实只是笼统的意会而已。要用中文准确地将其翻译出来，则非十分准确完整地掌握其含义不可。并且，好的翻译不仅要求英文和相关的专业知识，良好的中文基础也是不可或缺的条件。现今之所以一些翻译作品难以卒读，关键在于译者的中文修养不足以恰当地表意，尽管译者未必不能理解英文的内容。对于如今的年轻一代来说，这一点尤其值得注意。因此，将英文翻译出来，实在是很好的精读训练。只有经过这种训练，英文阅读能力达到一定程度之后，才可能充分享受深入、快速阅读英文学术著作的乐趣。张容南同学除了参与翻译其中的两章之外，在笔者的重译过程中也做了很多辅助性的工作，笔者愿意将其作为合译者。

2006年10于清华园新斋